Weltreligion Islam

Weltreligion Islam

bpb: Bundeszentrale für politische Bildung

TORSTEN WÖHLERT

Kritischer Dialog der Kulturen ohne verzerrten Blick aufeinander

Die Weltreligion Islam muss ihr Verhältnis zur Welt finden

»Der Islam ist ins Gerede gekommen«, schreibt Ludwig Watzal in dieser Ausgabe. Besser wäre, es gäbe eine Diskussion; noch besser: einen kritischen und selbstkritischen Dialog. Aber immerhin: Vor dem islamischen Museum in Berlin bilden sich Schlangen, Arabischkurse und islamwissenschaftliche Seminare verzeichnen einen Zulauf wie lange nicht, und einschlägige Literatur zum Thema findet reißenden Absatz. Der Islam hat Konjunktur, nicht nur in Deutschland.

Doch der Anlass mahnt zu Sorge und Skepsis. Sein Name ist Terror. Zu Recht warnen Muslime auf der ganzen Welt vor einem verzerrten Blick auf ihre Religion, ausgelöst durch die Anschläge vom 11. September. So fatal diese Optik ist, vermeiden lässt sie sich im Zeitalter globaler Medien kaum. Allenfalls korrigieren. Damit aber beginnen die Probleme. Unsere Sicht auf den Islam, auf die Länder und Regionen, in denen Muslime leben, bleibt eine vermittelte. Wir wissen, was hiesige Medien und Wissenschaftler berichten und veröffentlichen. Das kann – mit Blick auf ein Massenpublikum – auch kaum anders sein. Aber wenn, wie im Fall von »al-Dschasira« – dem »arabischen CNN« aus Katar – dann doch eine erstaunlich unabhängige Stimme aus der islamischen Welt in den Westen dringt, reagieren wir plötzlich verunsichert, ablehnend und anklagend.

Im Verhältnis zu den heimischen Muslimen sieht es oft ähnlich aus. So, wie die mediale Vermittlung aus dem Ausland allenfalls durch touristische Erfahrungen ergänzt und gebrochen wird, beschränkt sich der Kontakt zu Muslimen im eigenen Land für die meisten Deutschen auf punktuelle Erfahrungen. Und selbst da, wo es aufgrund »multikultureller« Bevölkerungsstruktur zu intensiveren Begegnungen kommt, entstehen nicht selten einseitige und verzerrte Wahrnehmungsmuster. Und die werden dann prägend, produzieren Klischees, Vorurteile – und schwer zu korrigierende Urteile.

Integration ist keine Einbahnstraße. Deutschland hat muslimische Gastarbeiter geholt, aber es kamen Menschen, die blieben. Integration war – anders als in klassischen Einwanderungsländern wie die USA oder Kanada – nicht vorgesehen. Diesen Geburtsfehler der deutschen Einwanderungsgesellschaft vermochte auch das multikulturelle Erwachen einer neuen Generation in Deutschland bisher nicht nachhaltig zu korrigieren. Sie hat Gegengewichte geschaffen, Sensibilisierung erzeugt und Integration institutionell erleichtert. Aber die Widersprüche, die kommunikativen Defizite zwischen den Kulturen blieben und nahmen in der nachwachsenden Generation neue, andere Gestalt an.

Die zweite und dritte Generation türkisch-muslimischer Einwanderer erfährt die Stärken und die integrativen Schwächen der deutschen Gesellschaft auf ihre Weise und reagiert darauf – auch mit der bewussten Hinwendung zum Islam. Der erlebt seit den Siebzigerjahren eine weltweite Renaissance, die vieles vereint: sozialen Protest, politisches Erwachen, kulturelle Identitätssuche und religiöse Besinnung. Die Welt des Islam geriet in Bewegung, und mit der Islamischen Revolution in Iran 1979/80 gelangte dieser Prozess schlaglichtartig ins mediale – d. h. ins westliche – Bewusstsein. Dabei konnte der Iran, wie Katajun Amirpur schreibt, zu keinem Zeitpunkt als Mutterland der islamischen Revolution gelten. Dennoch erschütterte Khomeinis Slogan »Weder Ost noch West« die bipolare Ordnung des Kalten Krieges – auf beiden Seiten des Eisernen Vorhangs.

Ein Blick auf die aufgeschlagenen Seiten des Korans, der heiligen Schrift des Islams. Es enthält die Offenbarungen, die der Prophet Mohammed zwischen 608 und 632 in Mekka und Medina verkündete. Foto: Ullstein-Bilderdienst

Die Aufbruchstimmung dieser ersten islamischen Revolution wurde – mit tatkräftiger militärischer Unterstützung aus West und Ost – in den Schlachten eines achtjährigen mörderischen Krieges zwischen Iran und Irak ertränkt. Im Schatten dieses Krieges marschierten sowjetische Streitkräfte in Afghanistan ein und erlebten dort ihr Vietnam. Als die Besatzer abzogen, war die Mauer in Berlin längst gefallen. Wenig später brach das sowjetische Imperium zusammen. Doch noch bevor das geschah, hatten die USA eine Aggression Saddam Hussein gegen Kuwait mit dem ersten Krieg um eine »Neue Weltordnung« beantwortet, der von vielen arabischen Muslimen als hegemonialer und anti-islamischer Feldzug betrachtet wurde. Osama bin Ladens Metamorphose vom »prowestlichen Mudschaheddin« zum anti-westlichen Vorkämpfer einer radikal-islamischen

Ordnung begann in jenen Tagen, da amerikanische Soldaten saudischen Boden betraten. Sie haben ihn bis heute nicht verlassen.

Politische Radikalisierung

Der palästinensisch-israelische Dauerkonflikt tat – und tut – ein Übriges zur politischen Radikalisierung der islamischen Welt. Eine Lösung, die beide Seiten völlig zufrieden stellt, wird es nicht geben. Aber Möglichkeiten für einen Kompromiss, der die staatliche Existenz beider Völker im Heiligen Land sichert, waren und sind vorhanden. Daran ist immer wieder zu erinnern, gerade jetzt, da Gewalt und Gegengewalt die nahöstliche Szenerie bestimmen. Aber selbst wenn der Frieden morgen käme: Dem radikalen Islamismus wäre damit nicht aller Nährboden entzogen. Dafür reichen seine sozialen, politischen und religiösen Wurzeln zu tief in die muslimischen Gesellschaften hinein. Doch eben sowenig wie »der« Islam per se friedlich oder gewaltbereit ist, sind es »die« Islamisten. Auch das wird in den Beiträgen dieser Ausgabe deutlich.

Wer den »Kampf der Kulturen« vermeiden will, wird den »Dialog der Kulturen« suchen und führen müssen – verbindlich, offen und ohne falsche Rücksichtnahme. Eine Voraussetzung für die eigene Dialogfähigkeit aber ist die Kenntnis des Anderen, ein möglichst genaues und differenziertes Bild. Wer das nicht hat, wird allenfalls monologisieren können, ansonsten aber sprachlos bleiben – und damit auch unfähig zu substanzieller Kritik.

GUDRUN KRÄMER

Islam und Islamismus

Auf der Suche nach Einheit, Stärke und Gerechtigkeit

Islam ist nicht gleich Islam, Islam ist nicht identisch mit Islamismus, und Islamismus steht nicht notwendigerweise für Gewalt, von Terror ganz zu schweigen: Das ist mittlerweile schon fast Allgemeingut – die Orientierung aber fällt nach wie vor schwer. Das gilt besonders für den Islamismus, der sich von Marokko bis Malaysia in den unterschiedlichsten Formen zeigt, hier die Einführung der Scharia fordert, dort den Kampf gegen den Westen propagiert, da karitative Einrichtungen unterhält, dort Schriftstellern das Wort verbieten will. Nicht umsonst ist am Islamismus von seiner religionsgeschichtlichen Einordnung bis zu seiner politischen Bewertung fast alles umstritten.

Es beginnt mit der angemessenen Bezeichnung: In der öffentlichen Diskussion hat sich der Begriff »Fundamentalismus« eingebürgert, der aber negativ belegt ist und daher von vielen Muslimen und noch mehr Islamwissenschaftlern abgelehnt wird. Fundamentalisten sind nach allgemeinem Verständnis schriftgläubig, fanatisch und gewalttätig. Dieser Typus findet sich auch unter Muslimen. Die afghanischen Taliban und die algerischen Bewaffneten Islamischen Gruppen passen hier bestens ins Schema, aber sie machen nur einen Bruchteil einer breiten und recht heterogenen Strömung aus.

Grundlage allen Denkens

Besser ist die Bezeichnung »Islamismus«, weil sie das zentrale Anliegen der »Islamisten« zum Ausdruck bringt: den Islam – so wie sie ihn verstehen – zur Grundlage und Richtschnur allen Denkens und Handelns zu machen und auf diese Weise individuelles Verhalten und öffentliche Ordnung, Wirtschaft, Recht, Politik und Kultur allein auf den Islam zu gründen.

Der Islam, so lautet ihre Überzeugung, bietet für alle Aspekte des privaten und des öffentlichen Lebens nicht nur moralische Maßstäbe, sondern konkrete Handlungsanweisungen, die sich aus seinen normativen Texten – dem Koran als unmittelbarem Gotteswort und der Sunna des Propheten Mohammed – ganz klar und eindeutig ableiten lassen. Mit dieser Überzeugung stehen sie nicht völlig allein: Einer bekannten Formel zufolge ist der Islam »Religion und Staat« (al-islam din wa-daula) oder, etwas allgemeiner formuliert, »Religion und Welt« (din wa-dunya): Kein Lebensbereich kann sich seiner Geltungskraft entziehen. So sehen es nicht nur Islamisten, sondern auch kritische Beobachter, die das islamistische Credo nicht teilen. Tatsächlich hat die islamische Welt keine Aufklärung erlebt und sich nur in Teilbereichen säkularisiert, ohne dabei – von wenigen Ausnahmen wie der Türkei abgesehen – das Prinzip des Säkularismus bewusst zu bejahen und in Recht und Verfassung zu verankern. Das Ideal der umfassenden Verbindlichkeit islamischer Werte und Normen ist daher in der Praxis zwar früh unterhöhlt, auf theoretischer Ebene aber kaum in Frage gestellt worden.

Formuliert man das zentrale Anliegen ganz allgemein als die Verwirklichung einer »islamischen Ordnung«, die in einer Situation offenkundiger Schwäche Einheit, Stärke und Gerechtigkeit schaffen soll, versteht man leichter, warum sich Menschen quer durch alle Schichten vom Islamismus angezogen fühlen, und zwar Frauen nicht weniger als Männer. Allerdings wird nicht auf Anhieb klar, wo der Unterschied zwischen Islamisten und »normalen« Muslimen liegt, die ja auch Koran und Sunna als Fundament des eigenen Glaubens betrachten und im Allgemeinen ebenfalls bemüht sind, ihr Verhalten an islamischen Werten auszurichten. Tatsächlich ist die Grenze nicht leicht zu ziehen. Das macht die Einordnung des Islamismus ja so schwierig, zumal er sich nicht, wie vielfach geglaubt, auf politische Oppositionsparteien beschränkt. Das Verhältnis zu Politik und Recht gibt allerdings Hinweise auf die Existenz spezifisch islamistischer Überzeugungen.

»Islamisten« sehen Religion, Recht und Politik als Einheit und wollen, dass zumindest in ihren eigenen Gesellschaften das private wie das öffentliche Leben (ausschließlich) auf islamischen Normen und Werten ruhen soll. Die Kurzformel hierfür lautet »Anwendung der Scharia«, das heißt Durchsetzung der aus Koran und Sunna abgeleiteten islamischen Rechts- und Werteordnung. Sie umfasst nicht nur gesetzliche Regelungen, die das Familien-, Erb- oder Strafrecht betreffen, sondern soll auch ganz alltägliche Verrichtungen von der Hygiene bis zur Kleidung gestalten. Während nun die Muslime in ihrer Mehrheit die Gültigkeit »islamischer Werte« nicht in Frage stellen, wollen sie doch nicht, dass die Bestimmungen des islamischen Rechts ohne weiteres auf die Gegenwart angewandt werden und Rechts- und Religionsgelehrte – von den Führern islamistischer Bewegungen ganz zu schweigen – über die gesellschaftliche und politische Ordnung ihres eigenen Landes entscheiden. Die meisten wünschen sich eine auf islamische Werte gegründete Gesellschaft, aber keinen »islamischen Staat« nach dem Muster Irans, Saudi-Arabiens oder gar Afghanistans.

Das Verhältnis zur Gewalt

Das Verhältnis zur Gewalt eignet sich besser dazu, Grenzen zu ziehen, und zwar nicht nur zwischen Islamisten und »normalen« Muslimen, sondern innerhalb der islamistischen Strömung selbst: Die Islamisten wollen den islamischen Staat, der die Scharia »anwendet«. Die meisten aber möchten ihn ohne Gewaltanwendung durchsetzen, sei es, dass sie den Islam als Religion des Friedens verstehen (auf die sprachliche Verwandtschaft der Wörter »Islam« und »Frieden«, arabisch salam, wird gern verwiesen) und Gewalt grundsätzlich als islamwidrig ablehnen, sei es, dass sie angesichts eigener Erfahrungen Gewaltanwendung als schädlich, wenn nicht selbstzerstörerisch betrachten, also eher pragmatisch argumentieren. Die ägyptische Muslimbruderschaft beispielsweise, die in den 50er-Jahren gegen das nasseristische Regime den Dschihad führte, verurteilt mittlerweile den Einsatz von Gewalt zur Durchsetzung des Islam bzw. des eigenen Islamverständnisses. Ähnliches gilt für die Muslimbruderschaft in Syrien oder die Islamische Heilsfront in Algerien, die in der Konfrontation mit einer überlegenen Staatsmacht gleichfalls unterlagen.

Aus denselben Erfahrungen zogen andere allerdings die entgegengesetzte Lektion: dass nämlich angesichts eines übermächtigen Feindes (die herrschenden Regime, »die Juden«, »der Westen« oder eine unheilige Allianz dieser drei) nur der bewaffnete Kampf der heiligen Sache zum Durchbruch verhelfen kann, weil der Gegner jede friedliche Offensive vereiteln wird. Der Dschihad ist für diese radikale Minderheit legitim, unausweichlich und per definitionem defensiv: Die Muslime befinden sich gewissermaßen im Belagerungszustand; sie haben nicht nur das Recht, sondern die Pflicht, sich mit der Waffe zu verteidigen. So argumentiert, wie bekannt, Osama Bin Laden, der zum Dschihad gegen die Feinde des Islam aufgerufen hat. Die Propagandisten des bewaffneten Jihad aber, die mit Blick auf das große Ziel auch den Tod von Zivilisten, Frauen und Kindern in Kauf zu nehmen bereit sind, vertreten selbst innerhalb der islamistischen Strömung eine Minderheit, wenn auch eine hoch motivierte und gut organisierte.

Islamismus hat viel mit der Abwehr fremder, namentlich westlicher Mächte und Ideen zu tun und noch mehr mit der Abwehr westlicher Dominanz. Er gilt allgemein als Protestbewegung einer nach Orientierung, Sinn und Selbstachtung strebenden Jugend gegen soziale Ungerechtigkeit, kulturelle Entfremdung und kollektive Ohnmacht, die in letzter Konsequenz auf das Wirken islamfeindlicher Kräfte zurückgeführt werden. Das Streben nach Wahrung oder Wiedergewinnung einer eigenständigen, islamisch bestimmten Identität spielte und spielt in diesem Zusammenhang über die Zeiten des antikolonialen Befreiungskampfes hinweg eine tragende Rolle. Unter diesem Vorzeichen steht auch die Auseinandersetzung um den Schleier, den die einen als Symbol islamischer »Authentizität« verteidigen, die anderen als Zeichen spezifisch islamischer patriarchaler Gewaltverhältnisse ablehnen.

»Der Islam ist die Lösung«

Aber der Islamismus erschöpft sich nicht im Kampf gegen den Westen, und er beschränkt sich nicht auf die junge Generation. Zwar kommt die Bedrohung aus islamistischer Sicht noch immer von außen: Die »intellektuelle Aggression« des Westens, das neue »Kreuzfahrertum«, mit dem er seine Werte von der liberalen Marktwirtschaft bis zur Emanzipation der Frau durchzusetzen versucht, beraubt die Muslime ihrer »Werte« und macht sie zu willfährigen Nachahmern unislamischer Denk- und Lebensformen. Aber die Kritik der Islamisten richtet sich zugleich gegen die eigenen Eliten, die nach Erlangung der Unabhängigkeit an die Macht kamen. Sie sind, so lautet ihr Vorwurf, auf ganzer Linie gescheitert.

»Der Islam ist die Lösung« lautet demgegenüber das Motto der Islamisten, mit dem sie gegen ihre Kritiker und Gegner mobil machen. Um die geistig-moralische Wende zu bewirken, die allein aus der allgemeinen Misere führt, muss der Islam allerdings – und in diesem Punkt erweisen sich die heutigen Islamisten als Erben der Reformbewegung des späten 19. und des frühen 20. Jahrhunderts – zunächst von den Verfälschungen und »unzulässigen« Neuerungen gereinigt werden, die ihn im Laufe der Jahrhunderte verformt und entstellt haben.

Der reformierte Islam wird in der Gemeinschaft der Muslime den Geist der Frühzeit wieder erstehen lassen, in der sie, vom Glauben beseelt, stark, einig und unwiderstehlich war, und ihr die Vorrangstellung in der Welt zurückgeben, die sie über Jahrhunderte innehatte. Es ist diese Verbindung von moralischem und politischem Appell, das Versprechen individueller Erfüllung und kollektiver Befreiung, die den Islamismus für viele so anziehend macht, gerade unter den Gebildeten und selbst unter den Besitzenden, und zwar, um es zu wiederholen, Männern wie Frauen.

Der Islamismus bildet im Nahen und Mittleren Osten eine breite Strömung, die bis in die Mitte der Gesellschaft reicht und sich keineswegs, wie oft angenommen, auf eine marginalisierte, chancenlose und frustrierte Jugend beschränkt.

Zu den Islamisten zählen gut situierte Akademiker, Intellektuelle, Richter, Ärzte, Unternehmer und Gewerkschaftler, Vertreter des Staatsapparates ebenso wie der Zivilgesellschaft. Sie sind besonders sichtbar und artikuliert, und das hat sie seit den 70er-Jahren zur tonangebenden Kraft gemacht, die alle anderen Stimmen übertönt oder gänzlich verstummen lässt. Wer den Islamismus als bloßen »Missbrauch der Religion« abtut und die Islamisten allein als Sprecher der Elenden und Unterdrückten wahrnimmt, macht es sich zu leicht. Aber sie stellen nicht die Mehrheit in ihren Gesellschaften, und sie vertreten auch nicht den Islam.

DETLEV LÜCKE/THORSTEN WÖHLERT

Der Dialog darf kein Austausch von Unverbindlichkeiten sein

Interview mit Bundestagspräsident Wolfgang Thierse über das Verhältnis des Islam zu anderen Religionen

Bundestagspräsident Wolfgang Thierse hat sich in der Vergangenheit sehr intensiv um den Bereich des »Dialogs der Religionen« gekümmert. Auf seinen Reisen nach Marokko, Ägypten, Indien und vor allem Iran hat er mit Theologen der im jeweiligen Gastland vertretenen Religionen bei Rund-Tisch-Gesprächen diskutiert. In Ägypten traf er sich mit dem Groß-Scheich Tantawi, in Iran auch mit ausgesprochen konservativen Mullahs. Dort hielt er außerdem eine stark beachtete öffentliche Rede über den interkulturellen Dialog. Zum gleichen Thema sprach er jüngst vor Studenten eines internationalen Seminars bei Daimler-Chrysler in Berlin.

Sie haben sich unlängst für einen europäischen Islam, einen Euro-Islam, ausgesprochen. Was verstehen Sie darunter?

Wolfgang Thierse: Es ist überaus wichtig, sich immer wieder daran zu erinnern, dass es den Islam als ein monolithisches Gebilde ebenso wenig gibt, wie das Christentum ein uniformes, einheitliches Gebilde ist, sondern es gibt unterschiedliche Ausprägungen des Islam. Soweit der erste Befund. Der zweite ist – sehr verallgemeinert gesprochen –, dass vielleicht die Schwäche des Islam darin besteht, den schwierigen Prozess der Aufklärung noch nicht hinter sich gebracht zu haben. Deswegen sind elementare Verhältnisse zwischen Religion und Gesellschaft im Islam und in islamischen Ländern anders gestaltet als etwa in Europa. Und hierzu gehört für mich die klare Unterscheidung von Politik und Religion, die deutliche Trennung von Staat und »Kirche«, die selbstverständliche Anerkennung von Pluralismus, von religiöser Toleranz als einem positiven Wert. Dies alles gilt für den Islam so im Grundsatz nicht. Das gibt es, aber es ist nicht prägend. Und vielleicht besteht die Chance für den Islam in Europa – das meint das Stichwort Euro-Islam – darin, sich, wie einst das Christentum, genau auf diesen Prozess einzulassen. Mir scheint, dass diese Erfahrung hier in Europa unter den Voraussetzungen der Religionsfreiheit, der Freiheit von Wissenschaft und Lehre sehr wohl zu machen ist. Deswegen denke ich im übrigen auch, dass islamische Theologie an europäischen Universitäten eine wirkliche Chance für die Herausbildung eines solchen Euro-Islam wäre.

Den Muslimen zu sagen: Holt Eure Aufklärung bitteschön bei uns nach, hier ist das beste Umfeld dafür, könnte in islamischen Ländern auch als anmaßend empfunden werden – nicht zuletzt wegen der kolonialen Vergangenheit Europas.

Wolfgang Thierse: Ich sehe in den Kernländern des Islam nicht, dass dort die Unterscheidung von Religion und Politik akzeptiert würde oder die Trennung von »Kirche« und Staat und die selbstverständliche Toleranz gegenüber anderen Religionen. Dass es in

Rom eine Moschee gibt, ist inzwischen selbstverständlich. Aber können Sie sich in Mekka eine christliche Kirche vorstellen oder sonst wo in Saudi-Arabien? Europa hat in seiner langen, konfliktreiche Geschichte religiöse Toleranz erlernt, und ein solches Umfeld könnte auch für den Islam durchaus befruchtend sein. Es könnte positive Wirkungen auf den Islam haben, wenn wir ihn in Europa als eine gleichberechtigte Religion akzeptieren, respektieren und ihm jene Entwicklungschancen geben, die andere Religionen dort auch haben.

Davon sind wir aber noch ein ganzes Stück entfernt …

Wolfgang Thierse: … aber wir sind erheblich näher dran als in anderen Teilen der Welt, wenn ich das richtig sehe.

Kann es sein, dass wir beim inter-religiösen oder interkulturellen Dialog schon mal weiter waren, wenn man an die Zeit der Aufklärung denkt …

Wolfgang Thierse: Ich warne davor, vergangene geschichtliche Epochen zu verklären. Natürlich erinnert man sich an den Beitrag, den die islamische Kultur in Spanien zum europäischen kulturellen Reichtum geleistet hat. Aber wie stand es wirklich um die religiöse Toleranz in diesen Zeiten? Und: Was ist in den vergangenen 600, 700 Jahren mit dem Islam passiert? Es ist doch überhaupt keine Arroganz zu sagen, dass der Islam einen erheblichen Modernisierungskonflikt erträgt und austrägt: auf der einen Seite an den eigenen Grundüberzeugungen zwar festzuhalten, aber sich trotzdem auf eine moderne, und das heißt eben auf eine pluralistische Gesellschaft einzulassen; zu respektieren, dass es wesentliche Teile der gesellschaftlichen Entwicklung gibt, die einen Eigenwert haben, sich also nicht religiöser Prägung unterwerfen lassen.

Diesen Konflikt trägt die islamische Welt gerade auf höchst unterschiedliche Weise aus. Das sollten wir nicht arrogant beobachten, sondern mit Interesse. Zum Beispiel Iran: Dort haben wir eine religiös geprägte Gesellschaft, die an ihren religiösen Grundüberzeugungen festhält, aber dennoch versucht, sich auf Demokratie, auf eine säkulare Welt einzulassen, ohne sich dabei selber verraten zu wollen. Das ist überaus spannend.

Es gibt Beobachter – Katajun Amirpur schreibt darüber in dieser Ausgabe –, die können sich vorstellen, dass Iran zu einer Art »Musterland« der islamischen Demokratie wird, gerade weil die Menschen dort schlechte Erfahrungen mit der Islamisierung von Staat und Gesellschaft gemacht haben und weil dies ein Prozess ist, der am Ende auch der Religion schadet, wenn die Menschen sich von ihr abwenden …

Wolfgang Thierse: Ich bin auch sehr für Fairness im Urteil gegenüber Iran. Dort ist manche innere Entwicklung zu kritisieren. Wenn man dieses Land jedoch mit den anderen islamischen Nachbarstaaten vergleicht, dann ist es in vielen Bereichen demokratischer. Es gibt einen Prozess der Demokratisierung, der Anerkennung von Volkssouveränität, der stärker ist als etwa in Saudi-Arabien, im Irak oder bis vor kurzem in Afghanistan.

Sie haben davor gewarnt, dass Afghanistan ein islamischer Staat wird …

Wolfgang Thierse: Damit ist gemeint: ein islamistischer Staat. Diese Sorge bleibt auch nach der Beseitigung des Taliban-Regimes. Aber selbst wenn man sagen würde ein »islamischer Staat« … Wieso? Ist Deutschland ein christlicher Staat? Es ist kein christlicher Staat, sondern einer, der in christlicher Tradition steht. Sicher: Religion ist keine Privatsache, sondern sie drängt auch immer ins öffentliche Leben und in die Gestaltung des Lebens, sonst ist sie nicht. Es gibt keinen bloß geglaubten Glauben, sondern er will gelebt sein und hat damit immer auch eine politische Dimension. Aber wenn man respektiert, dass es Pluralismus gibt und Toleranz, dann kann es keinen Staat geben, der nur auf einer einzigen religiösen Überzeugung beruht.

Zurück zum Euro-Islam. Bauen Sie darauf, dass diese europäische Variante des Islam entsteht, um dann Teil eines inner-islamischen Dialogs zu werden?

Wolfgang Thierse: Das hat es doch schon gegeben. Der jugoslawische Islam war selbstverständlich ein Islam, der sich eingelassen hat auf die religiöse Vielfalt, auf Gleichberechtigung, auf ein freundliches und freundschaftliches Verhältnis zu anderen Religionen, ganz besonders in Bosnien. All das geht jetzt eher zurück, und man hört beunruhigende Berichte über islamistische Einflüsse, die mit finanzieller Unterstützung Saudi-Arabiens befördert und gestärkt werden. Dennoch: Man kann an positive Erfahrungen anknüpfen, die es in Europa schon gegeben hat und die dem Islam insgesamt gar nicht schlecht bekommen sind.

Welche Voraussetzungen bräuchte es in Deutschland, damit sich bei uns ein solcher aufgeklärter europäischer Islam entwickelt? Wir haben zahlreiche muslimische Gemeinden. Die treffen sich nicht selten in sogenannten Hinterhofmoscheen, und keiner weiß so recht, was dort passiert.

Wolfgang Thierse: Ich halte es für wichtig und wünschenswert, dass es an unseren Universitäten Lehrstühle für islamische Theologie gibt, so wie wir auch andere theologische Lehrstühle haben, damit ganz organisch ein Dialog der Religionen als theologischer Disput stattfinden kann. Das grundlegendere Problem aber ist die Art und Weise, wie die islamischen Gemeinschaften selber verfasst sind. Nach unseren Vorstellungen sind Kirchen Anstalten des öffentlichen Rechts. Und damit sind sie sozusagen institutionell fassbar. Es gibt innere Regeln, die auch nach außen sichtbar sind. Das ist die Schwierigkeit bei diesen Hinterhofmoscheen, die so nicht wahrnehmbar sind und sich stärker als bisher auch auf das Institutionengefüge der demokratischen Gesellschaften einlassen müssten. Das wäre zu ihrem Vorteil.

Wo liegen da die Defizite? Bei den islamischen Gemeinden oder bei der deutschen Gesellschaft?

Wolfgang Thierse: Da sag ich, zunächst einmal bei den islamischen Gemeinschaften, die sich stärker auf die gesellschaftlichen und institutionellen Bedingungen der europäischen Gesellschaften einlassen müssten. Natürlich gibt es auf der anderen Seite auch die Pflicht der Mehrheitsgesellschaften, ein größeres Ausmaß an Interesse gegenüber den religiösen Minderheitsgemeinschaften zu entwickeln und einen respektvollen Umgang zu pflegen.

Die berühmte Pflicht zum Dialog …

Wolfgang Thierse: Ja, aber ich füge sofort hinzu: Dialog ist nicht der Austausch von Nettigkeiten und Unverbindlichkeiten, sondern die kritische und selbstkritische Auseinandersetzung von Diskussionsteilnehmern mit unterschiedlichen, ja konkurrierenden Wahrheitsansprüchen. Das darf man nicht vergessen. Mich ärgert, wenn gesagt wird, wir sind der Überzeugung, dass der Islam eine friedliche Religion ist. Dann verlangt man nicht, dass der Dialogpartner diesen Satz glaubhaft macht. Es ist aber so: Nur die Muslime selbst können glaubhaft machen, dass der Islam eine Religion des Friedens ist, so wie die Christen das nur selber glaubhaft machen und sich nicht von anderen bescheinigen lassen können.

Der Koran ist – wie die Bibel auch – auslegbar. Viele Islamisten argumentieren mit einer wörtlichen Auslegung und leiten daraus ihre politischen Vorstellungen ab. Das hat es ja in Europa auch gegeben. Was könnte man da – im Sinne eines kritischen Dialoges – von europäischer Seite als Erfahrung einbringen?

Wolfgang Thierse: Zunächst einmal als wichtigen Schlüssel die historisch-kritische Methode der Exegese. Das ist etwas sehr Wichtiges. Zu begreifen, dass ich einen Text –

einen historischen Text, von dem ich als Gläubiger sage, er ist ein Offenbarungstext – zugleich nicht wörtlich nehmen kann, sondern als einen Übersetzungsvorgang. Nichts anderes ist ja Theologie. Theologie als Auslegung eines Textes, bezogen auf eine jeweils gegenwärtige Problem – oder Fragesituation, auf einen Fragehorizont. Diese Art von Theologie gibt es ohne Zweifel auch im Islam. Aber wir beobachten auch eine sich verstärkende Strömung im fundamentalen Islamismus, die den Koran wörtlich nimmt oder durchaus willkürlich den eigenen gesellschaftlichen, patriarchalen oder politischen Interessen anpasst. Genau hier ist dann Theologie wichtig – als Kritik an interessengeleiteter Vereinseitigung von Religion.

Wenn wir Muslime in Deutschland dazu einladen, sich in und mit ihrer Religion auf die pluralistische, demokratische Gesellschaft einzulassen, dann hängt das Ergebnis dieser Bemühungen doch auch davon ab, wie wir im Alltag mit ihnen umgehen. Eine türkische Lehrerin mit einem Kopftuch aber ist in Teilen Deutschlands ein Problem. Wie soll das zusammen passen?

Wolfgang Thierse: Jetzt wollen Sie mich verleiten, ein Verfassungsgerichtsurteil zu kritisieren. Aber natürlich sind wir hier an einem unerhört schwierigen Punkt. Die Frage ist, ob unsere Gesellschaft so weit säkularisiert ist, dass sie Religiöses als Verbindliches, die unterschiedlichen Individuen Übergreifendes nicht mehr akzeptiert – und zwar aus Rücksicht auf andere Überzeugungen. Dann bleibt da aber nichts mehr, dann ist das Gemeinsame ein Nichts. Und genau das ist es ja, was Islamisten am Westen kritisieren: Die totale Entwürdigung und damit die totale Vernichtung elementarer religiöser und sittlicher Grundlagen des Zusammenlebens. Wir tun ihnen also keinen Dienst, wenn wir unsere eigene religiöse Tradition aus falsch verstandener Toleranz und Rücksicht auf die anderen bis zur Nicht-Existenz verleugnen. Wir sollten vielmehr für das Eigene einstehen. Das ist eine Grunderfahrung des Dialogs. Gleichzeitig müssen wir dabei die Fähigkeit entwickeln, das Andere zu akzeptieren. Toleranz heißt ja nicht, ich verleugne das Eigene, damit ich dem Anderen nicht weh tue. Dann werde ich – völlig zu recht – nicht mehr ernst genommen.

Es geht nicht um Verleugnung, sondern um ein Nebeneinander, darum, dass die Frau mit dem Kopftuch unterm Kruzifix nicht unterrichten darf.

Wolfgang Thierse: Das ist dann eine Frage, wie die jeweilige Gemeinschaft so etwas akzeptieren kann. Und das kann man auch immer nur Schritt für Schritt lernen. Der konkrete Fall, auf den Sie anspielen, bezieht sich auf Bayern, eine Gegend mit starker christlicher Prägung. Das Kopftuch wirkt dort wie ein Affront, wie ein Moment der ideologischen Interpretation durch ein Zeichen. Ich weiß nicht, wie die Sache am Ende ausgehen wird. Aber ich weiß, dass man sich in diesen Dingen weder unter- noch überfordern darf, sondern solche Prozesse zunächst einmal zulassen muss.

Haben Sie den Eindruck, dass der Islam in Deutschland nach dem 11. September eher ablehnender, skeptischer und misstrauischer betrachtet wird, oder sehen Sie eine größere Bereitschaft zur bewussten Rücksichtnahme, zur Relativierung?

Wolfgang Thierse: Genau kann ich das nicht beantworten. Gelegentlich habe ich den Eindruck, das Ganze findet auf zwei Ebenen statt. Auf der Ebene der Stammtische werden eher Abneigung und Vorurteile gegen den Islam als etwas Fremdem stärker. Und auf einer anderen Ebene gibt es – quasi als Ausgleich – Beteuerungen und Bescheinigungen, wie gut man sich versteht und wie friedlich und wahrhaftig das Verhältnis doch eigentlich sei. Beides scheint mir ein wenig einseitig zu sein. Wir haben den Punkt noch nicht erreicht, an dem ein kritischer und selbstkritischer Dialog über konkurrierende Wahrheitsansprüche stattfindet. Gelegentlich habe ich den Eindruck, dass diese Wahrheitsansprüche überhaupt nicht mehr geltend gemacht werden können. In der theoretischen Vernunft geht es jedoch nicht ohne Wahrheitsansprüche. In der praktischen Vernunft muss man dann miteinander auskommen.

Brauchen wir, wie Wolfgang Ullmann es in seinem Beitrag schreibt, eine Ringparabel des 21. Jahrhunderts. Und wenn ja, wie könnte die aussehen?

Wolfgang Thierse: Das müsste Wolfgang Ullmann dann formulieren. Ich weiß nur, dass die Ringparabel von Lessing durchaus nicht erledigt ist mit ihrer Aufforderung, Toleranz immer neu zu lernen, ohne in eine Attitüde der Beliebigkeit und Interessenlosigkeit zu verfallen, wo alles gleich richtig, weil gleich unwichtig ist.

Aber Bescheid wissen sollten wir schon …

Wolfgang Thierse: Das ist heute eine der grundlegenden Herausforderungen. Gerade weil die Weltreligionen einander näher gerückt sind. Was musste ein Deutscher vor 100 Jahren über den Islam wissen? Er hatte kaum eine Chance, in seinem Leben Muslime zu treffen. Jetzt sind das unsere unmittelbaren Nachbarn. Sie leben mit uns, also sollten wir mehr voneinander wissen, also Bescheid wissen über die Gemeinsamkeiten der großen Weltreligionen und die Unterschiede.

Braucht es dazu nicht auch einen anderen Religionsunterricht an unseren Schulen?

Wolfgang Thierse: Zu einem vernünftigen Religionsunterricht gehörte immer auch die Information über andere Religionen. Um das Eigene zu begreifen, muss ich das Fremde, das Andere auch etwas kennen.

Im Original?

Wolfgang Thierse: Das ist immer besser. Ich hab ja, wie Sie wissen, etwas gegen LER, weil ich glaube, dass man Religion nur authentisch und nicht durch neutrale Dritte vermitteln kann. Damit verfälscht man Religion als bekenntnisbezogenes, bekenntnisbegründetes Wissen, das ein anderes Wissen ist als beispielsweise in den Naturwissenschaften. Da ist schon besser, wenn dieses Wissen von authentischen Vertretern der jeweiligen Religion oder Konfession vermittelt wird – was ausdrücklich auch das Wissen über Anderes einschließt und so das Bekenntnis zu Toleranz und religiösem Pluralismus ermöglichen soll.

ANGELA GRÜNERT

Es gibt keinen Gott außer Allah, sein Wort gilt als Verhaltensnorm

Die fünf Säulen des Islam: Ramadan, Glaubensbekenntnis, rituelle Gebete, Almosengabe und Mekkapilgerreise

In den späten Nachmittagsstunden des Ramadan steigert sich die Sehnsucht nach Sonnenuntergang ins Unerträgliche. Für manchen Raucher unter den Gläubigen dehnen sich die Sekunden zu Ewigkeiten. Erst wenn Maghrib – der letzte Gebetsruf des Tages – den Moment des Sonnenuntergang signalisiert, kann nach einem oftmals mehr als 15 Stunden währenden Fastentag wieder gegessen, getrunken und inhaliert werden. Maghrib findet an jedem Ort zu einer anderen Zeit, in keinem Jahr zur gleichen Stunde, an jedem Tag zu einem späteren Moment statt.

Im islamischen Kontext wird die Bestimmung der Zeit von der Konstellation der Gestirne abgeleitet. Dementsprechend ist Maghrib in den von Muhammad Buchari zusammengetragenen Überlieferungen der Worte und Taten des Propheten definiert worden: »Exakt der Moment, in dem die Sonnenscheibe hinter dem Horizont verschwindet, aber noch so viel Licht ist, dass ein guter Schütze erkennt, wo der Pfeil auftrifft, den er in diesem Augenblick abgeschossen hat«. In den meisten Ländern ist man heute jedoch aus praktischen Gründen dazu übergegangen, die Kalkulationen der astronomischen Institute zu übernehmen und neben der traditionellen Zeitbestimmung zu akzeptieren. Dadurch wird den Gläubigen ermöglicht, sich über den exakten Zeitpunkt des täglichen Fastenbrechens durch die Tageszeitungen zu informieren oder sich nach speziellen Ramadankalendern zu richten. Die Moderne hat aber auch der traditionellen akustischen Kennzeichnung der Sonnenuntergangszeit Platz gelassen. Die Kanonensalven vor der Stadt und der heute meist lautsprecherverstärkte Gebetsruf von den Minaretten werden von der Mehrheit der Fastenden als das ausschlaggebende Signal betrachtet, um ihr Fasten zu brechen.

Das Ramadanfasten gehört neben dem islamischen Glaubensbekenntnis, den rituellen Gebeten, der Almosengabe und der Wallfahrt nach Mekka zu den kultischen Pflichten, die als »tragende Säulen« oder »das Fundament« des Islam bezeichnet werden. Sie sind Bestandteil der im Koran offenbarten Gottesordnung, welche in ihrer Gesamtheit die religiösen, juristischen, sozialen und politischen Rahmenbedingungen des Lebens innerhalb der islamischen Gemeinschaft vorgeben. Alle persönlichen und gesellschaftlichen Handlungen haben sich daran zu orientieren. Wer nicht bereit ist seine Grundpflichten zu erfüllen, muss nach islamischen Verständnis sowohl in dieser als auch in der jenseitigen Welt die Konsequenzen tragen. Solche Abtrünnigen können, je nach Schwere ihres »Verrats«, auch aus der Gemeinschaft der Gläubigen ausgeschlossen oder sogar mit dem Tode bestraft werden. Keine der aufeinander aufbauenden Säulen kann durch die anderen kompensiert werden, keine hat isoliert Bestand. Allenfalls auf die Wallfahrt nach

Mekka, kann als fünfte, letzte und höchst stehende Säule, unter bestimmten Umständen – wenn jemand zu alt oder zu arm zum Reisen ist – verzichtet werden.

Gebet islamischer Gläubiger während des Fastenmonats Ramadan in Ttalat al Harb, Kairo. Der Ramadan ist eine der fünf Säulen des Islams und ist der 9. Monat des islamischen Mondjahres. Foto: Christel Becker-Rau

Die Symbolik der Säulen

Die Symbolik dieses Säulenmodells, auf dem das komplexe Glaubensgebäude Islam aufgebaut ist, wird von den islamischen Rechtsgelehrten meistens aus dem Kontext der Entstehungszeit des Islams hergeleitet. So wird die erste Säule, das Glaubensbekenntnis, innerhalb der islamischen Ur-Gemeinde als Treuebeweis gegenüber der neuen Religion und ihrem Begründer und als Grundstein des Islams interpretiert. Auf diese sozio-religiöse Voraussetzung baut die zweite Säule auf. Der Verpflichtung zu fünf über den gesamten Tag verteilten Gebeten wird eine identitätsstiftende Ordnungsfunktion zugeschrieben. Über die festgefügten Rituale wurden ein von Gott bestimmtes Handeln demonstriert und die Ablösung von bis dahin gültigen stammeszugehörigen Zusammenhängen legitimiert. Innerhalb dieses Rahmens definiert die dritte Säule die Ordnung unter den Mitgliedern der Glaubensgemeinschaft. Sie verpflichtet zu sozialen Abgaben, die als Ausdruck konkreter Solidarität mit sozial Schwächeren, aber auch als Fürsorge für den Erhalt, die Entwicklung und die Verteidigung der Gemeinde Gottes konzipiert sind. Säule vier – die Fastenpflicht – und Säule fünf – die Pilgerreise nach Mekka – sind Vorschriften die das private Verhältnis zwischen Individuum und Gott betreffen. Das Fasten als Lossagung von weltlichen Genüssen gilt als Streben nach Werten, die über das irdischen Leben hinausgehen. Mystische Strömungen des Islam vergleichen das Fasten mit einer spirituellen Reise, auf der sich der Gläubige in den Grundprinzipien der Religion, der Hingabe an Gott, Moral und Humanität übt. Auf dieser Reise sollen Disziplin, Gemeinschafts- und Gerechtigkeitssinn erworben werden, unabdingbare Eigenschaften und Voraussetzung für die Pilgerfahrt nach Mekka. Der Besuch des Hauses Gottes wird als Vorbereitung auf die allerletzte Reise des Menschen, in der Erwartung der Begegnung mit seinem Schöpfer betrachtet.

Der algerische, an der Sorbonne lehrende Islamwissenschaftler Mohammed Arkoun interpretiert das Konzept der Fünf Säulen als Organisationsform des irdischen Lebens mit Blick auf eine Perspektive nach dem Tod. Als Sehnsucht der Menschen, ihre persönlichen Alltagsmühen in einem ganzheitlichen Sein geordnet zu sehen. Arkoun zufolge ist Fasten, Fastenbrechen und »id«, das Fest am Ende des Ramadan, eine in der Gemeinsamkeit erfahrene Bestätigung des Glaubens, ein Konzept transzendenter und konkreter Berührung mit dem Sakralen. Obwohl die im Koran vorgegebenen rituellen Gebote als ewig gültig und nicht veränderbar gelten, hat die Praxis der Fünf Säulen, über einen Zeitraum von nahezu anderthalb Jahrtausenden, beeinflusst durch gesellschaftliche Transformationsprozesse Veränderungen erfahren, die von den Vertretern der verschiedenen islamischen Rechtsschulen sehr unterschiedlich bewertet werden. Allgemeiner Konsens jedoch besteht darüber, dass für die Beantwortung aller Fragestellungen aus dem Alltag die Vorgaben der islamischen Quellen nach wie vor absolute Verbindlichkeit haben.

Neben der Manifestation des Wortes Gottes, dem Koran, gilt das Beispiel des Propheten – seine Handlungsweisen und seine Worte – den Gläubigen als maßgebende Verhaltensvorgabe. Diese Überlieferungen wurden nach dem Tode Muhammads im Jahre 632 von seinen Weggefährten größtenteils mündlich zusammengetragen und weitervermittelt. Rund 200 Jahre später sind diese Tausende von Überlieferungen in den großen Hadith-Sammlungen zusammengefasst worden. Ihre Autoren waren zumeist ein Leben lang damit beschäftigt, diese Überlieferungen zusammenzutragen und auf ihre Authentizität zu überprüfen. Für jedes einzelne Hadith wird stets die Kette der Personen aufgeführt, über die eine Information weitergegeben wurde. Diese Kette kann im Idealfall bis auf Mohammed zurückgeführt werden. Nicht nur die Länge der Kette, auch die Überprüfung des Lebenswandels, der Kompetenz und der Glaubwürdigkeit der einzelnen Übermittler waren Kriterium für die Entwicklung einer Hierarchie der Zuverlässigkeit der einzelnen Hadith. Die großen Hadith-Sammlungen haben über die Jahrhunderte einen ähnlich unantastbaren Stellenwert wie der Koran erlangt. Seit Beginn des 20. Jahrhunderts wird von einer Reihe muslimischer Reformer die Verpflichtung zur wortgetreuen Gültigkeit in Frage gestellt und statt dessen an den islamischen Grundsätzen orientierte, jedoch der Gegenwart angepasste Interpretationen, ein »Weg der Vernunft« propagiert. Eine Position die von Anhängern des orthodoxen Islams, die das Hadith als konkrete Verbindung zum Propheten und zu Gott betrachten, abgelehnt wird und immer wieder zu heftigen Auseinandersetzungen um den wahren Weg gelebten Islams führt.

In den Hadith-Sammlungen und im Koran wird großer Wert auf die aufrichtige Intention des Fastenden gelegt. Demnach ist Fasten nicht nur eine Angelegenheit von Mund und Magen, sondern Enthaltsamkeit mit allen Sinnen. Mund, Augen, Ohren, Nase, die erotische Empfänglichkeit, aber vor allem die Gedanken und Interaktionen der Menschen sollen sich während des Fastens, fern von weltlichen Genüssen, göttlichen Maßstäben annähern. In diesem Sinne wird das islamische Fasten als eine ganz besondere Form von Gottesdienst betrachtet. Es ist eine gedankliche und emotionale Prüfung des Bündnisses zwischen dem einzelnen Individuum und Gott. Ohne Niyyah, eine Art mündlich vereinbarten Vertrages mit Gott, wird das Fasten als bedeutungslos betrachtet. Dieser muss jeweils zum Beginn des Fastenmonats und vor Sonnenaufgang jedes einzelnen Fastentages formuliert werden. Weil die Fastenpflicht nur für Muslime gilt, die in der Lage sind für sich und andere Verantwortung zu übernehmen, sind Kinder bis zur Pubertät davon ausgenommen. In der Praxis werden die Kleinen bei Erreichen des Schulalters dazu angespornt, es den Erwachsenen gleich zu tun. Viele fasten von diesem Zeitpunkt an im kleineren Rahmen für ein bis zwei Tage in der Woche oder jeweils ab den Mittagsstunden. Wenn das Fasten zum ersten Mal einen ganzen Tag durchgehalten wurde, ist das Anlass für ein Fest mit besonderen Süßigkeiten.

Viele Erwachsene verstehen die erste Teilhabe am Suhur, der letzten Mahlzeit vor Sonnenaufgang und den Beginn eines neuen Fastentages, als eine Art Initiationserlebnis in die Erwachsenenwelt. Denn gerade im Ramadan, mit seinen durchfeierten Nächten, fällt es schwer, die Wärme der Decken für eine viel zu zeitige und zumeist sehr üppige Mahlzeit zu verlassen, die als notwendige Reserve betrachtet wird um einen Ramadantag durchstehen zu können. Nach dem Essen im Kreise der ebenfalls müden und schweigsamen Familie, nach den rituellen Waschungen, dem Morgengebet und der Niyyah, beginnt man nun zum ersten Mal in eigener Verantwortung vor Gott einen ganzen Fastentag.

Katajun Amirpur

Kleiner, großer Dschihad

Friedliches Streben und kriegerische Verteidigung

»Es ist die individuelle Pflicht eines jeden Muslims, Amerikaner und ihre Alliierten, Zivilisten und Militärs gleichermaßen zu töten«, so hieß es schon 1998 in einem Schriftstück der Islamischen Weltliga für den Dschihad gegen die Juden und Kreuzritter. Unterzeichner: Osama bin Laden. Die Aufforderung wird spezifiziert: So lange sei gegen Amerikaner und ihre Alliierten zu kämpfen, bis die Al-Aqsa Moschee in Jerusalem und die Heilige Moschee in Mekka »aus ihrem Griff befreit sind«. Osama Bin Laden hat damit den Dschihad gegen die Amerikaner ausgerufen – und zwar schon vor einigen Jahren. Fraglich ist aber, ob er dazu autorisiert war.

Der Dschihad bezeichnet – laut Koran – das »Bemühen auf dem Wege Gottes« oder »um Gottes Willen« (al-dschihad fi sabil allah). Mit diesem Bemühen ist im Koran vor allem der Kampf im Sinne einer kriegerischen Auseinandersetzung gemeint. Mohammed und seine Kämpfer werden dort als diejenigen bezeichnet, die sich »auf dem Wege Gottes mühen«, und zwar indem sie kämpfen. Es soll gegen die Heiden Krieg geführt werden, aber auch gegen die Christen und Juden, obwohl sie als »Buchbesitzer« gelten und damit einer vom Islam akzeptierten Religion angehören. Allerdings diente in der islamischen Geschichte der Dschihad nicht der gewaltsamen Bekehrung zum Islam, sondern in erster Linie der Ausweitung des islamischen Herrschaftsgebietes. Die Sure »es gibt keinen Zwang in der Religion« wird als Verbot der gewaltsamen Bekehrung verstanden – und ernst genommen. Deshalb wurde im Verlaufe der Geschichte das koranische Gebot, die »Schriftbesitzer«, also die Juden und Christen, nicht zur Konversion zu zwingen, sogar auf Nicht-Schriftbesitzer wie die Hindus ausgeweitet.

Gottes Taten sind heilig

Niemals allerdings wurde dieser Krieg zur Ausweitung des islamischen Herrschaftsgebietes als etwas Heiliges gedacht. Nur in der Übersetzung von Dschihad als »Heiliger Krieg« kommt das Adjektiv heilig vor, im Arabischen wird der Begriff nicht in Kombination mit diesem Adjektiv verwendet – und zwar aus einem entscheidenden Grund: Laut islamischer Theologie kann nur Gott heilige Handlungen begehen, der Mensch nicht. Obschon es sich also beim Dschihad um einen Kampf »um Gottes willen« handelt, ist es ein profaner Kampf, dem keinerlei Heiligkeit zukommt, gar nicht zukommen kann.

Ohnehin sollte sich die Definition von Dschihad im Laufe der Jahrhunderte wandeln. Das spätere islamische Recht verstand unter Dschihad nicht mehr die Pflicht zum Krieg, sondern das individuelle Bemühen darum, ein gottgefälliges Leben zu führen, beispielsweise nicht zu betrügen, nicht zu lügen oder einem Laster anzuhängen. Was genau das »Mühen auf dem Wege Gottes« ausmachte, war von Person zu Person verschieden, aber eben friedlich. So verstand der Mystiker sein Ringen um Gotteserkenntnis genauso

Tausende Pilger umgeben die Kaaba im Hof der Al-Masjid-al_Haram-Moschee in Mekka. Die im Westen Saudi-Arabiens gelegene Stadt gilt als heiligste Stätte des Islams und ist der Geburtsort Mohammeds. Eine Wallfahrt zur Kaaba im Hof der Hauptmoschee ist für alle volljährigen Muslime Pflicht. Foto: Ullstein-Bilderdienst

als Dschihad wie der Prediger seine Missionstätigkeit. Das Wort Dschihad wird und wurde gerade auch von Modernisten sehr weltlich verstanden. In Tunesien beispielsweise wurde die Bekämpfung des Analphabetismus als Dschihad deklariert, und als mit dem Ende des iranisch-irakischen Krieges die Aufbauphase begann, nannte man sie dschihad-e sazandegi, Aufbaukampf. Auch andere Formen des Mühens werden in Iran bis heute Dschihad genannt. An jeder iranischen Universität beispielsweise gibt es eine Abteilung für universitären Dschihad. Auch der dschihad-e daneshgahi verfolgt ein friedliches Ziel: die verschiedenen Disziplinen sollen zusammengeführt werden, sich austauschen und gemeinsame Forschungslinien erarbeiten.

Zwar hat der Dschihad eine überwiegend friedliche Bedeutung, aber eben nicht nur. Zur Unterscheidung zwischen dem friedlichen und dem kriegerischen Dschihad wird heute vom großen und dem kleinen Dschihad gesprochen. Nach gängiger Definition ist der große Dschihad ein individuelles oder auch kollektives Mühen, das mit Krieg nichts zu tun hat. Kriegerisch ist nur der kleine. Allerdings bezeichnet er nur einen Krieg zur Verteidigung, denn nach Auffassung der meisten Gelehrten der Neuzeit darf der Dschihad als Angriffskrieg nur zu Lebzeiten des Propheten geführt werden. Außerdem darf er sich auf keinen Fall gegen unschuldige Frauen und Kinder richten. Dem Anspruch Osama Bin Ladens, einen Dschihad gegen die Amerikaner zu führen, liegt also u. a. eine völlige Verkennung der Voraussetzungen für einen Dschihad zugrunde, die es erst möglich machen, ihn auszurufen.

Als die USA Afghanistan angriffen, waren die Voraussetzungen für einen Dschihad da – fast zumindest. Die Afghanen waren im Verteidigungskrieg. Osama Bin Laden allerdings war dazu nicht autorisiert. Das islamische Recht kennt detaillierte Vorschriften, wer dazu berechtigt ist: nur der politische Führer. Der Ausrufung muss ein Konsens der islamischen Rechtsgelehrten zugrunde liegen. Wenn sich die islamischen Gelehrten Afghanistans einig waren, dann war es Mullah Omar im Prinzip erlaubt, den Verteidigungskrieg der Taliban zu einem Dschihad zu erklären. Fraglich bleibt, ob Omar als legitimer politischer Führer gelten konnte und seinen Islamgelehrten die nötige Autorität zukam.

Gernot Rotter

Die Verfassung von Medina: Mohammed als Prophet und Realpolitiker

Der Begründer des islamischen Staatswesens und des arabischen Weltreiches

Die Lebenswege der Begründer der drei großen monotheistischen, sowohl religionsphänomenologisch als auch historisch und geographisch eng verwandten Weltreligionen, Moses, Jesus und Mohammed, wie sie sich in den jeweiligen Heiligen Schriften zeigen, enthalten bereits jene Merkmale, die für das Verhältnis dieser Religionen zur Institution des Staates wesentlich werden sollten: Während Jesus als Aufrührer den Kreuzestod starb, ohne König von Israel geworden zu sein oder das Reich Gottes auf Erden errichtet zu haben, wuchsen Moses und Mohammed in die Rolle von Staatsführern.

Rund ein Jahrzehnt wirkte Mohammed nach seinem ersten Offenbarungserlebnis als Prophet in Mekka. Argwöhnisch von den führenden Repräsentanten des Rates der Stadt beobachtet und schließlich gemeinsam mit wenigen Anhängern gesellschaftlich isoliert, trug er jene Koransuren vor, die noch heute in den Koraneditionen ausdrücklich als »mekkanische« bezeichnet werden. Inhalt dieser oft sehr eindringlichen Verse und Suren sind in erster Linie die Barmherzigkeit und die Gerechtigkeit Gottes, das Wunder der Schöpfung, das nahe Weltende und das Letzte Gericht, die Strafen in der Hölle und die Belohnungen im Paradies; Buße und Nächstenliebe werden darin gepredigt und das Streben nach Reichtum als irdischer Irrweg verurteilt. So lautet etwa Sure 79, Vers 34–39: »Wenn dann die große Katastrophe (d. h. das Weltende) kommt, am Tag, da der Mensch sich dessen erinnert, was er (in seinem Erdenleben) erstrebt hat, und der Höllenbrand denen, die sehen können, vor Augen gestellt wird – wenn dann einer aufsässig gewesen ist und das diesseitige Leben (dem Jenseits) vorgezogen hat, ist der Höllenbrand (für ihn) der Ort der Einkehr.«

In Mekka war Mohammeds Streben noch allein auf die Bekehrung seiner heidnischen, sprich polytheistischen Landsleute gerichtet, wobei er sich in der Tradition von Moses und Jesus (und anderer Propheten) sah, die ihrem Volk die Heilige Schrift vom einzigen Gott überbracht hatten. Aller Wahrscheinlichkeit nach sah er damals auch noch keinen Unterschied zwischen dem Koran und den jüdischen und christlichen Offenbarungstexten, die er gewiss nur in Bruchstücken und vom Hörensagen kannte. Die Idee, der Prophet und Begründer einer die anderen Offenbarungsreligionen ersetzenden Weltreligion zu sein, war ihm damals noch fern. Und die Idee, der Begründer eines islamischen Staatswesens zu werden, gewiss noch ferner.

Um dem polytheistischen Mekka und den Verfolgungen dort zu entkommen, folgte Mohammed im Jahre 622, dem Beginn der islamischen Zeitrechnung (hidjra), einer Einladung aus Medina, wo er sich nicht nur als Prophet, sondern auch als Schlichter zwischen den dortigen, miteinander verfeindeten Stämmen ein erhebliches Ansehen schuf und in die Rolle des politischen Führers dieses Gemeinwesens hinein wuchs. Die Ablehnung, auf die er bei einigen dort lebenden jüdischen Stämmen (die es in Mekka nicht gab) stieß, ließ ihn zu der Überzeugung gelangen, dass die Juden die ursprünglich an sie gerichtete Offenbarung verfälscht haben müssten, ein Vorwurf, in den er schließlich auch die Christen mit einschloss.

Von Mekka nach Medina

Entsprechend änderten sich Tenor und Inhalt der in Medina offenbarten Koranverse. Der Begriff »Islam« (»Hingabe an Gott«) wird zunehmend zur Bezeichnung einer neuen Religionsgemeinschaft, die sich nicht nur von den heidnischen Stammeskulten auf der arabischen Halbinsel absetzt, sondern sich auch im Gegensatz zu den beiden anderen monotheistischen »abrahamitischen« Religionen sieht: »Abraham war weder Jude noch Christ. Er war ein Hanifmuslim und kein Polytheist« (Sure 3, Vers 67), wobei es sich bei hanif im koranischen Verständnis um einen vorislamischen Monotheisten handelt und Muslim gewiss noch »gottergeben« bedeutet. Doch Islam als Bezeichnung der neuen Religionsgemeinschaft und Muslim als einer ihrer Anhänger beginnen sich rasch zu verfestigen. So heißt es ausdrücklich in der in Medina offenbarten Sure 3, Vers 85: »Wenn sich aber einer eine andere Religion als den Islam wünscht, wird es nicht von ihm angenommen werden. Und im Jenseits gehört er zu denen, die den Schaden haben.«

Und auch ein weiterer Begriff rückt in Medina immer stärker ins Zentrum der Offenbarung, nämlich die »umma«, die »Gemeinschaft«, die aber nicht nur Religions-, sondern auch eine politische Gemeinschaft, heute würden wir sagen: ein Staat, ist: »Ihr seid die beste umma, die unter den Menschen entstanden ist. Ihr gebietet, was recht ist, verbietet, was verwerflich ist, und glaubt an Gott. Wenn die Leute der Schrift (d.h. Juden und Christen) glauben würden, wäre es besser für sie. Es gibt zwar Gläubige unter ihnen, aber die meisten von ihnen sind Frevler.« (Sure 3, Vers 110)

Schon kurze Zeit nach seiner Auswanderung in das rund 400 km entfernten Medina entstand dort ein bemerkenswertes schriftliches Vertragswerk, die sogenannte »Verfassung von Medina«, worin das Zusammenleben der verschiedenen Stämme und die Verpflichtung zur gegenseitigen Unterstützung im Kriegsfall geregelt sind. »Sie sind eine einzige umma, verschieden von anderen«, heißt es gleich zu Beginn des Textes. Und – erstaunlich genug – auch die Juden von Medina erscheinen in dem Dokument noch als gleichberechtigte Partner innerhalb der umma: »Zwischen ihnen besteht eine (gegenseitige Verpflichtung zur) Hilfe gegen jeden, der die Leute dieses Dokuments angreift. Zwischen ihnen besteht aufrichtige Freundschaft und ehrenvoller Umgang, kein Verrat.« Und ausdrücklich heißt es auch: »Den Juden ihre Religion und den Muslimen die ihre.«

Bemerkenswert an diesem Dokument ist ferner die recht bescheidene Rolle, die darin Mohammed zugewiesen ist. Zwar wird er an ein, zwei Stellen als »Gesandter Gottes« bezeichnet, doch die einzige Aufgabe, die ihm explizit zukommt, ist die des Vermittlers und Schlichters: »Wenn immer es etwas gibt, worüber ihr uneins seid, soll dies Gott und Mohammed vorgelegt werden.«

Verfassungsgeber

Die »Verfassung von Medina«, deren Authentizität auch von der westlichen Orientalistik zumindest im Kern kaum bestritten wird, ist nicht Teil des Korans, zeigt aber, dass

Mohammed sein göttliches Sendungsbewusstsein eng mit seiner politischen Funktion in dem sich entwickelnden Staatswesen verband, dabei aber nicht starr einem abstrakten religiösen Konzept folgte, sondern – ganz Realpolitiker – die jeweils gegebenen politischen und gesellschaftlichen Umstände in seinem Handeln berücksichtigte, wie etwa die Einbeziehung der Juden in die »Verfassung von Medina« zeigt. Noch deutlicher wird der Realpolitiker Mohammed in seinem weiteren Umgang mit den heidnischen Mekkanern. Mit der umma hatte er in Medina im Grunde einen neuen »Stamm« geschaffen, der sich im Laufe der Zeit zu einem Superstamm entwickelte und der sich gegen feindlich gesonnene Stämme ebenso zu behaupten und durchzusetzen suchte, wie es damals auf der Arabischen Halbinsel gang und gäbe war: durch Krieg und Raub. Der bekannte deutsche Koranforscher Rudi Paret schrieb: »Dieser (d. h. der neue Stammesverband der umma) hatte mit denselben Mitteln wie die arabischen Stämme und Stammesverbände um seinen Bestand zu kämpfen. Raubzüge und kriegerische Unternehmungen auf Kosten fremder Einheiten galten aber in dem genannten Milieu als durchaus normale Begleiterscheinungen des Daseins.«

Kriegerische Raubzüge

Bereits der erste gewaltsame Angriff, den Mohammed gegen eine kleine mekkanische Karawane durchführen lässt, steht ganz in der Tradition beduinischer Stämme. Lediglich rund ein Dutzend Männer schickt er aus, die sich als harmlose Pilger ausgeben und bei der ersten günstigen Gelegenheit die vier Begleiter der Karawane überfallen, einen von ihnen töten und zwei gefangen nehmen. Mit den Gefangenen und der Beute gelingt es ihnen, unbehelligt nach Medina zurückzukehren.

Bei dem Geschehen handelte es sich um nichts anderes als um einen der zwischen verfeindeten Stämmen üblichen Raubüberfälle. Dennoch erfuhr Mohammed Kritik auch aus den eigenen Reihen, jedoch nicht, weil es einen Toten gegeben hatte, sondern weil dies in einem der vier heiligen Monate geschah, in denen jedes Blutvergießen traditionell verpönt war. Erst durch einen Koranvers, der daraufhin offenbart wurde, sah sich Mohammed exkulpiert.

Auch die zweite kriegerische Unternehmung, die sogenannte Schlacht von Badr 624, an der bereits mehrere hundert Muslime, darunter Mohammed selbst, beteiligt waren, war letztlich nichts anderes als ein großangelegter Raubzug gegen eine aus Syrien zurückkehrende, umfangreiche mekkanische Karawane, zu der noch ein Entsatztrupp aus Mekka stieß. Der Sieg der Muslime war überwältigend – und die Beute beachtlich.

Es waren nicht zuletzt der Sieg in der Schlacht von Badr und weitere kriegerische Erfolge gegen die Mekkaner, die Mohammeds Ansehen innerhalb der umma zunehmend stärkten und weitere Stämme für den Islam gewannen. Sie gaben ihm auch die Möglichkeit, gegen jene jüdischen Stämme, die sich seiner politischen Autorität und seinem prophetischen Anspruch widersetzten, ebenfalls militärisch vorzugehen und sie schließlich zu vertreiben.

Mit der dann letztlich friedlich und mit großer Nachsicht und Milde erreichten Übernahme Mekkas durch Mohammed zu Beginn des Jahres 630 n. Chr. wurde er vollends zum unbestrittenen politischen und eben auch religiösen Führer eines bereits beachtlichen Teiles der Arabischen Halbinsel. Die traditionell zerstrittenen und sich bekämpfenden arabischen Stämme hatte er mit dem einigenden Band des Islam befriedet. Dies ist Mohammeds herausragende politische Leistung. Diese Pax islamica im Inneren setzte die Energien frei, die dann nach außen gerichtet werden konnten und nach Mohammeds Tod 632 den Siegeszug des Islam überhaupt erst ermöglichte.

In der »Verfassung von Medina« waren die Mitglieder der umma verpflichtet worden, auftretende Streitfälle »Gott und Mohammed« zur Schlichtung vorzulegen. Mohammed starb jedoch bereits 632, ohne einen Nachfolger als politischen Führer des jungen Staatswesens bestimmt zu haben; einen Nachfolger als Propheten konnte und durfte es ohnehin nicht geben. Dagegen waren die Anweisungen Gottes in Gestalt des Koran noch vorhanden, damals allerdings noch in verschiedenen Versionen, in unterschiedlicher Anordnung und teils auch nur mündlich und bruchstückhaft. Die endgültige Zusammenstellung und Redaktion des Gesamttextes erfolgte erst ca. 25 Jahre später.

Das politische Vakuum in der Führung der umma nach Mohammeds Tod wurde dadurch gefüllt, dass sich seine ehemaligen engsten Gefährten rasch auf die Schaffung einer neuen Führungsposition einigten, nämlich der des Kalifen. »Kalif« (arab.khalifa) bedeutet »Stellvertreter« oder »Nachfolger«, wobei es in den ersten islamischen Jahrhunderten noch durchaus umstritten blieb, ob es sich bei Kalifen um den »Stellvertreter des Propheten« (was sich schließlich durchsetzte) oder den »Stellvertreter Gottes« handelte; letzteres hat in der westlichen Forschung Spekulationen ausgelöst, ob bei dieser Deutung der Titel des byzantinischen Kaisers »vicarius dei«, »Vertreter Gottes«, Pate gestanden haben könnte.

Wie dem auch sei, der Kalif bestimmte fortan – zumindest theoretisch – die politischen Geschicke der umma, wobei der Schutz und die Verteidigung des Glaubens – auch mit militärischen Mitteln – eine seiner zentralen Pflichten war. Über die Frage, wer jeweils das Amt des Kalifen bekleiden dürfe und solle, musste es jedoch mangels eindeutiger Regelungen im Koran notgedrungen zu Auseinandersetzungen kommen, die bereits eine Generation nach Mohammeds Tod zur Spaltung der Muslime in Sunniten und Schiiten führten. Nur knapp zwei Jahrhunderte blieb die inzwischen zu einem Weltreich herangewachsene umma ein halbwegs einheitliches politisches Gebilde, bevor sich rivalisierende Dynastien und regionale Teilfürsten de facto unabhängig etablierten. Als Kemal Atatürk 1924 das Kalifat abschaffte, war es im Grunde bereits seit Jahrhunderten sinnentleert und obsolet geworden.

Die Direktive, strittige Fragen Gott und Mohammed zur Schlichtung vorzulegen, wurde in den beiden Jahrhunderten nach Mohammeds Tod in der Weise weiter befolgt, dass sich ein theologischer Gelehrtenstand bildete, der alle nicht-koranischen Aussprüche (hadith) Mohammeds, die im Umlauf waren, zusammentrugen und in umfangreichen Werken kodifizierten und diese zu ihrer Entscheidungsgrundlage machten, sofern aus dem Koran zu einer bestimmten Frage keine Antwort zu gewinnen war. Schrittweise entstand damit die äußerst komplexe Systematik des islamischen Rechts, dem auch der Kalif und jeder andere muslimische Herrscher nominell unterworfen war. Erstaunlicherweise erwuchs damit im sunnitischen Islam, dem heute ca. 80 Prozent der Muslime anhängen, kein hierarchischer Klerus mit einer ex cathedra sprechenden Spitze, die ein Gegengewicht und eine Kontrollinstanz gegen die jeweilige Staatsmacht hätte bilden können.

Ein in Kaiser und Papst personifizierter Gegensatz zwischen Staat und Religion hat sich in der islamischen Welt nie herausgebildet. Die muslimischen Herrscher bedienten sich zwar der Theologen zur Legitimation ihres Handelns, wenn dies opportun erschien, handelten im übrigen aber aus rein machtpolitischen Überlegungen wie anderswo auf der Welt auch.

Der Versuch, dem Vorbild Mohammeds zu folgen und Religion und Staat als eine untrennbare Einheit zu begreifen, war somit in der nachprophetischen islamischen Geschichte im Grunde immer Fiktion. Ja, Mohammed selbst sah sich auch realpolitischen Zwängen unterworfen, denen er sich nicht immer entzog. Erst Atatürk hat erstmals in der islamischen Welt dieser Fiktion auch offiziell ein Ende gesetzt, in dem er Staat und Religion strikt trennte. Was wir heute in der islamischen Welt in Gestalt der sogenannten Fundamentalisten erleben, ist nichts anderes als der Versuch, diese Fiktion wieder in die Realität umzusetzen, d.h. den Staat nicht nur in einer vagen Form mit der Religion zu verbinden, sondern ihn dem Diktat der Religion zu unterwerfen, wobei es dann diese Fundamentalisten selbst sind, die Funktionen und Institutionen dieser Theokratie bestimmen wollen.

Lawrence I. Conrad

Wiederherstellung des Kalifats oder Bekenntnis zum Nationalstaat

Islamische Bewegungen im Spannungsfeld zwischen Religion und Politik

Die islamische Gesellschaft hatte schon immer einen ausgeprägten Sinn für Geschichte, und die Geschichte der islamischen Bewegungen kann bis ins Jahr 622 zurückverfolgt werden, das Jahr der Hidschra, als sich Mohammed nach der Verlegung seines Stützpunktes von Mekka nach Medina vom stark angefeindeten religiösen Lehrer in einen mächtigen politischen Anführer Arabiens verwandelte.

Schon zu der Zeit, als die Umma oder Gemeinschaft der Gläubigen bloß Stammesangehörige der westlichen Gebiete Arabiens umfasste, erwies es sich als notwendig, sofort nach der Hidschra Bestimmungen und Bedingungen festzuschreiben, um die Verhältnisse der neuen Ordnung in Medina zu regeln. Die sogenannte »Gemeindeordnung von Medina« bestimmte, dass künftig die alten traditionellen Grundlagen für jemandes ethnische und gesellschaftliche Stellung durch islamische Erwägungen ersetzt werden sollten. Bald setzte sich das Prinzip durch, dass zu den angesehensten Mitgliedern der Gesellschaft gehörte, wer sich am glaubwürdigsten für den Islam einsetzte.

In allen Gesellschaften fällt es natürlich schwer, Ideale in die Praxis umzusetzen, und der Islam bildete darin keine Ausnahme. Die Umsetzung wurde in den ersten 200 Jahren der islamischen Geschichte durch vier große Bürgerkriege zunichte gemacht, und von den ersten vier Kalifen oder Nachfolgern des Propheten als Führer der islamischen Gemeinschaft, starb nur der erste, Abu Bakr (634), eines natürlichen Todes. Ein Teil des Konfliktstoffes hatte damit zu tun, mit welch unglaublicher Geschwindigkeit die islamische Militärmacht und Herrschaft sich ausdehnte und welches Ausmaß diese Expansion annahm.

Mohammed war 632 gestorben, und innerhalb von 150 Jahren hatten seine Anhänger die Grenzen des islamischen Einflussbereichs bis nach China im Osten und Südfrankreich im Westen ausgedehnt. In Arabien hatte es keine größeren Städte gegeben, doch im arabischen Reich kontrollierten die Eliten riesige Großstädte, und zwar auf eine Art und Weise, die sich die frühen Muslime nie hätten vorstellen können. Im alten Arabien war das Leben von arabischen Stammeseliten beherrscht worden, doch im arabischen Reich räumten diese Cliquen das Feld für neue, auch nicht-arabische Herrschaftseliten.

Bis Südostasien

Schließlich hatte sich das Wirtschaftsleben in Arabien auf ortsübliche Wertvorstellungen und Beziehungen von Stämmen gestützt, doch später öffnete es sich mehr und mehr und umfasste bald ein dichtes Netz blühender Geschäftsbeziehungen mit Völkern von Skan-

Armenspeisung während des Fastenmonats Ramadan in der ägyptischen Hauptstadt Kairo.
Foto: Christel Becker-Rau

dinavien bis Südostasien. Die politische Einheit ging zwar im 9. Jahrhundert verloren, doch im Rahmen einer bemerkenswerten Entwicklung entstand ein Sinn für kulturelle und religiöse Einheit. Lese-und-Schreib-Fähigkeiten waren in der islamischen Welt sehr verbreitet, und es gab ein starkes Interesse an Literatur, Wissenschaften und Künsten, vor allem in den Großstädten, die Anziehungspunkte für Schriftsteller und Gelehrte waren, die oft Tausende von Kilometern reisten, um einen Gönner zu finden oder um bei berühmten Meistern zu studieren. So konnte ein Leser im islamischen Spanien ein Werk lesen, das in Zentralasien geschrieben worden war, und es als Beitrag zu »seiner« Kultur würdigen.

Diese kulturelle Einheit hing eng mit dem ausgeprägten Sinn für religiöse Einheit zusammen. Muslime sind überall durch ein Bündel grundlegender Glaubensvorstellungen verbunden: dass Gott einer ist, dass Mohammed sein Prophet ist und dass Muslime die Pflicht haben, Gottes wahre Religion vor solchen verderbenden Einflüssen zu bewahren, die zuvor Juden und Christen in die Irre geführt hatten. Es gibt auch gemeinsame rituelle Verrichtungen: das Glaubensbekenntnis, das tägliche Gebet zu festgesetzten Zeiten, das Almosengeben, das Fasten im Monat Ramadan und die Pilgerfahrt nach Mekka, die jeder Muslim, wenn möglich, mindestens einmal im Leben unternehmen sollte. Es gibt weiterhin gemeinsame Anschauungen von Gott als reich an Mildtätigkeit und Gnade und doch streng, von der Welt als einem Ort sowohl der Erfüllung als auch der Versuchung des Menschen und vom Menschen als Gottes »Stellvertreter« auf Erden und verantwortlich Handelndem vor Gott.

Muslimische Bewegungen haben überdies oft die koranischen Ideale hervorgehoben, denen zufolge der Muslim verpflichtet ist, »zu gebieten, was gut ist, und zu verbieten, was böse ist«, und jenen zu widerstehen, die »Verderbnis über die Welt bringen«. Überdies ist auch das Prinzip des Dschihad ursprünglich koranisch. Es wird oft mit »Heiliger Krieg« übersetzt, und tatsächlich hatte es immer ein starkes militärisches Element. Doch im Allgemeinen meint es die Verpflichtung eines Muslims, in seinen persönlichen Entscheidungen, in seiner Familie, seiner Gemeinde und seinem Land für das zu kämpfen, was gut und richtig ist.

Hinter dieser Einheit steht jedoch ein reiches Aufgebot mannigfaltiger Sonderformen des religiösen Ausdrucks. An erster Stelle sind die Unterschiede zwischen dem sunnitischen und schiitischen Islam zu nennen, die auf verschiedenen Ansichten über die Frage, wie man mit Gewissheit Zugang zur religiösen Wahrheit findet, beruhen.

Nach Ansicht der Sunniten findet man die religiöse Wahrheit und die richtigen Lösungen für geistige Probleme, indem man seine Zuflucht beim Koran und Hadith, den Berichten über Aussprüche und Taten Mohammeds und anderer früher frommer Muslime nimmt. Wenn man weder in der einen noch in der anderen dieser beiden Quellen eine klare Lösung findet, verlassen sich die Gelehrten auf zwei weitere. Wenn nämlich religiöse Autoritäten sich auf eine Lösung geeinigt haben, bedeutet dies, dass die Tatsache ihres »Konsens« dieser Lösung religiöse Verbindlichkeit verleiht; denn Gott würde es Seiner Gemeinde nicht erlauben, sich auf einen Irrtum zu einigen.

Die vierte Quelle ist das »Analogie«-Verfahren, mit dem Gelehrte ein Problem durch Vergleich mit einem bereits gelösten Konflikt lösen. Innerhalb des sunnitischen Islams gibt es unterschiedliche Interpretationen davon, wie diese Quellen aufzufassen und anzuwenden sind, und daher eine Vielzahl von Rechtsschulen und theologischen Schulen. Religiöse Dispute gab und gibt es in der ganzen islamischen Welt. Al-Azhar, im 10. Jahrhundert in Kairo als Moschee und Schule gegründet und nun eine weltberühmte islamische Universität, mag als wichtigstes Zentrum dafür genannt sein.

Im schiitischen Islam findet man die verbindliche religiöse Wahrheit im Imam. Nach schiitischer Doktrin gilt, dass die göttliche Inspiration für richtiges religiöses Denken auf den Propheten Muhammad herabkam, auf seinen Vetter und Schwiegersohn Ali überging und dessen Nachkommen. Auch hier findet man Einheit in der Mannigfaltigkeit; denn es gibt unterschiedliche Auffassungen z. B. über die Anzahl der Imame. Die größte schiitische Gruppe, die »Zwölfer«, glaubt an zwölf Imame. Der letzte entschwand im 9. Jahrhundert in die »Verborgenheit«; er wird am Ende der Zeiten als messianische Erlöserfigur (der Mahdi) zurückkehren und Frieden und Gerechtigkeit auf der Welt wieder herstellen. In der Zwischenzeit sind die Führer des schiitischen religiösen Establishments ermächtigt, für den Imam und in seinem Namen zu handeln.

Seit 1798, als Napoleons Invasion und Besetzung Ägyptens die politische und militärische Schwäche der islamischen Welt gegenüber dem Westen demonstrierte, stieg der Druck auf islamische Bewegungen. Viele schrieben die Ursache für die Unterlegenheit der Tatsache zu, dass die islamische Welt auch in Erziehung, Wissenschaften und Technologie ins Hintertreffen geraten war. Bald versuchten verschiedene Herrscher, dieses Ungleichgewicht dadurch zu beseitigen, indem sie Bildung nach westlichem Vorbild einführten, Regierung, Militär und öffentliche Verwaltung nach westlichen Vorgaben reorganisierten. Heute sehen sich die islamischen Bewegungen einem wachsenden Einfluss westlicher Kultur durch Medien und Wirtschaft gegenüber. Sie werden mit der grundlegenden Frage konfrontiert, wie sie die geistige und kulturelle Identität und Integrität der islamischen Welt bewahren und zugleich die Modernisierung erreichen können, die alle islamischen Nationalstaaten brauchen und die von ihren Bevölkerungen erwartet wird.

Eine bestimmte Argumentationslinie war schon für die ägyptischen Muslimbrüder der 20er-Jahre wichtig. Demnach sind eine Rückkehr zum reinen Islam der Zeit des Propheten und eine strikte Befolgung der traditionellen islamischen Regeln erforderlich. Das bis vor kurzem herrschende Taliban-Regime in Afghanistan ist ein Beispiel für diese Art von Bewegung.

Andere glauben, die Bedingungen des mittelalterlichen Islam seien so völlig verschieden von den heute vorherrschenden, dass die religiösen Lehren des Islams und sogar die Interpretation des Korans entsprechend den neuen Erfordernissen überarbeitet werden müssen. Manche sind davon überzeugt, dass es den Muslimen freisteht, die Regierungsform zu wählen, die sie bevorzugen, mit dem Argument, dass politische Autorität kein Grundprinzip des Islams sei. Es gab sogar Argumente für die Wiederherstellung des Kalifats, nämlich einer politischen Einheit der islamischen Welt unter einer Art religiöser Führerschaft.

Einflussreicher waren Bewegungen, die die Fortdauer des Nationalismus anerkannten, einer modernen Erscheinung, die bis 1952 von al-Azhar abgelehnt wurde. Sie argumentierten, dass die islamischen Nationalstaaten in Übereinstimmung mit dem islamischen Gesetz regiert werden sollten. Die Iranische Revolution von 1979 kennzeichnete die Durchführung der Agenda einer solchen Bewegung. Sie wurde angeführt von Ayatollah Khomeini (1902–1989), der Jahrzehnte lang für den Sturz des Schah und seine Ersetzung durch eine islamische Regierung, die in Abwesenheit des Imams von Religionsgelehrten geführt werden sollte, geworben hatte.

Zielkonflikte

Andere Themen betrafen die soziale Gerechtigkeit, einschließlich der Stellung der Frau, die persönliche Freiheit, Sozialismus und Demokratie, die Bedeutung der Geschichte für heutige Bedürfnisse und das Verhältnis von Offenbarung und Vernunft – komplizierte Fragen, weil sie oft in grundsätzlichem Konflikt mit Zielen des Islams stehen. Zum Beispiel kann die Arbeit an einer islamischen Menschenrechtserklärung nicht umhin, auf die Frage einzugehen, ob ein Individuum Religionsfreiheit genießt. Doch das islamische Gesetz schreibt einhellig die Todesstrafe für den Abfall vom Islam vor. Schwierig ist auch das Problem, dass die meisten Regimes in der islamischen Welt durch Waffengewalt und nicht durch Volkswillen an der Macht sind. Die Bevölkerung wendet sich, da ihre Rufe nach Reform und Veränderung nirgendwo sonst gehört werden, den Protestbewegungen zu, die sich auf den Islam berufen.

Internationale politische Entwicklungen waren gleichfalls entscheidend für die Ausformung islamischer Bewegungen. Die wichtigste ist die Schaffung des Staates Israel im Gefolge des Zweiten Weltkriegs und des Holocausts. Viele Muslime sehen dies und den folgenden arabisch-israelischen Dauerkonflikt im Nahen Osten als Zeichen dafür an, dass die westlichen Ideen der Freiheit, Gerechtigkeit und Demokratie nur dem eigenen Nutzen dienende Heucheleien seien. Für sie sind westliche Kultur und Bildung vor allem Werkzeuge einer Übermacht.

Die Anschläge des 11. September 2001 müssen in diesem Lichte betrachtet werden. Die nachfolgenden Jubelfeiern, die an verschiedenen Orten der islamischen Welt stattfanden, spiegeln nicht etwa Gleichgültigkeit gegenüber dem Schrecken des Geschehenen, sondern eine tiefe persönliche und kollektive Empfindung von Frustration und Ungerechtigkeit angesichts der Ereignisse in den letzten 200 Jahren der Geschichte.

FERHAD IBRAHIM

Die Sehnsucht nach der göttlichen Ordnung

Bin Laden und die Narrative des Islam

Die al-Qaida-Gruppe und Organisationen wie die ägyptische al Jama'a al-Islamiya, der Groupe Islamique Armé (GIA) in Algerien, al-Ansar im Libanon oder – teilweise – al-jihad al-islami und Hamas in Palästina sind religiös gefärbte Strukturen neueren Typs. Im Gegensatz zur Guerillabewegung der 70er-Jahre streben sie nicht nach Legitimation durch egalitäre politische und soziale Visionen. Diese Spielart des radikalen Islam will stattdessen zu einem vorgestellten göttlichen Zeitalter zurückkehren. Eine durch und durch chiliastische Bewegung, die auf eine – wie sie es sieht – umfassende soziale und politische Krise reagiert.

Eine Einordnung als nihilistische Strömung, wie sie unlängst Michael Ignatieff, der »Harvard-Professor für Menschenrechte«, verkündete, wäre indes falsch. Das Ziel von al-Qaida besteht in der Rückkehr zu einer Ordnung, wie sie zu Lebzeiten des Propheten existiert haben soll. Dabei ist das Apokalyptische als Mittel und nicht als Ziel zu betrachten. Hier liegt der entscheidende Dissens zu den beiden großen Denkern des Reform-Islam, Jamal al-Din al-Afgani und Muhammad Abdu, die Ende des 19. Jahrhunderts eine lange Periode des Niedergangs der islamischen Zivilisation beenden wollten und einen neuen Islam vertraten, der mit verknöcherten Strukturen zu brechen vermochte.

Dem radikalen Islam hingegen geht es nicht um Reform, sondern um Destruktion, indem die göttliche Ordnung durch Zerstörung der existenten Weltordnung wiederhergestellt wird. Ein »Islamismus neueren Typs« also, der seine Quellen in den Auffassungen des Pakistaners Abu A'la Al-Maududi wie auch des 1966 unter dem Nasser-Regime hingerichteten Ägypters Sayyid Qutb findet.

Ignoranz des Göttlichen

Beide Theoretiker des politischen Islam gehen vor allem von zwei Axiomen aus – der Illegitimität der real-weltlichen politischen Herrschaft, die nicht auf der Herrschaft Gottes beruht, und einer fundamentalen Ablehnung der westlichen Zivilisation. Sayyid Qutb bewertet in den letzten Schriften kurz vor seinem Tod die gesamte islamische Geschichte, mit Ausnahme der 23 Jahre zwischen der Stiftung der Religion und dem Tode des Propheten, als die lange Zeit der Finsternis. Die Muslime hätten die Lehre des Propheten in der Regel kaum befolgt, doch sei die Ignoranz ein universales Phänomen und ein globales, das die vorherrschende westliche Zivilisation präge. Die Ignoranz des 20. Jahrhunderts, so der Titel von Qutbs letztem Pamphlet, stehe im Widerspruch zum göttlichen Willen und zu göttlicher Bestimmung.

Die Konsequenz dieser Lehre besteht darin, dass jede politische Ordnung, welche die Herrschaft Gottes nicht anerkennt, als illegitim gilt. Zugleich wird die gesamte islamische

Geschichte – einschließlich der Herrschaft der vier, im sunnitischen Islam als rechtgeleitet bezeichneten Kalifen – als Zeit der Dunkelheit gedeutet. In dieser negativen Bewertung der Metanarrative der islamischen Zivilisation steht Qutb im Widerspruch zu den Prinzipien der immer noch größten islamistischen Bewegung des 20. Jahrhunderts, nämlich der Gesellschaft der Muslimbrüder, deren Ideologe er in den 50er-Jahren war. Diese Bruderschaft strebte ebenfalls die Errichtung einer islamischen Ordnung an, wahrte aber stets eine positive Haltung zur islamischen Geschichte.

Hasan al-Banna, der historische Führer der Muslimbruderschaft, glaubte, das Festhalten der Muslime an den Prinzipien und Werten des Islam garantiere ihnen die Wiederherstellung der glorreichen Vergangenheit.

Um auf die Lehre von Qutb zurückzukommen: Der Begriff Djihad – 38 mal im Koran, in Verbindung mit der Pflicht zur Verteidigung des Islam erwähnt –, wird von ihm als »Pflicht eines jeden Muslims« postuliert. Seine Deutung des Djihad-Begriffs stimmt tatsächlich mit dem koranischen Text und der Praxis des Propheten überein und mündet in die Formel: die illegitime Herrschaft, die Ignoranz, müssen bekämpft werden.

Die ägyptische Gruppe al-Takfir wa al-Hijra, die 1981 das tödliche Attentat auf Präsident Saddat in Kairo verübte, verkörperte diese ideologischen Maxime, indem sie verkündete, die Gesellschaft sei en bloc als ungläubig zu erklären, die Gläubigen sollten sich symbolisch oder tatsächlich aus ihr entfernen. Schließlich verließ der Prophet selbst Mekka, als seine Bemühungen, die Ungläubigen zu bekehren, scheiterten.

Sayyid Qutb und seine Schüler in der gesamten islamischen Welt schufen damit ein Konstrukt, bei dem nur die erwähnten 23 Jahre nach der Stiftung der Religion als gültiges Vorbild dienen, weil sie für die ursprüngliche Lehre des Islam grundlegend waren. Mit anderen Worten, die »islamische Ordnung« wird nur bedingt als historisch betrachtet, weil die Muslime im Verlauf ihrer Geschichte die griechische Philosophie, die iranisch-sassanidische und die byzantinische Staatsorganisation adaptierten und integrierten und die Osmanen später mit Zustimmung der islamischen Gelehrten einige Rechtsnormen der westlichen Welt übernahmen.

Funktion der Gewalt

Militanz und Brutalität der radikalen Islamisten dienen also dazu, wieder eine »göttliche Ordnung« zu erlangen. Während Sayyid Qutb die islamische Geschichte aus ideologischen Gründen als Zeit der Finsternis deklariert und die westliche Kultur wegen ihrer materialistischen Ausrichtung ablehnt, versuchen seine späteren Schüler die Meta-Narrative der Moderne abzulehnen und das Recht auf ihre eigene Narrative zu begründen.

Es ist daher nur logisch, wenn eine radikal-islamistische intellektuelle Elite seit den 80er-Jahren – unter anderem als Kritik an der westlichen Moderne – mit Begriffen wie »Authentizität« oder »Identität« operiert.

Ob »Aktionisten« wie Bin Laden diese konzeptionelle Entwicklung des islamistischen Diskurses bewusst ist, bleibt unklar. Es scheint aber, dass sich Gruppen wie al-Qaida oder der GIA in einem wesentlichen Punkt auf Qutb berufen – in der Definition der Zivilisation als Ignoranz und in der Pflicht, die göttliche Ordnung wiederherzustellen. Die Gewalt hat hier eine wichtige Funktion. Das ideologische Bekenntnis zum Djihad führt zum extensiven Gebrauch von Gewalt gegen die Bewohner der algerischen Dörfer ebenso wie gegen ausländische Touristen in Ägypten oder das World Trade Center. Diese Radikalität will nicht nur die nationalistischen Staatsmodelle des Vorderen Orients ablösen, sie betrachtet auch die moderate Narrative, die in der ersten Hälfte des 20. Jahrhunderts von der Muslimbruderschaft repräsentiert wurde, als gescheitert. Sie sagt: Nur der radikale Bruch mit der bisherigen Geschichte verleiht dem Islam seinen ursprünglich kämpferischen Charakter.

Es begann im Ägypten der späten 60er-Jahre, es begann mit einer historische Zäsur – der arabischen Niederlage gegen Israel im Sechs-Tage-Krieg von 1967. Die politisch-moralische Legitimation des damaligen ägyptischen Präsidenten Gamal Abdel Nasser schwand dahin. Die in seinen Kerkern internierten Islamisten – vorwiegend Anhänger der verbotenen Muslimbruderschaft – deuteten die Niederlage als Zeichen der Dekadenz eines despotischen Systems. Nasser wurde zum Ungläubigen erklärt, eine Anklage, die von den traditionellen muslimischen Gelehrten nur in extremen Ausnahmefällen erhoben wird, denn eine Exkommunikation von Gläubigen ist im Islam ein höchst seltener Vorgang. Allein das Bekenntnis zu Gott und dem Propheten reicht, um als Muslim anerkannt zu werden. Doch grassierte um jene Zeit eine solche Radikalität, dass ägyptische Muslime, die dem Verdikt gegen Nasser nicht folgen wollten, ebenfalls zu Ungläubigen erklärt wurden.

Es hieß seinerzeit, ob Muslime oder Nichtmuslime – alle, die der göttlichen Herrschaft ablehnend gegenüberstünden – seien als Ungläubige zu betrachten. Der Djihad – der Heilige Krieg – gehöre zur Pflicht des Gläubigen, bis eine göttliche Herrschaft erreicht sei. Tausende von jungen Islamisten, verließen ihre Ausbildungsstätten oder gaben ihre Berufe auf, um die »islamistische Alternative« unter den einfachsten Bedingungen zu leben und eine feindselige Haltung gegenüber der »ungläubigen Gesellschaft« einzunehmen.

Schauplatz Ägypten

Die davon inspirierte radikal-aktionistische Bewegung formierte sich in den frühen 70er-Jahren unter der Bezeichnung Djihad, geführt durch den Palästinenser Salih Sirria, der die herrschende Schicht – nicht die Gesellschaft an sich – als ungläubig verachtete. Die Gesellschaft, so argumentierte Sirria, sei »Opfer des ungläubigen Staates«. Nur eine bewusste islamische Avantgarde könne die Gesellschaft vom Staat befreien.

Zu den spektakulären Aktionen der Anhänger Sirrias gehörte 1974 der gescheiterte Versuch, eine Polizeikaserne zu stürmen – vor allem aber wurde die Gruppe für das tödliche Attentat auf den ägyptischen Präsidenten Anwar al-Sadat verantwortlich gemacht.

In den 80er-Jahren kehrte Salih Sirria zur Ursprünglichkeit der Lehre Sayyid Qutbs zurück, der die These vertreten hatte, alle in das politische System der arabischen Länder verwickelten Personen seien ungläubig. Diese Radikalisierung war vorrangig mit dem Namen des neuen Führers der Djihad-Bewegung, Muhammad Abd al-Salam Farag, verbunden, der in den 80er-Jahren die Führung übernahm, nachdem Salih Sirria verhaftet worden war.

Das Leitmotiv für Farag war ein Heiliger Krieg – nach der herrschenden Lehre der islamischen Ulama – als Pflicht der Gemeinschaft. Sirria hatte in seinem Buch »Die abwesende Pflicht« die Ansicht vertreten, dass der Djihad die Pflicht eines jeden Muslims sei – eine individuelle Pflicht wie das Beten, das Ramadan-Fasten und die Pilgerfahrt nach Mekka; jeder Muslim sei zudem verpflichtet, dem ungläubigen Herrscher die Gehorsamkeit zu verweigern und für die Errichtung des islamischen Staat einzutreten.

Zu den geschilderten Strömungen kamen gegen Ende der 80er-Jahre in Ägypten zwei weitere Bewegungen hinzu: die al-Jama' a al-Islamiya unter Scheich Umar Abd al-Rahman, der später in den USA für den ersten Anschlag auf das World Trade Center (1993) verantwortlich gemacht wurde, und eine Djihad-Gruppe unter Abud al-Zumar. Der Unterschied zwischen beiden liegt bis heute in deren Aktionsformen. Während al-Jihad eine klandestine Struktur bleiben möchte, legt al-Jama' a al-Islamiya Wert auf öffentliche Präsenz. Konsens besteht hinsichtlich der Haltung zur westlichen Zivilisation, die übereinstimmend als Verkörperung von Unglauben und Ignoranz betrachtet wird. Aufschlussreich ist die Karriere, die beiden Gruppierungen seit den späten 80er-Jahren in Afghanistan genommen haben.

Refugium Afghanistan

Als nach der Ermordung Sadats im Jahr 1981 die ägyptischen Islamisten in den Untergrund gehen mussten und vom Staat gnadenlos verfolgt wurden, bot sich Afghanistan als Zuflucht an. Wer dorthin ging, betrachtete den Kampf gegen die Sowjettruppen als religiöse Pflicht und sah sich dank finanzieller Hilfe aus Saudi-Arabien bald auch militärisch glänzend ausgebildet und ausgerüstet. Die so formierte Guerilla firmierte in der internationalen Presse unter dem Label »arabische Afghanen«. Zu den reichen Saudis, die sich dafür engagierten, zählte Osama bin Laden ebenso wie die saudische Königsfamilie. An der afghanisch-pakistanischen Grenze entstand unter anderem ein Ausbildungslager für die Mudjahedin, das Bait al-Qaida (übersetzt: Stützpunkthaus) genannt wurde und später der Organisation bin Ladens den Namen gab: »Qaida«. Vermutlich geriet der Betreffende selbst – er hielt sich bis zum Abzug der Sowjets 1989 fast ständig in Afghanistan auf – unter den Einfluss des Arztes und radikalen Islamisten Ayman al-Zawahiri, einem Mitglied der ägyptischen Jihad-Gruppe, der wegen seiner Verwicklung in das Sadat-Attentat zu drei Jahren Gefängnis verurteilt worden war.

Nach dem Ende des Afghanistankrieges verließen die »arabischen Afghanen« zunächst ihr Refugium in Richtung Sudan, Westeuropa und USA, wobei sie untereinander in reger Kommunikation blieben. Einige Gewalttaten, wie die Anschläge gegen ägyptische Politiker und ausländische Touristen, gingen auf das Konto der Jma'a al-Islamiya und al-Djihad. Afghanistan selbst wurde erst wieder nach der Machtübernahme durch die Taliban im September 1996 zum Anlaufpunkt von Islamisten aus Ägypten, Algerien und anderen arabischen Staaten.

Auch bin Laden und sein engster Vertrauter al-Zawahiri kehrten zurück, doch war Afghanistan mitnichten das Milieu, in dem die »Theorie der Ignoranz« von Sayyid Qutb einen Missionierungsauftrag gehabt hätte, denn das Land war nach dem Sieg der Mudjahedin ein konservativ-islamischer Staat, der sich konsequent auf die traditionelle Lehre des Islam (al-salafiya) stützte. Die Gottesschüler des Mullah Omar konnten mit der Lehre Sayyid Qutbs wenig anfangen. Doch für Osama bin Laden und seine Glaubensbrüder blieb allein entscheidend, in Afghanistan erneut eine sichere Zuflucht gefunden zu haben, verbunden mit der Hoffnung, dort die »Gottesherrschaft anstelle der Ignoranz« durchzusetzen. Dafür war das Land am Hindukusch jedoch nicht mehr als eine beliebige Folie – Osama bin Laden hätte versuchen können, seinen radikalen Islam auch nach Somalia oder in einen anderen arabischen oder nordafrikanischen Staat zu tragen.

JÜRGEN PAUL

Der Sufismus hat viele Gesichter

Islamische Mystik: Mehr als Folklore

Die islamische Mystik, der Sufismus, hat viele Gesichter: Weltabgewandt, extatisch, unorthodox, gefühlsbetont – und von allem das Gegenteil; eine Quelle der Inspiration für einige der schönsten Gedichte in orientalischen Sprachen – und ein Gegenstand nüchterner, fast technizistischer Abhandlungen. Manche Gruppen sind nur noch als Teil der Folklore aktiv, so die »Tanzenden Derwische« in der Türkei, andere aber haben in den letzten Jahren und Jahrzehnten sehr an Bedeutung gewonnen. Gerade in der Türkei, einem konsequent laizistischen Staat, ist die politische Bedeutung der mystischen Bruderschaft der Naksibendi ungebrochen. Es ist bekannt, dass die Familie des früheren Staatspräsidenten Turgut Özal dieser Gruppe nahestand. Naksibendis gibt es keinesfalls nur in der umstrittenen islamistischen Partei Necmettin Erbakans (Ministerpräsident von 1996–97), sondern auch in der Mutterlandpartei und in der Partei des Rechten Weges.

Die Naksibendi-Organisation ist wie alle mystischen Bruderschaften in der Türkei seit 1925 verboten, arbeitet aber halblegal. Ihr gehören Wirtschaftsunternehmen; Zeitungen und Sender stehen ihr nahe. Sie hat auch deswegen das Verbot der Bruderschaften besser überstanden als andere, weil ihre Mitglieder sich äußerlich durch nichts von ihrer Umgebung unterscheiden: Die mystischen Übungen werden im Stillen durchgeführt, die Mitglieder tragen keine abweichende Kleidung und sie halten sich an die Vorschriften des »normalen« Islam. Für viele Mitglieder tritt das Spirituelle, Mystische gewiss gegenüber den wirtschaftlichen und sozialen Vorteilen, die eine Mitgliedschaft bietet, in den Hintergrund; das bedeutet aber nicht, dass man die Naksibendis in der Türkei etwa mit einer Freimaurerloge vergleichen könnte. Das Verbot der mystischen Gruppen wird aufrecht erhalten, auch wenn vielen Mitgliedern etwa dieser Organisation keine umstürzlerischen Neigungen unterstellt werden können, weil die Regierung der Ansicht ist, dass sich die Legalisierung der Bruderschaften mit dem laizistischen Staatsprinzip nicht verträgt.

Es beginnt mit Askese

Mystik (Sufismus, Sufitum) und Askese sind im Islam schwer zu trennen, und die Entwicklung beginnt mit Askese. Asketisches Leben wird schon dem Propheten Mohammed nachgesagt, es war von Beginn an eine der hauptsächlichen Formen religiöser Beflissenheit im Islam. Verzichtet wird zunächst auf das Verbotene, weiter auf das Zweifelhafte, manchmal aber auch – soweit wie möglich – auf das Erlaubte. Das Motiv ist in vielen Fällen Unsicherheit über das Jenseitsschicksal. So widmet sich der Gläubige, dem die Heilsgewissheit fehlt, einer Vielzahl zusätzlicher und freiwilliger Andachtsübungen: Ausdehnung des Ritualgebets, ständige Koranrezitation, Nachtwachen und ausdauerndes Fasten. Zum Verzicht gehört auch eine entsprechende Einstellung:

Männer und Frauen, Angehörige eines Derwischordens, beim Tanz in Istanbul. Sie tragen weiße Gewänder und hohe Filzkappen. Die Lehren der Derwische beruhen auf der islamischen Mystik.
Foto: Ullstein-Bilderdienst

Häufiges Denken an den Tod, an die Brücke über das Höllenfeuer und das Bewusstsein der eigenen Unzulänglichkeit. Das Diesseits wird getadelt, oft in drastischen Ausdrücken (»Das Diesseits ist Aas, und Hunde sind, die danach verlangen«), es ist insgesamt wertlos und verächtlich, der Aufenthalt in ihm wie ein Aufenthalt in der Fremde. Furcht, Traurigkeit und bitterer Ernst zeichnen die meisten der bekannten Asketen aus. Ständiges Weinen ist eine weit verbreitete Form der Askese. Später kommt die bohrende Erforschung des eigenen Gewissens hinzu, aus der die spirituelle Psychologie erwächst. Dies ist der Übergang zur Mystik, die einen Schritt weitergeht.

Außer auf das Diesseits kann und sollte auch auf das Jenseits verzichtet werden, auf alles, was nicht Gott ist. So wird von einem der Hauptvertreter der frühen Mystik berichtet: »Man fragte ihn über die Askese. Er sagte: Sie ist zu nichts nütze. In meinem Leben war ich nur drei Tage lang Asket. Am ersten habe ich auf das Diesseits verzichtet, am zweiten auf das Jenseits und am dritten auf alles, was nicht Gott ist.«

Zwei Stile von Askese und Mystik sind von Anfang an nachweisbar: Weltflucht und »innerweltliche Askese«. Weltflüchtige suchen die Einsamkeit, leben in Höhlen, in der Wüste, in den Bergen, verbergen sich vor den Menschen, nehmen keine Schüler an und geben ihre etwaigen Erkenntnisse nicht weiter, sie leben von dem, was sie vorfinden, sie betonen das absolute Vertrauen auf Gott. Ihr Prinzip ist die Isolation. »Innerweltliche« halten dagegen, die höhere Übung sei, der Ruhmsucht zu widerstehen, die in virtuosen asketischen Übungen leicht genährt werden könne. Sie gehen einer – oft handwerklichen oder kaufmännischen – Erwerbstätigkeit nach, heiraten und haben Kinder, lehnen das

Betteln ab, bilden Gemeinschaften. Ihr Prinzip ist die Gefährtenschaft. Die kann, wie gesagt, soweit gehen, dass mystisch aktive Menschen sich von ihrer Umgebung nicht mehr unterscheiden. Gerade dies ist in vielen Fällen auch gewollt.

Das Ziel ist Gottesnähe

Die Bezeichnung »Sufi« kommt vom arabischen Wort für »Wolle«. Ein Sufi ist demnach jemand, der ein wollenes (»härenes«) Gewand trägt. Dies war in der frühen Zeit tatsächlich das Kennzeichen für eine Strömung innerhalb der religiösen Virtuosen. Die ersten »Wolleträger« sind für Mesopotamien und Syrien nachweisbar, und eine Beeinflussung durch christliche Formen der Frömmigkeit ist nicht auszuschließen. Allerdings ist die islamische Mystik kein Fremdkörper in der islamischen Kultur als Ganzes. Es gibt koranische Grundlagen für viele Praktiken und Vorstellungen des Sufitums.

Das Ziel der Mystik ist die Gottesnähe. Der Pfad, den die Adepten auf ihrem Weg zur Gottesschau bzw. zum »Entwerden« in Gott zurückzulegen haben, wird dabei unterschiedlich gegliedert. Gemeinsam ist: Der Adept beginnt mit der »Umkehr« oder »Reue«. Das heißt, er nimmt sich vor, von seinem bisherigen Leben zu lassen und nunmehr den Pfad zu beschreiten – auch, wenn er nicht wie ein ausgesprochener Weltling gelebt hat. Denn von nun an werden nicht mehr bzw. nicht allein die äußeren Werke der Frömmigkeit, sondern die innere Gottesfurcht zählen. In diesem Sinn lenkt die Umkehr den Lebensweg des Adepten von außen nach innen. Daher ist die islamische Mystik nicht zuletzt Psychagogie, die »Wissenschaft vom Inneren« (so eine der frühesten Bezeichnungen), wobei das Innere das innere »eigentliche« Wesen der gesetzlichen Vorschriften, des koranischen Offenbarungstextes und der menschlichen Seele meint. Die Umkehr wird an der Hand eines Meisters geleistet.

Die ersten Etappen des Pfades zielen auf die Dressur der Triebseele ab. Sie kann nach überwiegender Auffassung nicht endgültig besiegt, sondern immer nur mehr oder weniger vollkommen gebändigt werden. Asketisches Leben dient der Dressur der Triebseele und unterstützt den Adepten bei der Hinwendung zum Göttlichen. Andere Mittel, auf dem Pfad voranzukommen, sind das Gottesgedenken (dhikr) und die Klausur. Zum Schreiten auf dem Pfad kann ein Hinangerissenwerden durch Gott treten. Aus dieser Unterscheidung leiten sich zwei Stile der islamischen Mystik her, der »nüchterne« des Pfadschreiters und der »berauschte« des Herangerissenen. Am Ziel entspricht dem ekstatischen »Entwerden« das »Bleiben in Gott«, auf die »Reise zu Gott« folgt die »Reise in Gott« und schließlich die »Reise von Gott zu den Geschöpfen«, durch welche der nunmehr perfekte Sufi die innerweltliche Tätigkeit wieder aufnimmt.

Das Sufitum ist bis heute in zahlreichen Strömungen bzw. Bruderschaften (der Begriff »Orden« ist aus vielen Gründen unpassend) organisiert; sie entstanden ab dem 13. Jh. u. Z. und verbreiteten sich schnell über die ganze islamische Welt. Das aus dem Persischen stammende »Derwisch« bedeutet ebenso wie das ursprünglich arabische »Fakir« »Armer« und wird für die Anhänger dieser Strömung(en) benutzt. In den genannten Bruderschaften tritt zu den grundsätzlich individuellen Initiationen die Gruppenmitgliedschaft. Dabei schließen sich ganze Dörfer, Stammesverbände oder Nachbarschaften einem bestimmten Meister und damit einer Bruderschaft an. Diese Mitglieder nehmen an gewissen Übungen, meistens kollektiven Formen des Gottesgedenkens (dhikr) teil, durchlaufen aber nicht die skizzierten Stadien des mystischen Pfades.

Im Lauf der Zeit begannen sich Praktiken und Bräuche des sogenannten »Volksislam« mit denen der sufischen Bruderschaften zu verbinden, etwa die Verehrung von Gräbern gewisser Meister oder ihrer Wirkungsstätten. In vielen Bereichen der islamischen Welt verfügt tendenziell jeder Ort über eine solche Stätte, die somit ein wichtiger Kristallisationspunkt für lokale Identitätsbildung sein kann. Auch überregionale Schreine gibt es in vielen Ländern; sie fungieren als Zentren für Pilgerfahrten und Mittelpunkt von Festen. Manche Schreine oder andere »heilige« Stätten sind auch bewohnt: Dort leben Personen, die manchmal Nachkommen des großen Toten sind; sie nehmen in der Nachbarschaft oder darüber hinaus soziale Funktionen wahr, wirken als Heiler, Schlichter, Fürbitter, Seelsorger.

Die meisten Bruderschaften betonen ihren Respekt vor der allgemeinen Pflichtenlehre, den fünf Säulen des Islam. Abweichende Strömungen haben an Bedeutung verloren. Dennoch hat die Verbindung der Bruderschaften mit dem »Volksislam« den Widerstand gesetzestreuer Puristen herausgefordert. In Saudi-Arabien etwa sorgte die dort maßgebliche wahhabitische Strömung dafür, dass alle Gräber in ihrem Einflussbereich nicht mehr in der beschriebenen Weise genutzt werden können. Viele der seit der Mitte des 20. Jahrhunderts entstehenden islamistischen Strömungen wenden sich gleichfalls gegen den »Bruderschafts«-Islam.

Politik statt Weltflucht

Die organisatorischen Strukturen der Bruderschaften sind sehr unterschiedlich. Es gibt bzw. gab Gruppen, die nur ein Zentrum haben (wie etwa die »Tanzenden Derwische« mit ihrem Zentrum in Konya oder die Anhänger Amadou Bambas im Senegal); die meisten aber waren Konglomerate von Ortsgruppen, zusammengeführt von charismatischen Persönlichkeiten. Daneben aber konnten bedeutende Meister schon früh überregionale Netzwerke schaffen, die manchmal auch nach ihrem Tod Bestand hatten.

Mit dem Beginn der gemeinschaftlichen »Mitgliedschaft« wird von den sufischen Meistern auch politische Betätigung erwartet; Weltflucht ließ sich nicht mehr durchhalten. In der Hauptsache ging es dabei um Schutz der Mitglieder vor Übergriffen der Herrscher. Um dieser Aufgabe gerecht zu werden, sahen sich mystische Lehrer veranlasst, ihrem spirituellen und politischen Einfluss eine materielle Grundlage zu geben, meist in Form von Stiftungen, deren Leitung sie in die Hände ihrer Nachkommen legten. Einige Meister haben sich sehr direkt in die Politik, teilweise auch in das Leben am Hof, eingemischt. Einen Höhepunkt erreichte die politische Aktivität mystischer Bruderschaften im Kampf gegen die koloniale Durchdringung der islamischen Welt seit der Mitte des 19. Jahrhunderts. Antikoloniale Kämpfer wie Abdelkader in Algerien, Osman dan Fodio in Westafrika, Scheich Sanusi in Libyen, Imam Schamil im Kaukasus und andere sind in ihren Heimatländern zum Teil zu Nationalhelden geworden; sie alle waren neben ihrer politisch-militärischen Tätigkeit auch mystische Meister. Diese Beispiele zeigen, dass der Bruderschafts-Islam nicht »an sich« dem »militanten« Islam gegenübersteht.

STEFFEN WIPPEL

Geschäfte zwischen Markt und Moral

Islam und Ökonomie: Ethisches Wirtschaften ist ein globaler Trend

»Diejenigen, die Zins nehmen, werden (dereinst) nicht anders dastehen als wie einer, der vom Satan erfasst und geschlagen ist ... Ihr Gläubigen! Fürchtet Gott! Und lasst künftig das Zinsnehmen bleiben, wenn ihr gläubig seid!« (Sure 2 »Die Kuh«, Verse 275 ff.)

Fromme Muslime sowie islamische Rechtsgelehrte und Denker, die ihr eigenes wie das öffentliche Leben nach religiösen Vorschriften gestalten wollen, möchten auch ein islamischen Normen gemäßes Wirtschaftsleben realisieren. Im Mittelpunkt steht dabei die Umsetzung des Zinsverbots, das im wesentlichen aus den aufgeführten Koran-Versen hergeleitet wird. Dessen Wortlaut offenbart zugleich den Auslegungsbedarf solcher Textstellen: Der arabische Ausdruck riba, der hier als »Zins« übersetzt wurde, bedeutet wörtlich »Vermehrung, Zuwachs«. Ursprünglich bezog sich dieses Verbot von riba wohl auf die verbreitete Praxis, einen geschuldeten Betrag zu verdoppeln, sollte ein Schuldner einen Kredit nicht wie vereinbart zurückzahlen können. Muslime, die islamische Rechtsquellen in ihrem historischen Kontext interpretieren, kommen daher zu dem Schluss, dass riba lediglich ausbeuterischem Wucher gleichzusetzen sei. Meist wurde und wird das Verbot jedoch als Untersagung jeglicher Zinsnahme und Zinsgabe aufgefasst.

Diese strikte Auslegung hat sich heute auch in dem Bereich, den man als islamischen Wirtschaftssektor bezeichnen kann, durchgesetzt. In zeitgenössischen Entwürfen eines islamischen Wirtschaftssystems werden Finanzinstitutionen entworfen, die konsequent auf die allgemein übliche feste Verzinsung verzichten. Die meisten Modelle einer zinslosen Wirtschaft gehen dabei von einer variablen Kapitalentlohnung aus, die auf dem Prinzip der Erfolgsbeteiligung beruht. Für so arbeitende Islamische Banken wurden Geschäftspraktiken ausgearbeitet, die zum Teil auf historische Formen zurückgreifen. Als zweites Grundelement einer islamischen Finanz- und Sozialordnung wird die Sozialabgabe zakat angesehen. Die Zahlung von Almosen stellt eine der fünf Grundpflichten der Gläubigen dar. Auch hier gibt es Diskussionen darüber, wie die in den islamischen Rechtsquellen bis in viele Einzelheiten geregelte Abgabe heute zu verstehen sei und ob sie beispielsweise auf neue Steuerobjekte und Verwendungszwecke – bis hin zu einer allgemeinen Einkommens- und Vermögenssteuer – ausgeweitet werden kann. Zu weiteren Detailfragen, mit denen sich die Befürworter einer islamische Wirtschaft auseinandersetzen, zählen spezifische Eigentums- und Steuerformen, die oft aus der islamischen Geschichte abgeleitet und modernen Erfordernissen angepasst werden.

Als ethische Grundsätze islamgemäßen Wirtschaftens gelten die Prinzipien der Nichtschädigung, des Altruismus und die Gottgefälligkeit wohltätigen Handelns. Zwar werden egoistische Besitzgier und Verschwendung verurteilt, doch wird das Streben nach materiellem Wohlergehen ausdrücklich bejaht. Privateigentum wird, mit wenigen Ausnahmen, als Grundpfeiler einer islamischen Wirtschaftsordnung angesehen. Grundsätzlich befür-

Afghanische Geldhändler, die afghanische Währung an- und verkaufen, auf dem Geldmarkt von Peshawar. Foto: Ullstein-Bilderdienst

wortet der Islam auch freien Wettbewerb; die Eingriffe des Staates in die Wirtschaft sollen gering gehalten werden.

Die Eigentümer und Leiter zahlreicher Produktions- und Dienstleistungsunternehmen versuchen nach islamischen Grundsätzen zu wirtschaften. Sie sind häufig religiös motiviert, andere stehen Gruppierungen des politischen Islam nahe, zum Teil handelt es sich dabei auch um Trittbrettfahrer, die mit einem islamischen »Image« an einem bedeutenden Marktsegment partizipieren möchten. Neben diesem gewinnorientierten islamischen Unternehmenssektor entwickelte sich ein weitverzweigter islamischer Sozialbereich, der auf der zakât und anderen wohltätigen Spendenzahlungen beruht.

Islamische Banken

Am meisten Aufmerksamkeit haben jedoch die Islamischen Banken auf sich gezogen. Seit Beginn des 20. Jahrhunderts gab es, vor allem in Ägypten und in Pakistan, einzelne Versuche, Sparkassen und Kleinbanken auf zinsfreier Grundlage zu führen; diese Vorhaben sind, oft aus politischen Gründen, allesamt gescheitert. Erst seit etwa Mitte der 70er-Jahre entstand auf Grundlage des Zinsverbots ein expandierendes islamisches Bankwesen, in der Anfangsphase nicht zuletzt begünstigt durch den explosionsartig gewachsenen Zufluss von Petrodollars. Einige Staaten, wie der Iran, Pakistan und der Sudan, haben ihr Finanzwesen, zumindest formal, gänzlich auf islamische Prinzipien umgestellt. In der überwiegenden Mehrheit der islamischen Staaten stehen die Islamischen Banken jedoch in Konkurrenz zu konventionellen Finanzinstitutionen.

Islamische Finanzeinrichtungen existieren auch an internationalen Bankplätzen, wie Genf oder London. Zudem haben zahlreiche konventionelle Banken – in mehrheitlich islamischen Ländern wie auch im Westen – gesonderte Zweigstellen oder Abteilungen eingerichtet, die islamkonforme Bankgeschäfte tätigen. Jüngeren Datums sind Islamische Investmentfonds, die ebenfalls streng auf die Reinheit ihrer Kapitalanlagen (z. B. keine Geschäfte mit Zins, Unzucht, Alkohol, Tabak) achten. Dieser islamische Finanzsektor hat in einigen Ländern erhebliche Marktanteile erringen können. So umfassten Ersparnisse bei Islamischen Banken und Zweigstellen in Ägypten in den 90er-Jahren rund 10–15 Prozent aller Bankeinlagen; auf der anderen Seite vergaben islamische Finanzinstitutionen etwa acht Prozent aller ägyptischen Bankfinanzierungen. Insgesamt kann man heute von weit über 200 islamischen Finanzeinrichtungen in etwa 70 Ländern ausgehen.

Islamische Wirtschaft

Um der Zinslosigkeit gerecht zu werden, bieten Islamische Banken verschiedene charakteristische Finanzierungsformen an. Die Zinslosen qard hasan-Darlehen entsprechen am augenfälligsten dem Zinsverbot und werden anstelle kurzfristiger Überziehungskredite oder für Konsumentenkredite vergeben. In der Praxis geschieht das jedoch nur in Einzelfällen. Bei der mudaraba finanziert die Bank ein Investitionsvorhaben; der Kreditnehmer trägt seine Arbeitsleistung in Form des Managements bei. Vorbild ist die Ausrüstung von Handelskarawanen durch reiche städtische Kaufleute in früherer Zeit. Der Gewinn wird vereinbarungsgemäß zwischen den Vertragspartnern geteilt; Verlustrisiken trägt allein der Kapitalgeber. Zwar gilt die mudaraba als wichtigste Form der Erfolgsbeteiligung, doch wird auch sie eher selten, z. B. für die Existenzgründung kleiner Handwerker oder die Finanzierung größerer Importgeschäfte, verwendet.

Häufiger ist dagegen die Geschäftspartnerschaft der mushâraka. Hier finanzieren Bank und Unternehmer gemeinsam ein bestimmtes Projekt oder einen Betrieb. Die Gewinne und Verluste werden nach vorhergehender Vereinbarung geteilt. Die in der Praxis verbreitetste, weil am einfachsten anwendbare Geschäftsform mit dem geringsten Risiko ist die murabaha. Sie dient vor allem der kurzfristigen Handelsfinanzierung. Dabei erwirbt die Bank für einen Kunden bestimmte Güter und verkauft sie ihm mit Aufschlag weiter. Allerdings ist diese Vertragsform unter den Rechtsgelehrten umstritten, da sie eine Umgehung des Zinsverbots ermöglicht, und sollte eigentlich nur in engem Rahmen eingesetzt werden.

Einleger können ihre Ersparnisse als ertragslose Sichteinlagen bei der Bank anlegen. Vergütete Sparformen beruhen ebenfalls auf dem Prinzip der Gewinn- und Verlustbeteiligung, dergestalt dass die Sparer einen Anteil am Jahresergebnis ihrer Bank zugewiesen erhalten. Dieser wird in der Regel entsprechend dem Verhältnis von Einlagen- zu Eigenkapital und der Anlagedauer der Ersparnisse bestimmt. Oft sind auch Anlagen in spezielle Investmentkonten oder -zertifikate möglich, die der Finanzierung bestimmter Vorhaben dienen und je nach Erfolg des jeweiligen Projekts vergütet werden.

Die Motive der Kunden

Manche Beobachter interpretieren bereits Finanzierungsformen wie die mudaraba oder die musharaka als illegitime Umgehung des Zinsverbotes, verkennen dabei jedoch die wesentlich andere Form der Kapitalentlohnung im Rahmen einer stärker risikobehafteten Gewinn- und Verlustbeteiligung. Damit alle Aktivitäten konform mit islamischem Recht geschehen, überprüft in den meisten Banken ein religiöser Beirat kontinuierlich ihre Geschäftstätigkeit. Zu kämpfen haben die Banken vor allem mit ihrem wirtschaftlichen und politischen Umfeld und dessen strukturellen Mängeln wie mangelnde wirtschaftliche Effizienz, geringe Investitionsneigung und die oft unzureichende Orientierung auf Kleinsparer und -investoren. Hinzu kommen Konflikte zwischen Einlegern und Kapitaleignern um die Verteilung der Gewinne bei sinkenden Erträgen. Besonders hervorgehoben wird die Gefahr, im Rahmen der Investitionsfinanzierung schlechte Risiken anzuziehen und Anreize für die Unterschlagung von Kunden-Gewinnen zu bieten. Um dies zu unterbinden, wäre jedoch ein erhöhter Verwaltungsaufwand für die enge Betreuung und Kontrolle der finanzierten Projekte vonnöten.

Viele Islamische Banken unterhalten einen zakat-Fonds, der meist nicht nur Spenden aus der Bevölkerung sammelt, sondern auch die fällige Abgabe auf Bankgewinne und auf die Erträge der Sparkonten ihrer Kunden. Verwendet werden die Einnahmen für vielfältige soziale und religiöse Zwecke wie Sach- und Geldleistungen für Arme, Bildungs- und Gesundheitseinrichtungen.

Vorbehalte gegen Zinsen zeigten sich bei vielen religiösen Sparern schon seit der Gründung der ersten Banken nach westlichem Vorbild im 19. Jahrhundert. Damals konnten sie lediglich die Annahme der Zinseinkünfte verweigern oder sie für wohltätige Zwecke spenden. Inzwischen bieten Islamische Finanzinstitutionen Möglichkeiten, in islamkonformer Weise Vergütungen für Ersparnisse zu erzielen. In Umfragen nannte die übergroße Mehrheit der Einleger in Islamischen Banken Ägyptens die religiöse Orientierung dieser Einrichtungen als wichtigstes Motiv, ihre Ersparnisse dort zu deponieren. Tatsächlich erklären sich die großen Erfolge Islamischer Banken in der Anfangszeit vor allem aus den überdurchschnittlichen Vergütungen. Als Ende der 80er-Jahre die Ertragsausschüttungen der Islamischen Banken unter die Zinserträge bei konventionellen Banken gesunken waren, stockte der Zufluss. Wer seine Ersparnisse dennoch dort hielt, tat es vor allem wegen des Zinsverbots. Bei der Kreditvergabe jedoch scheint die religiöse Motivation der Kunden, darunter viele städtische und »moderne« Betriebe, eine sehr viel geringere Rolle zu spielen. Für sie sind die auf sie zugeschnittenen Leistungen der Islamischen Banken der wichtigste Grund, um dort Darlehen aufzunehmen.

Um bestimmte Verhaltensweisen zu legitimieren, insbesondere aber um Gewinnstreben, Verdrängungskampf und monopolistische Tendenzen zu zügeln, bedarf jegliches Wirtschaften außerökonomisch fundierter Verhaltensbeschränkungen und eines mehr oder minder weiten Ordnungsrahmens. Islamisches Wirtschaften und insbesondere das im Mittelpunkt stehende »Islamic Banking« sind Beispiele für weltweit anzufindendes »ethisches Wirtschaften«. Mit dem Ziel, politisch und ökologisch nachhaltig zu wirtschaften, entstanden seit den 80er-Jahren »Öko-Banken«, die in vielem islamischen Finanzeinrichtungen vergleichbar sind: Streit gibt es um die Frage, wie hehre Prinzipien in die Praxis umzusetzen sind und welche Wirtschafts- und Finanzaktivitäten noch als »ethisch korrekt« eingestuft werden können.

Dabei beeinträchtigen Misserfolge einzelner Einrichtungen oft das Bild des gesamten Sektors. Islamische wie ökologische Banken stehen in Konkurrenz zu »konventionell« wirtschaftenden Einrichtungen und bleiben in der Regel ein zahlenmäßig begrenztes Phänomen.

Die Auseinandersetzung um die Rolle von Staat, Normen und Werten hat in jüngerer Zeit mit der fortschreitenden Globalisierung und Liberalisierung der Märkte erneut zugenommen. Zugleich wird in vielen Teilen der Welt eine schleichende Ökonomisierung und Verwestlichung der Lebensbereiche wahrgenommen. So wird für eine große Zahl von Menschen die Suche oder gar die »Bewahrung« einer »eigenen Identität« zur Aufgabe.

Islamische Wirtschaftsprinzipien können dazu beitragen, eine Brücke von (vermeintlicher) Tradition zur (vielgestaltigen) Moderne zu schlagen. Indem sie historische Elemente aufnehmen und heutigen Anforderungen anpassen, versuchen sie einerseits, den Motiven religiös und traditional eingestellter Bevölkerungsschichten Genüge zu tun. Andererseits tragen sie dazu bei, das Prinzip der Kapitalvergütung in Form der Gewinnbeteiligung auch diesen gegenüber zu legitimieren.

Darüber hinaus können sie helfen, durch staatsbürokratische Eingriffe unflexibel gewordene Strukturen – wie die in Ägypten bis Anfang der 90er-Jahre vorgeschriebenen, unattraktiven Zinsobergrenzen – aufzubrechen. Somit ist das Konzept einer islamischen Wirtschaft am besten als Ausdruck für das Streben nach einer freien, zugleich aber auch sozial verantwortlichen Marktwirtschaft zu verstehen. »Fehltritte« von Spekulanten und Trittbrettfahrer sind auf diesem Weg nicht zu vermeiden. Problematisch ist vielmehr die in vielen Ländern fehlende Debatte über den Sinn islamischer Wirtschaftsprinzipien. Gerade in Konkurrenz zu konventionellen Institutionen können und müssen die islamischen Einrichtungen ihre moralische und ökonomische Attraktivität immer wieder unter Beweis stellen.

Katajun Amirpur

Die Religion retten durch Demokratie

Islam und Reform: Es gibt viele Ansätze, den Koran anders zu lesen

»Meine Mutter hörte gern auf den Namen ›Umm Nasr‹ – Mutter des Nasr. Ich selbst habe sie so gerufen. Später fragte ich mich, weshalb man eine Frau nach ihrem ältesten Sohn nennt, ich fragte nach dem Bild der Frau, das in dieser Anrede zum Ausdruck kommt. Meine Mutter hat mich gelehrt, das traditionelle Frauenbild und die strikte Polarität von Mann und Frau zu überwinden. Meine Lektüre des Korans ist von solchen Erfahrungen beeinflusst worden. Die Verse im Koran, die von den Exegeten zuungunsten der Frauen gedeutet worden waren, habe ich instinktiv anders gelesen.« In seiner Beschreibung, wie und warum er den Koran anders liest, hat der ägyptische Literaturwissenschaftler Nasr Hamid Abu Zayd fast schon alles gesagt, was zum Thema Reformislam zu sagen ist: Dass es die Sichtweise des Exegeten ist, die das Ergebnis der Lektüre vorherbestimmt.

Diese Theorie hat Abu Zayd in seiner wissenschaftlichen Arbeit weiterentwickelt. In seinem Buch »Mafhum an-nass« (der Begriff Text) versucht er, den Koran zum Objekt eines textkritischen Zugangs zu machen. Er will ihn untersuchen wie alle anderen Texte auch: mit den Mitteln der Semiotik, der Sprachwissenschaft, der Hermeneutik. Er geht davon aus, dass eine dialektische Beziehung zwischen dem Korantext und seinen Adressaten besteht; nur wer den historischen Kontext untersucht, in den hinein der Koran offenbart wurde, kann seine Bedeutung wirklich verstehen. Erst dann lässt sich entscheiden, ob es sich bei diesem oder jedem Vers um ein allgemeingültiges Gebot handelt oder um eine Regel für eine bestimmte Situation.

Liberale Hermeneutik

Abu Zayd ist nicht der einzige Wissenschaftler, der den Koran als Hermeneutiker betrachtet und so zu einer liberalen Deutung gelangt. Der iranische Geistliche Hassan Yussefi Eshkewari wendet dieselbe Methode an, wenn er den Koran interpretiert. Ein Beispiel: »Und kämpft gegen sie, bis niemand mehr versucht, Gläubige zum Abfall vom Islam zu verführen, und bis nur noch Gott verehrt wird«, heißt es im Koran (Sure 2, 193). Eine Sure, die durchaus kämpferisch klingt und so interpretiert werden könnte, als hätten Muslime die Pflicht, gegen die Ungläubigen zu kämpfen und alle zum Islam zu bekehren. Eshkewari argumentiert hingegen, dass sich diese Sure ausschließlich auf ein bestimmtes historisches Ereignis bezieht, nämlich die Schlacht von al-Hudaybiya. Im Jahre 630 brach der Prophet Muhammad einen Waffenstillstand, den er selbst zwei Jahre zuvor geschlossen hatte und marschierte in Mekka ein. Laut Eshkewari geht es in der Sure nur um diese konkrete politische Situation: Die heidnischen Mekkaner sollten bekämpft werden, weil sie sich zuvor an der Gemeinde des Propheten versündigt hatten. Sie hatten seine Anhänger vertrieben und ihn selbst töten wollen. Folglich müssten nicht bis in unsere Zeit hinein alle Menschen bekämpft werden, bis sie den einen Gott verehren.

Die Argumentation Eshkewaris ist nicht unbedingt apologetisch und modern liberal, denn er wendet eine Methode an, die es in der Islamwissenschaft bereits seit Jahrhunderten gibt. Ein ganzer Zweig beschäftigt sich mit den sogenannten »Gründen für die Offenbarung« (asbab an-nuzul). Auch die klassische Islamwissenschaft ging also von einer dialektischen Beziehung zwischen Text und Adressat aus. Und allein die Tatsache, dass es diese Wissenschaft schon so lange gibt, zeigt, wie widersinnig das Argument vieler Extremisten ist, man müsse jede Aussage des Korans wörtlich nehmen und eine jede von ihnen sei allzeit gültig. Die Argumentation Eshkewaris zeigt noch etwas anderes: Dass der Verweis, dieses und jenes stünde doch so und so im Koran, nicht allzu aussagekräftig ist. Es bringt also auch nicht viel, wenn die deutsche Bevölkerung sich jetzt den Koran schnappt, um zu erfahren, was der denn nun zu diesem oder jenem Thema sagt. Bereits zwei Tage nach den Attentaten vom 11. September sei der Koran ausverkauft gewesen, berichten deutsche Buchhändler. Aber ohne Kenntnis der Interpretationsgeschichte hat seine Lektüre wenig Sinn.

Frage der Interpretation

»Der Koran ist eine Schrift zwischen zwei Buchdeckeln, die nicht spricht. Es sind die Menschen, die zu ihr sprechen.« So hat Ali, der erste Imam der Schia, sich zur Deutbarkeit des Korans geäußert. Seit Jahrhunderten wird er gedeutet, es gibt eine reichhaltige exegetische Literatur und eine Vielzahl unterschiedlicher Auslegungsmöglichkeiten. Diese Interpretationsfreiheit bietet – neben der Gefahr des Missbrauchs – immense Chancen. Weil der Koran so deutbar ist, gibt es heute auch Theologen in der islamischen Welt, die zu sehr liberalen Interpretationen gelangen – zum Beispiel, was die Rolle der Frau betrifft. Sie argumentieren, dass man den Geist der koranischen Gebote erkennen und davon ausgehend interpretieren müsse. Der Geist der koranischen Bestimmungen sei es gewesen, die Situation der Frau zu verbessern. Immerhin gab der Koran der Frau einiges an Rechten (wenn auch weniger als dem Mann) zu einer Zeit, in der es gang und gebe war, neugeborene Mädchen lebendig zu begraben. Ausgehend von dieser Argumentation fordern heute viele islamische Reformer eine vollkommene rechtliche Gleichstellung von Mann und Frau.

Die dringlichsten Debatten zum Thema »Reformislam« werden heute in Iran geführt. Im Iran ist die Trennung von Staat und Religion aufgehoben, sämtliche wirtschaftlichen, sozialen und politischen Themen werden mit Verweis auf den Islam diskutiert. Ganz natürlich ist es daher, dass sich sehr verschiedenartige Interpretationen des Islam herauskristallisieren und unter anderem auch eine reformorientierte. Eine ganze Reihe dieser Reformer haben ihre Karriere als strikte Verfechter der Einheit von Religion und Staat begonnen. Heute sind sie Säkularisten. Doch obwohl viele von ihnen die Säkularisierung eindeutig fordern, benutzen sie dieses Wort in ihren Schriften fast nie. Der Begriff wird von den Hütern der bestehenden Ordnung und auch von vielen potentiellen Befürwortern einer Reform als ein Synonym für die Aufkündigung von Religion und für eine atheistische Gesellschaft verstanden. Und gerade das wollen auch die Reformer nicht.

Es war die Erfahrung des real existierenden Islamismus, die viele ehemalige Propagandisten einer Einheit von Religion und Staat zum Gesinnungswandel veranlasste. Der Islam-Theoretiker Abdolkarim Sorusch war früher einer der bekanntesten Ideologen der Islamischen Republik und als Mitglied im Rat für Kulturrevolution hatte er Anfang der 80er-Jahre die Säuberung der Universitäten von angeblichen Konterrevolutionären zu verantworten. Heute befürwortet Sorusch die Trennung von Politik und Religion aus einem Grund, der auf den ersten Blick widersprüchlich scheint, aber doch sehr einleuchtend ist. Er will die Religion retten. »Die islamische Religion«, so hat Sorusch einmal gesagt, »war im iranischen Volk so tief verwurzelt, dass nur eine Islamische Revolution es schaffen konnte, diese Wurzeln auszureißen«. Alle Verfehlungen der Herrschenden lege das Volk der Religion zur Last. Schließlich beanspruchten sie das Monopol auf die richtige Deutung der Religion, aber diese Deutung sei möglicherweise falsch.

Sorusch schlägt eine Alternative zur gegenwärtigen angeblich gottgewollten iranischen Regierungsform vor. Diese Alternative, die »religiös-demokratische Regierung«, unterscheidet sich rein formal nicht von einem demokratischen Staatswesen nach westlichem Muster. Wieso sollte sie auch, fragt Sorusch: »Es ist ja auch nicht so, dass auf dieser Welt die vernünftigen Menschen auf zwei Beinen laufen und die religiösen auf dem Kopfe.« Fast alle Glaubensregeln seien nur die »Haut«, die den Islam nach außen hin zusammenhält, aber sie hätten nichts mit der eigentlichen Essenz der Religion zu tun. Sorusch argumentiert, Schiit sei, wer an die fünf unumstößlichen Dogmen der Schia glaube: die Einheit Gottes, das Prophetentum, der Glaube an die zwölf Imame, die Auferstehung und die Gerechtigkeit Gottes. Gemäß dieser Argumentation muss auch das Kopftuchgebot nicht unbedingt eingehalten werden. Zwar gebiete der Islam das Tragen des Kopftuches durchaus, aber die Frau müsse es freiwillig tragen.

Islamische Moderne

Gibt sich Sorush damit als Streiter für westlich-säkulare Aufklärung und Menschenrechte gegen die fundamentalistischen Häscher zu erkennen? Sorush ist kein Kämpfer für westliche Ideale, sondern entstammt ebenso der islamisch-iranischen Kultur wie seine ideellen Gegner auch. Es steht nicht der vom Westen geprägte Modernist den in ihrer Tradition verhafteten Fundamentalisten gegenüber, sondern beide Denkrichtungen gründen auf ein- und derselben Kultur, die wiederum vom Islam geprägt ist. Doch Sorush möchte gerade beweisen, dass diese Kultur genug Möglichkeiten der Kompatibilität mit der Moderne in sich trägt. Reformer wie Sorush sind wichtig, weil sie explizit islamisch argumentieren und für Reformen von innen plädieren. Sorusch ist Vertreter einer Richtung, die – obschon selbst islamistisch – das gegenwärtige System kritisiert und demokratische Rechte einfordert. Weil er auf der Grundlage von islamischen Traditionen argumentiert, kann er sich Gehör verschaffen. Relevant sind seine Aussagen, weil er sie heute und im Iran formuliert, die Inhalte an sich sind weder neu noch originell.

Denn die Ansätze zur Reform sind zahlreich, und es gibt sie schon seit vielen Jahren. Moderate Denker finden nur bei uns im Westen weit seltener ein Podium als Extremisten, die sich in unser Bewusstsein bomben. Aber was Abu Zayd oder Sorusch sagen und Eshkewari konkret anwendet, haben schon viele andere Denker vor ihnen in ähnlicher Art und Weise formuliert. Vor Abu Zayd hat bereits sein Landsmann Said al-Ashmawi in den siebziger Jahren zwischen Religion und religiösem Denken unterschieden. Auch Fu'ad Zakariya hat die Relativität jeglicher Interpretation begründet; auf die Geschichtlichkeit der Offenbarung wies schon Hasan Hanafi hin, und eine moderne Lesart des Koran forderte bereits Muhammad Shahrur. Dass der Koran niemals losgelöst von seinem

Empfänger betrachtet werden kann, sondern im Gegenteil in enger Beziehung zum Angesprochenen steht, hat bereits Muhammad Ahmad Khalafallah hervorgehoben, und dass es verschiedene Möglichkeiten zur Interpretation der koranischen Offenbarung gibt, z. B. auch die literarische, hat A'isha Abdurrahman eindrucksvoll nachgewiesen. Um die Wirkungsgeschichte des Koran erarbeiten und ihn in einen historischen Kontext stellen zu können, wollte schon Amin al-Khuli zum Koranverständnis der ersten Hörer, d. h. der Zeitgenossen des Propheten, zurückkehren. Und in seiner Kritik am religiösen Denken steht der Syrer Sadiq al-Azm Abu Zayd sicherlich in nichts nach. Zwischen dem Geist der Gesetze und ihrem Wortlaut in Verbindung mit der Untersuchung der Offenbarungsmodi und der Rezeption, trennte auch der sudanesische Forscher Mahmud Muhammad Taha, genauso wie sich auch der Marokkaner Mohammad Abid al-Jabiri für ein neues wissenschaftliches Verhältnis zur islamischen Tradition einsetzt, und der in Paris forschende Mohammed Arkoun moderne westliche Modelle auf die koranische Offenbarung anwendet. Ansätze also gibt es genug. Bloß, an der Umsetzung mangelt es noch.

Gudrun Krämer

Der Mensch als Treuhänder Gottes auf Erden

Spielräume und Grenzen: Zum Verhältnis von Islam und Menschenrechten

Wenn heute das Verhältnis von Islam, Menschenrechten und Demokratie diskutiert wird, dann geschieht das häufig mit Verweis darauf, was der Koran und die Überlieferung des Propheten Muhammad, die Sunna, »dazu sagen«. Die normative Tradition, die diese Texte begründen, enthält allerdings nur allgemeine Hinweise auf »rechtes« Handeln und eine »gerechte« Ordnung; sie bietet kein kohärentes Konzept für das Verhältnis von Individuum, Staat und Gesellschaft. Der Koran ist – entgegen der Überzeugung mancher Muslime – nicht die Verfassung eines islamischen Staates. Fragen kann man daher nur, was heutige Musliminnen und Muslime mit Bezug auf die normativen Texte zu Menschenrechten und Demokratie sagen.

Unter ihnen verdienen diejenigen »islamistischen« Theoretiker und Aktivisten besondere Aufmerksamkeit, die ausdrücklich auf die Errichtung einer »islamischen Ordnung« hinwirken, die an die Stelle »unauthentischer« westlicher Modelle treten und kulturelle Authentizität, soziale Gerechtigkeit und kollektive Stärke gewährleisten soll. Im Zeichen der Globalisierung wird kulturelle Authentizität größer geschrieben denn je, und daher kann es vielleicht nicht erstaunen, dass Islamisten sich mehr für die Legitimität einer demokratischen Ordnung im Rahmen der eigenen religiös-rechtlichen Tradition als für deren Leistungsfähigkeit zu interessieren scheinen.

Sunnitische Islamisten von den ägyptischen Muslimbrüdern bis hin zu Anhängern der malaysischen PAS engagieren sich in erster Linie für die Durchsetzung der Scharia, der auf Gott zurückgeführten Rechts- und Werteordnung, die mit »islamischem Gesetz« nur unzulänglich beschrieben wird. Für die Begründung bürgerlicher wie politischer Rechte und Pflichten ergeben sich daraus weitreichende Konsequenzen, denn die Idee der Volkssouveränität, aus der sich diese Rechte und Pflichten ableiten ließen, hat in ihrer theozentrischen, auf Gottes Gesetz und Willen gegründeten Ordnungsvorstellung keinen Platz. Die Normen und Werte der Scharia bilden Fundament und Maßstab für individuelles Handeln und gesellschaftliche Ordnung. Die Form, die ein auf die Scharia gegründetes Gemeinwesen annimmt, tritt demgegenüber in den Hintergrund; die Wiedererrichtung des Kalifats, das 1924 in der Türkischen Republik abgeschafft wurde, ist nur noch Wenigen ein Anliegen. Die viel gebrauchte Formel, »der Islam ist Religion und Staat« (al-islam din wa-daula), bedeutet demnach nicht, dass der Islam eine bestimmte Staatsform diktiert, sondern dass er auch politisches Handel erfasst und normiert.

Kalifat und Scharia

Die Ausrichtung auf die Scharia lässt dem Wandel der gesellschaftlichen und politischen Verhältnisse mehr Spielraum als die Fixierung auf das Kalifat, erlaubt somit eine größere

Anpassung an unterschiedliche Bedingungen, ja selbst die Einbeziehung neuer, zunächst im nicht-islamischen Raum entwickelter Organisationsformen – solange sie sich im Rahmen der Scharia bewegen, die nach muslimischer Überzeugung von Gott gesetzt und von Menschen nur interpretiert bzw. »angewendet« wird.

Tatsächlich handeln die meisten Autoren die Institutionen und Verfahren politischer Ordnung recht knapp und allgemein ab. Bemerkenswert ist dabei allerdings ihr Beharren auf politischer Mitsprache und Kontrolle, die unverkennbar moderne Anliegen widerspiegelt und für die Koran und Sunna nur wenige Anknüpfungspunkte bieten.

Im Mittelpunkt steht das Prinzip der Konsultation (schura), das den Muslimen im Koran in allen Lebensfragen anempfohlen wird; freilich handelt es sich dabei um ein Verfahren, nicht etwa eine Institution. Dennoch setzen viele heutige Muslime Schura mit parlamentarischen Gremien gleich. Die parlamentarische Demokratie kann ihrer Meinung nach als eine zeitgemäße Form von Schura gelten, solange sie sich auf dem Boden des Islam bewegt. Wie sie im einzelnen organisiert sein soll, bleibt umstritten. Das Mehrheitsprinzip beispielsweise hat im Islam keine Tradition, wird von vielen heutigen Muslimen aber propagiert, solange die Mehrheit keine »islamwidrigen« Entscheidungen fällt. Eine Gewaltenteilung ist, zumindest durch Delegation der an sich unteilbaren Gewalt des Herrschers, auch nach klassischer Lehre möglich; sie wird von vielen Zeitgenossen befürwortet. Zwar gibt es nach islamischer Lehre streng genommen keine Legislative, da Gott ja die Normen, Werte und Gesetze des Lebens festgelegt hat und Menschen sie nur »anwenden«.

Recht und Verantwortung

Dies aber kann nach moderner Auffassung durchaus im Rahmen einer parlamentarischen Ordnung erfolgen, und zwar – das ist durchaus beachtenswert – durch gewählte Abgeordnete, nicht allein durch muslimische Religions- und Rechtsgelehrte (Ulama). »Gute Regierungsführung« gilt allgemein als hohes Gut. Die Mechanismen politischer Machtausübung, parlamentarischer Kontrolle und demokratischer Partizipation bleiben allerdings oft undeutlich; Funktion und Grenzen der Opposition werden selten systematisch durchdacht.

Grundsätzlicher ist die Auseinandersetzung mit der normativen Begründung einer »islamischen« wie einer demokratisch-pluralistischen Ordnung. Demokratie lässt sich ja nicht auf bestimmte Verfahren und Institutionen reduzieren (knapp gefasst: Pluralismus, Wettbewerb, Partizipation), sondern setzt gewisse Wert- und Rechtsvorstellungen voraus, die sich allerdings keineswegs nur auf christlich-abendländischem Boden entfalten können. Auch hier sind selbst in islamistischen Kreisen interessante Neuansätze zu verzeichnen. Rechtsstaatlichkeit, das wird sehr betont, ist im Rahmen einer islamischen Ordnung, die auf der Scharia ruht, grundsätzlich gewahrt; sie beinhaltet jedoch nicht zwingend bürgerliche Gleichheit und Freiheit. Die Idee der Menschenrechte wird zwar von vielen Musliminnen und Muslimen aus dem Koran abgeleitet, wo von der Würde des Menschen die Rede ist, der von Gott mit bestimmten Rechten und Pflichten ausgestattet ist. Die Freiheit und Autonomie des Individuums findet im göttlichen Gesetz jedoch ihre Grenzen, die im Bereich von Sexualität, Kunst und Wissenschaft besonders eng gezogen sind. Gravierend eingeschränkt ist auch die Religionsfreiheit (der Muslime!), denn der Abfall vom Islam (Apostasie) wird nach islamischem Recht mit zivilrechtlichen Sanktionen wie dem Verlust der Erb- und Testamentierfähigkeit, wenn nicht gar dem Tod bedroht.

Stärkere Betonung als die Freiheit des Individuums findet im allgemeinen seine Verantwortung: Gerade Islamisten appellieren eindringlich an die religiöse und gesellschaftliche Verantwortung der Individuen, die laut Koran als Stellvertreter (khalifa, dt. Kalif) oder Treuhänder Gottes auf Erden eingesetzt sind. Dieser Verantwortung bewusst, soll sich der Einzelne harmonisch in die Gemeinschaft einfügen; Individualismus ist aus dieser Sicht weder gefordert noch erstrebenswert: Gemeinnutz geht vor Eigennutz, und Individualismus, so meinen nicht nur Islamisten, gleitet allzu leicht in spalterisch-zersetzenden Egoismus ab.

Freiheit in Grenzen

Einen Pluralismus der Meinungen, Interessen und gesellschaftlichen Gruppen schließt das nicht aus. Die historische Bilanz fällt in dieser Hinsicht sogar sehr viel günstiger aus als im Falle Europas: Eine Verfolgung Andersgläubiger und religiöser Minderheiten, wie sie in Europa vom Mittelalter bis in die Moderne praktiziert wurde, blieb in der islamischen Welt die seltene Ausnahme. Einem Ausspruch des Propheten Muhammad zufolge bilden Meinungsunterschiede sogar eine »Gnade« für die Gemeinde – aber die Freiheit ist, wie angedeutet, nicht grenzenlos. Nach Meinung zeitgenössischer Autoren gilt die Rede-, Versammlungs- und Vereinigungsfreiheit »in den Grenzen des Islam«.

Deren Definition ist natürlich Ausdruck sozialer und politischer Machtverhältnisse. »Islamfeindliche« Kräfte schließt sie im allgemeinen aus. Über die Rechtsschulen hinaus, in denen sich das pluralistische Prinzip schon früh verfestigte, sind die unterschiedlichen Auffassungen und Auslegungen islamischer Werte und Normen in der Vergangenheit überdies kaum institutionalisiert worden.

Auch für die Gegenwart lehnen viele Islamisten politische Parteien ab; nicht umsonst meiden islamistische Gruppierungen im Allgemeinen die Bezeichnung »Partei« und nennen sich statt dessen »Gemeinschaft«, »Vereinigung« oder allenfalls »Front«. Das Ideal der Einheit der muslimischen Gemeinschaft bleibt – möglicherweise gerade wegen der real existierenden Vielfalt, die nicht immer spannungsfrei blieb – übermächtig.

Schwierige Gleichheit

Erhebliche Schwierigkeiten bereitet der Gleichheitsgrundsatz: Nach islamischer Lehre gilt die Gleichheit aller Menschen (zumindest aber der Gläubigen unter ihnen) zwar vor Gott, nicht aber vor dem Gesetz, wo Frauen und Nichtmuslime insbesondere im Ehe- und Erbrecht männlichen Muslimen nicht gleichgestellt sind. Nach vorherrschender Auffassung nehmen Mann und Frau komplementäre gesellschaftliche Rollen ein, wobei die Frau zunächst einmal Hausfrau und Mutter ist und weitere Aufgaben nur nach Erfüllung dieser Pflicht und mit Zustimmung ihres gesetzlichen Vormunds (üblicherweise des Ehemannes) übernehmen kann. Nichtmuslimen werden – und dies bricht mit klassischen Vorstellungen über den Status von »Schutzbefohlenen« (Dhimmis) in einer islamischen Gesellschaft – vielfach »gleiche Rechte und Pflichten« zugestanden, doch sollen sie von bestimmten Ämtern ausgeschlossen bleiben.

Traditionelle Konzepte

Dies gilt an erster Stelle für das Amt des Staatsoberhauptes, weil es die von den Muslimen dominierte Gemeinschaft repräsentiert, und das Richteramt, weil es die Scharia anwendet, der Nichtmuslime nicht in allen Belangen unterstehen. Das geht über traditionelle Konzepte von Toleranz hinaus, erfüllt aber nicht das Gleichheitsgebot. Zusammen genommen ergibt das ein uneinheitliches Bild: Im Bereich der »Techniken« politischer Organisation haben sich auch Islamisten deutlich über klassische Vorbilder hinausbewegt. Das Kalifat ist keineswegs mehr verbindliche Norm. Bei den »Werten« hingegen – und viele Muslime versuchen, zwischen Werten und Techniken zu unterscheiden – sollen Grenzen gewahrt bleiben, die als göttlich verfügt und daher unantastbar gelten. Das schränkt die Freiheits- und Gleichheitsrechte sowohl der Muslime wie der Nichtmuslime ein.

Natürlich werden die »göttlichen« Normen von Menschen interpretiert und umgesetzt, und natürlich werden diese Menschen von den gesellschaftlichen Verhältnissen geprägt, unter denen sie leben. Das gilt ganz selbstverständlich auch für Islamisten. Sie sprechen im Namen des Islam, besitzen jedoch kein Monopol auf seine Auslegung. Über das Verhältnis von Islam, Menschenrechten und Demokratie wird also weiter gestritten werden.

Bettina Gräf

Rechtsberatung per Telefon: »Frag' den Gelehrten«

Islam und Scharia: Populärer Rat und verbindliche Norm

Ein gut gekleideter Mann im mittleren Alter sitzt in seinem Kairoer Büro, den Telefonhörer am Ohr, den rechten Finger auf der Taste eines Rekorders. Er drückt, und wir hören die Stimme einer jungen Frau. Sie fragt, ob es erlaubt sei, die erste Mahlzeit des Fastenmonats Ramadan (iftar) im Haus der Freunde, die Christen sind, einzunehmen. Der Gelehrte Abd al-Muti Bayumi spricht mit ruhiger, jedoch eindringlicher Stimme in das Aufnahmegerät: »Sie können den iftar durchaus bei Ihren christlichen Freunden einnehmen, nur sollten Sie darauf achten, welches Essen zubereitet wird. Der Prophet selbst hat mit Christen und Juden das Essen geteilt, und der Koran sagt uns in Sure 5, Vers 5: ›Und was diejenigen essen, die die Schrift erhalten haben (gemeint sind das Alte und das Neue Testament – B. G.) ist für euch erlaubt, und was ihr esst, für sie‹.« Nachdem der Rechtsgelehrte seine Antwort beendet hat, geht er zum nächsten aufgezeichneten Anruf über. Zwischen 250 und 300 Frauen und Männer jeden Alters nehmen täglich die kostenpflichtige Dienstleistung »Wähl eine Fatwa« eines privaten Kairoer Unternehmens in Anspruch. Der Service besteht darin, dass sechs anerkannte Rechtsgelehrte der Azhar-Universität telefonisch islamische Rechtsgutachten (Fatwas) für anonyme Anrufer erstellen. Die beschriebene Telefonszene wäre vor nur 150 Jahren undenkbar gewesen. Nicht, weil es damals keine Telefone gab. Neu ist vor allem, dass eine Auskunft zu religiösen Pflichten im Islam als vermarktbares Produkt angesehen wird.

Rat aus dem Internet

Auch im Internet gibt es guten Rat. Unter www.islamonline.net – einer Adresse mit Sitz in Qatar – erscheint die Seite »Frag den Gelehrten«. Ahmad aus Pakistan, Ibrahim aus Ägypten, Layla aus den Vereinigten Staaten – sie alle haben Fragen zu religiösen, rechtlichen, sozialen oder politischen Themen, die sie per E-Mail unter freiwilliger Angabe ihres Namens und ihres Herkunftslandes stellen. Ahmad arbeitet bei einer Radiostation. Eine der Sendungen, die während des Fastenmonats laufen sollen, sei der bekannten Fernsehsendung »Wer wird Millionär« ähnlich. Er stellt die Frage, ob diese Sendung nach der Scharia erlaubt sei. Das verantwortliche Team der Internetseite bedankt sich für die Frage und stellt als Antwort eine Fatwa des zeitgenössischen Rechtsgelehrten Yusuf al-Qaradawi ins Netz. Der Gelehrte bezeichnet Sendungen, die Leute über nationale und internationale Telefonverbindungen anlocken und für eine bestimmte Geldsumme Fragen beantworten, als Glücksspiel, das nach dem Koran verboten sei. Sein für Netzverhältnisse relativ ausführliches Gutachten beinhaltet neben der Koransure 5,

Ein Drogenhändler wird öffentlich in der pakistanischen Stadt Karatschi mit einem Rohrstock ausgepeitscht. Die Auspeitschung gehört zu den drakonischen Strafen in einigen islamischen Ländern. Foto: Ullstein-Bilderdienst

Vers 90 (»Ihr Gläubigen! Wein, das Losspiel, Opfersteine und Lospfeile sind ein wahrer Gräuel und des Satans Werk. Meidet es! Vielleicht wird es euch dann wohl ergehen.«) auch folgendes Sprichwort: »Sei nie der Sklave der Hoffnung, denn Hoffnung ist das Kapital der Mittellosen.« Al-Qaradawi weist außerdem daraufhin, dass die meisten Anrufer das erträumte Geld nicht gewinnen würden und im übrigen die einzigen Gewinner die Telekommunikationsunternehmen und die Organisatoren der Sendungen selbst seien. Er schließt die Fatwa mit den Worten: »Hoffentlich wird Gott dich auf den rechten Weg führen und dich zu dem anleiten, was ihm gefällt.«

Die Kommunikationsmittel der Menschen ändern sich. Bleibt die islamische Rechtspraxis davon unberührt? Unwahrscheinlich! Sowohl das, was unter Scharia verstanden wird, als auch die Art, wie Recht in islamischen Ländern angewandt wird, wandelt sich, so wie es sich über Jahrhunderte gewandelt hat. Die entscheidenden Veränderungen in der jüngeren Rechtsgeschichte setzen im 19. Jahrhundert ein. Im Zuge von Kolonisierung und Protektoratsbildung ergänzten bzw. ersetzten die jeweiligen Regierungen das in den einzelnen Ländern angewandte islamische Recht durch säkulares Recht – vor allem in den Bereichen öffentliches Recht, Handels- und Strafrecht. In jedem Fall wurde bestehendes Recht nach europäischem Vorbild kodifiziert, d.h. die einzelnen Rechtsnormen wurden systematisch in staatlichen Gesetzestexten erfasst. Um Rechtsexperten für diese Art von Recht einsetzen zu können, entstanden neben den herkömmlichen Ausbildungszentren für islamische Rechtsgelehrte wie der Azhar-Universität in Kairo, säkulare Ausbildungszentren für Richter.

Bis heute können im wesentlichen zwei verschiedene Arbeitsfelder von herkömmlich ausgebildeten islamischen Rechtsgelehrten und damit zwei Anwendungsarten von Scharia unterschieden werden. Zum einen das rechtsgültige Urteil eines Richters (Qadi) an einem Scharia-Gericht und zum anderen unverbindliche Rechtsgutachten (Fatwa) eines Muftis. Scharia-Gerichte gibt es heute aufgrund der erwähnten Säkularisierungsprozesse nicht mehr in allen islamischen Ländern. In Ägypten wurden sie 1955 abgeschafft. In Saudi-Arabien, Jemen und Afghanistan – Länder, die nie von Europäern kolonisiert wurden – existieren sie weiterhin, jedoch in sehr unterschiedlicher und auch veränderter Form. Die Richter an familienrechtlichen Kammern jemenitischer Gerichte wenden beispielsweise die staatlichen Familiengesetze an und greifen erst bei Gesetzeslücken auf die tradierte islamische Rechtswissenschaft zurück.

Fatwa nicht bindend

Das Amt des Muftis und damit die Erstellung von Fatwas erfreut sich in allen islamischen Ländern ununterbrochen großer Popularität. Auf die eindeutige Anfrage eines Einzelnen (zum Beispiel: »Darf ich als Muslim eine Christin heiraten und wenn ja, sind die gemeinsamen Kinder Muslime?«) antwortet der Mufti mit einer Fatwa. Ein Mufti soll durch sein Wissen und seine religiöse Autorität idealerweise zwischen dem göttlichem Willen und den Muslimen vermitteln. Seine Auskunft ist in keinem Fall bindend wie das Urteil eines Richters und kann auch keine rechtlichen Schritte nach sich ziehen. Dies bedeutet z. B., dass die allgemein als Todesurteil übersetzte Fatwa ›gegen‹ den Autor der ›Satanischen Verse‹ Salman Rushdie aus dem Jahr 1989 keineswegs automatisch eine rechtliche Handhabe beinhaltete, die in islamischen Ländern durchsetzbar gewesen wäre.

Die Meinung eines Muftis dient vor allem der sozialen, rechtlichen und auch politischen Orientierung eines Muslims. Der Mufti gilt als Repräsentant der islamischen Norm, die – wie jede Norm – kontextgebunden ist. Dieselbe Anfrage kann zu einem anderen Zeitpunkt oder in einem anderen lokalen Kontext, der andere politische Umstände impliziert, völlig verschieden beantwortet werden. Anschaulich wurde dies während des zweiten Golfkrieges im Jahr 1991. Trotz der generellen Verurteilung der irakischen Invasion in Kuwait gab es unter Muslimen heftige Meinungsverschiedenheiten, ob die Stationierung amerikanischer und damit nichtmuslimischer Truppen auf der Arabischen Halbinsel erlaubt sei, was zu einer regelrechten Fatwa-Flut führte. Die Staatsmuftis von Saudi-Arabien, Syrien und Ägypten erklärten die Stationierung – ganz im Sinne der jeweiligen Regierungspolitik – für erlaubt. Unabhängige Muftis aus dem Sudan und dem Jemen, der Fatwa-Rat Jordaniens, der Mufti von Jerusalem, der Islamische Rat in Großbritannien sowie der Islamische Rat von Europa hielten die

Stationierung für nicht erlaubt. Begründet wurde dies vor allem mit dem unklaren Zeitrahmen der Operationen und den Zweifeln darüber, ob die Amerikaner bald wieder abziehen würden. Andererseits gab es auch regierungsunabhängige Muftis, die – zum Erstaunen mancher Islamisten – die Anwesenheit der amerikanischen Truppen in diesem Fall für notwendig und deshalb für erlaubt hielten.

Idealisierte Scharia

An diesem Beispiel wird deutlich, dass die unterschiedliche politische Positionierung von Rechtsgelehrten sowie ihre Eingebundenheit in staatliche Institutionen entscheidend für Inhalt und Bedeutung ihrer Fatwa sein kann. Ein anderer Aspekt ist die rasante Verbreitung der Print- und elektronischen Medien im letzten Jahrhundert. Die mediale Revolution führte zu einem enormen Anstieg der Zahl veröffentlichter Rechtsgutachten, vor allem in Zeitungen und Zeitschriften. Heute ist die Erstellung von Fatwas und somit die religiöse bzw. politische Beratung auf der Grundlage von Koran und Sunna mehr denn je ein wichtiger Bestandteil des gesellschaftlichen Lebens von Musliminnen und

Begriffe aus der islamischen Rechtsordnung

SHARIA: Unter Sharia versteht man eine Rechtsordnung, die auf Gottes Wort beruht. Sie leitet sich aus dem über den Propheten Muhammad offenbarten Koran und der Sunna (der überlieferten Taten und Auskünfte des Propheten) ab. Neben diesen beiden hauptsächlichen Quellen des islamischen Rechts entwickelten sich nach dem Tod von Muhammad der Konsens (Ijma) von Rechtsgelehrten (Ulama) sowie der Analogieschluss (Qiyas) zu legitimen Instrumenten der Rechtsauslegung. Die beiden letztgenannten Instrumentarien zeugen von der möglichen Beweglichkeit, die islamische Rechtsgelehrte bei der Interpretation von Sharia haben, wenn sie dazu einerseits von ihrer Ausbildung her in der Lage sind und andererseits die politische bzw. gesetzliche Situation ihnen diese Bewegungsfreiheit erlaubt. Seit dem 8. Jahrhundert wurden innerhalb der islamischen Rechtswissenschaft (fiqh) immer wieder Kompendien über Grundlagen und Anwendung von Sharia ausgearbeitet, auf denen das unterschiedlich angewandte Recht der einzelnen Regionen bis heute basiert.

ISLAMISTEN: Als Islamisten werden Muslime bezeichnet, deren politisches Ziel es ist, einen islamischen Staat ausschließlich auf den Grundlagen von Koran und Sunna zu errichten. Islamisten verschiedener Couleur von radikal bis liberal unterscheiden sich vor allem durch die Mittel, die sie in der politischen Auseinandersetzung einsetzen.

FATWA: Eine Fatwa ist ein islamisches Rechtsgutachten. Erstellt wird es von einem Gelehrten, der eine Ausbildung in der islamischen Rechtswissenschaft (fiqh) absolviert und sich die höhere Qualifikation der selbständigen Interpretation der Hauptquellen des islamischen Rechts angeeignet hat. Ein Gelehrter, der Fatwas erstellt, wird Mufti genannt.

Muslimen. Dies zeigt auch die hohe Frequentierung des telefonischen Services ›Wähl eine Fatwa‹ oder die zahlreichen Anfragen im Internet (www.fatwa-online.com oder www.islamonline.net).

Die richterliche Anwendung von Scharia an staatlichen Gerichten ist seit dem 20. Jahrhundert in den meisten islamischen Ländern im Vergleich zur Erstellung von Fatwas geringer ausgeprägt. Genau aus diesem Grund – und diese Entwicklung wird gemeinhin als Prozess der Kodifizierung und Säkularisierung des Rechts in islamischen Ländern beschrieben – gibt es von islamistischer Seite aus politische Bestrebungen, Scharia wie es heißt »wieder einzuführen«. Die Islamisten werfen den jeweiligen Staaten die Verunreinigung des islamischen Rechts vor, weil jene es in weiten Bereichen durch europäische Rechtsvorschriften ergänzten bzw. ersetzten. Der Begriff »Wiedereinführung von Scharia« ist jedoch irreführend, da es die Scharia historisch nie gegeben hat. Scharia ist immer eine Angelegenheit von Exegese und Interpretation durch politische, religiöse oder rechtliche Akteure. Zeitgenössische Islamisten idealisieren Scharia zum Zweck der politischen Auseinandersetzung. Sie propagieren einen islamischen Staat auf den Grundlagen dieser idealisierten Scharia.

Wie unklar und unterschiedlich islamistische Konzepte in der Praxis aussehen, ist in den Ländern sichtbar, wo Regierungspolitik von islamistischen Vorstellungen beeinflusst wird. Seit den 70er-Jahren des 20. Jahrhunderts gewannen islamistische Gruppierungen in der islamischen Welt an Stärke. In Ägypten wurde beispielsweise daraufhin unter der Präsidentschaft von Sadat 1980 der Verfassungstext so geändert, dass seitdem die Scharia als Hauptquelle der Gesetzgebung und Rechtssprechung bezeichnet wird. Was das genau für die Rechtsprechung bedeutet, wird von Fall zu Fall entschieden. In anderen Ländern bestimmen die Islamisten die Regierungspolitik ganz. In Iran, Libyen, Pakistan und im Sudan wird seit Ende der 70er- bzw. Anfang der 80er-Jahre offiziell Scharia praktiziert. Historische Ereignisse können jedoch nicht rückgängig oder ungeschehen gemacht werden. Deshalb gleichen diese Prozesse bisher in den meisten Fällen eher einer Einbindung von Elementen aus Koran und Sunna – beispielsweise aus dem Steuer- oder Familienrecht – in bestehende verwestlichte Rechtssysteme als der Durchsetzung einer islamischen Rechtsordnung in allen Bereichen.

Eindeutig ist die Funktion von Scharia in islamischen Ländern nicht. Wir erleben gerade in jüngster Zeit eine unüberschaubare und unkontrollierbare Verbreitung des Wissens vom Islam. Dieses Wissen ist nicht mehr notwendig an die renommierten religiös-rechtlichen Zentren, wie die Azhar-Universität in Kairo oder die Zaytuna-Universität in Tunis gebunden. Die Definitionsmacht darüber, was Islam und was Scharia sei, liegt nicht mehr nur in den Händen von Religions- und Rechtsgelehrten, sondern ebenso bei islamistischen Gruppierungen, islamischen Räten, Regierungen und unabhängigen Intellektuellen.

Selbsternannte Muftis wie der radikale Islamist Osama Bin Laden, der ohne eine religiöse oder rechtliche Ausbildung Fatwas erstellt und zur Durchsetzung einer islamischen Rechtsordnung aufruft, konkurrieren mit islamischen Rechtsgelehrten um religiöse Autorität und politischen Einfluss. Offensichtlich kommt es mehr denn je auf die Rezipienten der vielfältigen Informationen über den Islam, auf die Muslime selbst, an. Denn sie sind es, die sich aus dem breiten Angebot über die diversen Medien ‚ihren' Islam zusammenstellen. Dies gilt für Muslime in Amerika genauso wie für Muslime in Ägypten, für neu konvertierte Muslime ebenso wie für Anhänger des Netzwerkes von Osama Bin Laden.

Angela Grünert

Bis dass der Mann Euch scheide und Ihr auf jegliche Ansprüche verzichtet?

Islam und Eherecht: Tradition und Geld entscheiden über die Selbstbestimmung der Frauen

»Nichts wird mehr so sein wie es war!« titelte Ägyptens größte Tageszeitung al-Hayat an dem Tag, da das ägyptische Parlament mit einer Zweidrittelmehrheit für die Einführung eines neuen Familiengesetzes stimmte. Seit September 2000 ist den Ägypterinnen dadurch erstmals die Möglichkeit gegeben, von sich aus die Scheidung einzuleiten. Abenteuerliche Spekulationen über die aus dieser Neuerung zu erwartenden gesellschaftlichen Veränderungen beherrschten über Wochen nicht nur die Titelseiten der Zeitungen. Der hohe Preis, den man den Frauen für dieses Recht abverlangte, war dabei allerdings selten Thema. Bei Scheidungen nach diesem sogenannten khul'-Verfahren müssen die scheidungswilligen Frauen auf jegliche Ansprüche an den Ehemann verzichten und die vor der Hochzeit erhaltene Brautgabe, die mahr, zurückerstatten.

Die in weiten Kreisen der ägyptischen Gesellschaft äußert kontrovers und emotional aufgeladene Debatte über die Gesetzesreform ist weniger als Errungenschaft des beginnenden 21. Jahrhunderts zu betrachten, greift sie doch auf nahezu eineinhalbtausend Jahre alte Konzepte zurück, die auf der Scharia, einer auf dem Koran und der Prophetentradition gestützten Rechtsordnung, basieren, aber bislang den modernen Ägypterinnen vorenthalten wurden. Die meisten der arabischen und islamisch geprägten Länder, von denen selbst der Iran und Algerien fortschrittlichere Regelungen haben, verfolgten die ägyptische Debatte um das neue Familiengesetz mit dementsprechenden Befremden.

Statussymbol Brautgeld

Im islamischen Kontext ist die Ehe ein zivilrechtlicher Vertrag, für dessen Abschluss oder Auflösung bestimmte Vorraussetzungen erfüllt sein müssen. Die Brautgabe (mahr) ist der konstituierende Teil des Heiratsvertrages, ohne den die Ehe keine Rechtsgültigkeit erlangt. Die mahr war in ihrem Ursprung als finanzielle Absicherung der Frau konzipiert und besteht aus einem Betrag, der vor der Eheschließung vereinbart wird, wobei ein Teil bei der Hochzeit fällig wird – heutzutage in Form von Sachwerten wie Goldschmuck, einer Eigentumswohnung oder Möbel – und ein weiterer Teil, der für den der Ehescheidung, sozusagen als einmalige Unterhaltsabfindung notariell vereinbart wird. Es existieren keine Anhaltspunkte, in welcher Form und in welcher Höhe die mahr zu leisten ist, sie unterliegt der Verhandlung zwischen den Familien der Ehepartnern und häufig auch dem Zeitgeist. In vielen Regionen des Maghrib hat die mahr nur noch symbolischen Wert und ist, um der Form eines islamischen Ehevertrages wegen, auf Pfennigbeträge festgelegt.

In anderen Ländern müssen regelrechte Vermögen zusammengetragen werden, um eine Ehe anzubahnen. In den Vereinigten Arabischen Emiraten sind eigens staatliche Fonds eingerichtet worden, aus denen weniger wohlhabende Heiratswillige Unterstützung für ihre Vorhaben erwarten können. Häufig werden solche Heiratszuschüsse oder die Organisation von Massenhochzeiten von islamistisch orientierter Gruppierungen in die Wege geleitet, um auf diese Art und Weise neue Mitglieder für sich zu rekrutieren.

Auch in Ägypten wachsen die Ansprüche der Damen, beziehungsweise der Familie, die über eine entsprechend hohe mahr-Forderung ihren gesellschaftlichen Status definiert. Um die von der Familie einer adäquaten Heiratskandidatin als Sicherheitsgarantie erwartete Summe zusammenzutragen, sparen manche Männer nicht selten zehn bis fünfzehn Jahre. Häufig wird einem Geduldigen währenddessen die Angebetete von einem Geschäftstüchtigeren unter den Augen weggeheiratet. Ein Dilemma, das vor allem nicht allzu begüterte Künstler oder Freischaffende trifft, die dennoch Wert auf eine gebildete Partnerin aus einer angesehenen und entsprechend »teuren« Familie legen. Solche finanziellen Ansprüche einer Familie, die Liebende unterschiedlicher Klassenzugehörigkeit nicht zusammenkommen lassen, ist von der klassischen Literatur bis zur Gegenwart in Film und Schlager ein äußerst beliebtes Motiv, das zumindest in der Kunst, häufig als sozialkritisches Lehrstück konzipiert, nach Überwindung tausendundeiner Hürde am Ende doch noch zum Happyend führt. Auch im gegenwärtigen Iran ist es zur Mode geworden, dass Heiratwillige den zweiten Teil der mahr (die »Anti-Scheidungsgarantie) auf protzig hohe Beträge ansetzen, um damit das Ausmaß der nicht aufzulösenden Zuneigung zu demonstrieren und die Familie der Zukünftigen für sich einzunehmen. Eine Form von Romantik, deren Bumerang-Effekt zu jahrzehntelangen Scheidungsprozessen führte.

Je ärmer desto rechtloser

Umgekehrt geben in Ägypten und sicher auch in anderen Ländern kinderreiche arme Familien, ihre Töchter, insbesondere diejenigen die nicht im Teenageralter verheiratet werden konnten oftmals ohne Absicherung, beziehungsweise für eine nicht nennenswerte Brautgabe in die Ehe. Ein in den Armengebieten Kairos zunehmendes Phänomen, das bislang von der Öffentlichkeit als Tabuthema behandelt wird. Die Frauen in diesen Verbindungen stehen unter großem Druck, da die Ehe jederzeit und ohne Verpflichtungen auf Seiten des Mannes wieder aufgelöst werden kann. Viele dieser Verbindungen werden noch im Jahr der Hochzeit wieder geschieden, oder werden von Männern genutzt, um die Zeit der sexuellen Enthaltsamkeit zu überbrücken, bis genug Geld für eine lukrativere Partie angespart ist. Den solchermaßen von Familie und Ehemann verstoßenen Frauen bleibt oftmals nichts anderes übrig, als sich auf ähnlich schlechte oder noch schlechteren Bedingungen einer neuen Ehe einzulassen.

Bis zur Einführung der khul'-Scheidungverfahren hatten Äypterinnen bislang kaum eine Möglichkeit, ein zerrüttetes Bündnis zu verlassen. Allerdings stand ihnen schon immer das Recht zu, die Scheidung einzureichen, wenn sie nachweisen konnten, dass der Mann seiner Fürsorgepflicht nicht nachkam. So galten zum Beispiel auch Abtrünnigkeit des Mannes vom Glauben, ein längerer Gefängnisaufenthalt oder Impotenz, beziehungsweise sexuelle Vernachlässigung als legitime Gründe für die Forderung nach Auflösung der Ehe. Die schwierigen Auflagen, die zu erfüllen sind, um diese Gründe zu belegen, und vor allem der mühsame Weg durch den Dschungel der Institutionen gestalteten sich jedoch so langwierig und teuer, dass kaum eine Frau in der jüngsten Vergangenheit diesen nervenaufreibenden Weg bis zur erwünschten Freiheit erfolgreich hinter sich bringen konnte. Mit dem neuen Gesetz und der Einrichtung neuer Familiengerichte in mehreren Städten Ägyptens sind somit zumindest die Formalitäten der Scheidung für die Frauen vereinfacht worden. Bereits am Tag des Inkrafttreten stellten 40 Frauen entsprechende Anträge. Bald schon meldeten die Familiengerichte erste Überlastungen.

Schmach und Belastung

Die ersten erfolgreich geschiedenen Frauen mögen anderen positives Beispiel sein. Auf sie wartet jedoch keine grenzenlose Freiheit. Gesetzesreformen stoßen Transformationsprozesse in der Gesellschaft nur an. Auch nach den Reformen belegen Meinungsumfragen, dass einer Frau, die von sich aus auf Scheidung dringt, unterstellt wird, sie habe leichtsinnig und rücksichtslos der Familie gegenüber gehandelt. Nur vier Prozent von insgesamt 5 000 befragten Männern konnten sich vorstellen, eine Ehe mit einer auf eigenen Wunsch geschiedenen Frau einzugehen. Frauen, die keine neuen Partner finden oder keine neuen Beziehungen eingehen möchten, bieten sich außerhalb des Elternhauses, in das sie zumeist alleine schon aus finanziellen Gründen gezwungen sind zurückzukehren, keine anderen Lebensperspektiven. Nicht selten bekommen Frauen, die ihre traditionelle Dulderinnenrolle verlassen, die Enttäuschung der Eltern hart zu spüren. Eine geschiedene Tochter ist eine finanzielle Belastung und bringt Schmach über die gesamte Familie, die sich auch auf die Geschäftsfähigkeit des Familienunternehmens oder die Heiratschancen noch lediger Geschwister negativ auswirken kann. Die Städterinnen der oberen Mittelschicht, Akademikerinnen oder Frauen mit finanziellen Rücklagen können es sich noch am ehesten leisten, trotz gesellschaftlicher Ausgrenzungen, den unliebsamen Ehemann loszuwerden. Frauen aus dem traditionellen Umfeld tauschen mit der Rückgabe der mahr oftmals nur die restriktiv durchgesetzte Fürsorgepflicht des Ehemannes gegen die des enttäuschten, in seiner Ehre gekränkten Vaters oder des Bruders ein. Viele Frauen lässt diese Perspektivlosigkeit vor solch einer folgenschweren Entscheidung zurückschrecken. Wer den Schritt dennoch geht, hat oft keine andere Wahl gehabt.

Jeannette Goddar

»Was wir benötigen, ist ein Euro-Islam«

Interview mit der Ausländerbeauftragten Marieluise Beck

Marieluise Beck, 50, ist seit Oktober 1998 »Beauftragte der Bundesregierung für Ausländerfragen«. Migrationspolitik, Flüchtlingshilfe und Einwanderungsfragen zählen zu den thematischen Schwerpunkten der prominenten GRÜNEN-Politikerin, die erstmals 1983 in den Deutschen Bundestag gewählt wurde und dort mit Petra Kelly und Otto Schily zwei Jahre lang als Sprecherin der ersten GRÜNEN-Bundestagsfraktion agierte. Nach den Terroranschlägen vom 11. September plädierte sie nachdrücklich für eine differenzierte Sicht auf muslimische Organisationen in Deutschland, einen klaren, offenen Dialog zwischen der deutschen Gesellschaft und ihren muslimischen Mitbürgern sowie transparentere Möglichkeiten der Religionsausübung für Muslime in der Bundesrepublik.

Über 2000 Moscheen existieren in Deutschland. Kaum ein Nicht-Muslim weiß es, kaum einer kennt eine. Woran liegt das?

Beck: Daran, dass man sie nicht sieht. Der Bau einer Moschee ist immer noch ein Vorhaben, das in so gut wie jeder Gemeinde zu heftigen Kontroversen führt. Meistens werden unter der Hand Lösungen gesucht. Moscheevereine vermeiden, einen Bauantrag zu stellen, und widmen bestehende Räume zu sakralen Stätten um. So entstehen die so genannten »Hinterhofmoscheen«, die sich im Erdgeschoss von Hochhäusern oder in Durchfahrten verbergen. Diese Räume sind letztlich nichts anderes als der Beleg dafür, wie schwer wir uns damit tun, dem Islam einen geeigneten Platz zu geben. Wir verdrängen seine Symbole und machen uns überhaupt nicht klar, welche Missachtung ein solcher Umgang mit einer Religion darstellt. Stellen Sie sich vor, christliche Kirchen würden regelmäßig neben Spielhöllen und Bordellen platziert...

Nun befremden die Hinterhofmoscheen aber auch deswegen, weil nicht wirklich nachvollziehbar ist, was dort gepredigt wird. Gerade nach dem 11. September fürchten viele, dass dort zuweilen Propaganda betrieben wird, die sich offensiv gegen westliche Werte richtet und möglicherweise sogar zu Gewalt aufstachelt.

Beck: Ich halte es für eine unbelegte Behauptung, dass die Bevölkerung nach dem 11. September »dem Islam« skeptischer gegenübersteht als vorher. Im Grunde genommen glaube ich, dass wir alle wissen, dass die Muslime, die hier leben und sich mehr oder weniger stark mit ihrer Religion identifizieren, überhaupt nichts mit einer Terrororganisation wie der El Qaida gemeinsam haben.

Auch im deutschen Fernsehen waren Bilder aus Moscheen zu sehen, in denen die Anschläge in New York und Washington begrüßt, wenn nicht bejubelt wurden …

Beck: Ich rate dringend dazu, diese Berichte mit Vorsicht zu genießen. Im Einzelfall ist es längst nicht immer möglich, die Quellen, auf denen das Material basiert, nachzuvollziehen. In jedem Fall sollte man sich davor hüten, derartige Eindrücke zu verallgemeinern. Ich traue das aber der deutschen Bevölkerung auch zu: Natürlich weiß man nicht so genau, was in den Moscheen passiert – aber wer weiß denn in unserer säkularisierten Gesellschaft noch, was eigentlich in den Kirchen gepredigt wird?

Was seit der Debatte um das Zuwanderungsgesetz und die Sicherheitspakete aber auch jeder weiß, ist, dass der Verfassungsschutz bundesweit 31 000 radikale Islamisten beobachtet, darunter 27 000 Anhänger der »Milli Görus« …

Beck: Auch da muss man differenzieren: Im Verfassungsschutzbericht ist von 27 000 Anhängern der von selbigem beobachteten Milli Görus die Rede. Wissen Sie, wie viele Anhänger die PDS hat? Wir würden doch nicht auf die Idee kommen, aus der Tatsache, dass die PDS wegen ihrer »Kommunistischen Plattform« vom Verfassungsschutz beobachtet wird, den Schluss zu ziehen, sämtliche PDS-Anhänger seien verfassungsrechtlich bedenklich. Andererseits muss aber auch klar sein: Der Verfassungsschutz tut seine Arbeit völlig zu Recht. In der Tat gibt es von Deutschland aus Verbindungen einiger Moscheevereine zu Fundamentalisten in den Herkunftsländern, die beobachtet werden müssen. Das ist meiner Ansicht nach eines der Hauptprobleme des Islam in der Bundesrepublik: dass Muslime sich immer noch entlang ihrer Nationalitäten organisieren. So wird eine nicht wünschenswerte Verbindung von Politik und Religion geschaffen.

Wie wollen Sie dem – vom Einsatz des Verfassungsschutzes einmal abgesehen – begegnen?

Beck: Ich habe es immer – und zwar schon lange vor dem 11. September – für unabdingbar gehalten, dass es der Zuwanderungsgesellschaft gelingt, den Islam in bestehende politische und gesellschaftliche Strukturen zu integrieren. Was wir benötigen, ist ein »Euro-Islam«: eine Religion, die innerhalb der Bundesrepublik über eigene und nicht aus dem Ausland gesteuerte Strukturen verfügt. Auch für die deutsche Politik ist es enorm wichtig, dass es Ansprechpartner und Multiplikatoren gibt, die man bei allen Fragen von Moscheebau über Religionsunterricht bis zu der Einrichtung von Lehrstühlen für islamische Religion an deutschen Universitäten konsultieren kann.

Das würde voraussetzen, dass Muslime in Deutschland selber sehr viel stärker als bisher unabhängige Strukturen schaffen: Bisher ist eine der einflussreichsten Organisationen, die DITIB, eine Satellitenorganisation des türkischen Religionsministeriums, eine andere die bereits erwähnte Milli Görus. Beide können bei der von Ihnen geforderten »Einbürgerung des Islam« wohl kaum besonders weiterhelfen …

Beck: Richtig – auch wenn Milli Görus meiner Ansicht nach eine komplexere und vielschichtigere Vereinigung ist als gemeinhin kolportiert wird. In Bremen beispielsweise führt der Bürgermeister Hennig Scherf seit zwei Jahren einen ebenso offenen wie offensiven und produktiven Dialog mit der Fatih-Moschee, die unter der Ägide der Milli Görus gegründet wurde. Natürlich wird er massiv kritisiert, weil er Fundamentalisten den roten Teppich ausrolle. Andererseits ist dort auch deutlich geworden, dass es auch innerhalb der Milli Görus einen Reformflügel gibt, mit dem man sprechen kann – und vielleicht sogar sprechen muss, wenn man einen großen Teil der Türken in Deutschland erreichen will.

Wenn man Beobachtungen von Lehrern oder Sozialarbeitern, aber auch den Erkenntnissen mancher Jugendforscher Glauben schenkt, hat vor allem unter Jugendlichen, die hier geboren wurden, eine regelrechte »Re-Islamisierung« und damit auch eine verstärkte Hinwendung zu Vereinen wie der Milli Görus eingesetzt. Haben Sie dafür eine Erklärung?

Beck: Es gibt gerade in der zweiten und dritten Generation eine große Enttäuschung darüber, dass auch sie, die bereits in Deutschland geboren wurden, nicht als gleichwertige

Mitglieder der Gesellschaft behandelt werden. Das spüren sie, wenn sie eine Wohnung suchen, wenn sie sich um eine Lehrstelle bewerben, wenn sie in der Straßenbahn sitzen. Dann sagt eine Organisation: Kommt zu uns, hier seid ihr wer! Hier habt ihr euren Platz! Auch deswegen glaube ich, dass man sich um einen Dialog mit den Vereinen in denen die Jugendlichen Halt suchen, bemühen muss. Sonst verstärkt man das Gefühl des Ausgeschlossenseins nur noch.

Gibt es nicht außer der großen Gruppe der Desintegrierten auch eine kleine Gruppe, die man nicht integrieren kann – weil ihr Weltbild unserem Menschenrechtsverständnis widerspricht, weil sie zu Straftaten aufrufen?

Beck: Vieles, was in diesem Zusammenhang oft diskutiert wird, beispielsweise Zwangsheirat oder Genitalverstümmelung, sind eindeutig Fälle für die Sicherheitsbehörden und das Strafrecht und sollten auch als solche behandelt werden. Eine andere Frage ist die gern gestellte der »Integrationsfähigkeit«, also die, wie weit die Zuwanderer eigentlich im Stande sind, ihre Werte mit unseren kompatibel zu machen. Ich finde diese Diskussion etwas absurd, weil sie so tut, als wären Menschen nicht wandelbar. Gerade bei Jugendlichen können Sie doch nicht ernsthaft eine haltbare Prognose darüber abgeben, wie er oder sie sich über die Jahre entwickelt. Und wenn Sie einmal in türkische Gemeinden gehen, finden Sie bestätigt, dass sich dort weitgehend unbemerkt von der deutschen Mehrheitsgesellschaft heftige Auseinandersetzungen über die Frage abspielen, wie modern, offen, individualistisch und nicht-patriarchalisch man sein soll oder darf. Natürlich wird diese Diskussion zwischen der ersten und zweiten Generation ausgetragen – aber auch zwischen Männern und Frauen, die immer stärker auf ihr Selbstbestimmungsrecht pochen.

Sie betonen seit Ihrer Amtsübernahme, dass zu einer Integration beide Seiten gehören und dass sich die deutsche Mehrheitsgesellschaft bisher zu wenig mit dem Islam beschäftigt hat. Haben nicht auch die Kirchen versäumt, einen interreligiösen Dialog in Gang zu bringen?

Beck: Das tun sie längst! Sowohl die christlichen Kirchen als auch die jüdischen Gemeinden sind seit Jahren mit Vertretern des Islam in engem Kontakt. Und jenseits aller politischen Parolen und Debatten haben sie vor allem etwas ganz Schlichtes, aber ungeheuer Bedeutsames getan: Sie haben Begegnungen hergestellt. Das ist etwas, was in fast allen anderen Bereichen der deutschen Gesellschaft viel zu kurz gekommen ist.

JEANNETTE GODDAR

Religion und Sprache für die türkischen Kinder aus Neukölln

Islamunterricht in Deutschland: Was sollen 570 000 muslimische Schüler lernen?

Zweimal in der Woche geht Fatma nachmittags noch einmal zur Schule. Gemeinsam mit 15 Gleichaltrigen wird die Zehnjährige im Berliner Bezirk Neukölln von einem türkischen Lehrer unterrichtet: Dort lernt sie türkisch, verbunden mit Landes- und Staatskunde der Heimat ihrer Eltern und islamische Religion. Koransuren stehen auf dem Programm, aber auch Fragen des muslimischen Alltags: Was hat es mit dem Kopftuch auf sich, was mit dem Schächten, was mit dem Ramadan? »Religiöse Unterweisung muslimischer Kinder« heißt dieses Angebot unter Ägide der türkischen Botschaft – das deswegen von der Zielgruppe meist schlicht als »Konsulatsunterricht« bezeichnet wird. Die Lehrpläne werden in Ankara geschrieben, das Personal von den türkischen Behörden in der Regel für einen Zeitraum von fünf Jahren nach Deutschland entsandt. Und weil das so ist und die Lehrer sich in den seltensten Fällen mit den Lebenswelten jugendlicher Einwanderer auskennen, bekommen diese zuweilen statt Integration eine gehörige Portion türkischen Nationalismus mit; schließlich gehört das morgendliche Singen der Nationalhymne in der Türkei zum Alltag. Auch Fatmas Mutter ist nicht wirklich glücklich über das Konzept: »Aber was soll ich machen?«, fragt sie, »irgendwer muss unseren Kindern doch auch Religion und Sprache vermitteln.«

Ja, was soll sie machen? Sie könnte Fatma an einer von zwei Schulen, an denen die umstrittene »Islamische Föderation« seit diesem Schuljahr »Islamischen Religionsunterricht« anbieten darf, anmelden. Sie könnte ihre Tochter nachmittags zum Koranunterricht in eine Moschee schicken – was dort im Einzelfall gelehrt wird, ist aber oft noch undurchsichtiger als jeder in einem Schulgebäude angebotene Unterricht. Oder sie könnte darauf hoffen, dass das Konzept für einen staatlichen Islamkunde-Unterricht, das seit zweieinhalb Jahren in den Schreibtischen der Berliner Schulverwaltung ruht, eines Tages doch noch seinen Weg an Berliner Schulen findet.

Kein einheitliches Konzept

40 Jahre nachdem mit den Gastarbeitern aus der Türkei zum ersten Mal eine größere Gruppe Muslime nach Deutschland zog, ist man von einem Konzept, wie man mit den inzwischen 570 000 muslimischen Schülern umgehen soll, nach wie vor weit entfernt. Das geht schon damit los, dass sich die Praxis in den Bundesländern enorm unterscheidet: In insgesamt acht Bundesländern wird der Konsulatsunterricht ähnlich wie in Berlin durchgeführt; in Bayern ist die »religiöse Unterweisung türkischer Schüler muslimischen Glaubens« mit türkischen Lehrern und türkischen Lehrplänen ordentliches Lehrfach. In

Gläubige Moslems beim Freitagsgebet in der Mannheimer Moschee Yavuz Sultan Celim Canisi. Sie gehören zu den rund zwei Millionen Menschen moslemischer Religion in Deutschland.
Foto: Ullstein-Bilderdienst

Hamburg versucht man es mit dem interreligiösen »Religionsunterricht für alle«; in Nordrhein-Westfalen mit einem staatlichen Islam-Unterricht. Klassischen Religionsunterricht laut Artikel 7, Absatz 3 des Grundgesetzes zu erteilen, ist den Vertretern des Islam in Deutschland nach wie vor nahezu unmöglich. Das 1948/1949 verfasste Grundgesetz gesteht zwar Religionsgemeinschaften im allgemeinen das Recht zu, ihren Glauben zu unterrichten – die Definition einer Religionsgemeinschaft orientiert sich allerdings stark an der Organisationsstruktur der christlichen Kirchen.

Weil der Islam weder eine Kirche noch religiöse Bindeglieder zwischen Mensch und Gott wie den Papst oder die Bischofskonferenz kennt und Schiiten, Sunniten und

Alewiten außerdem weiter voneinander entfernt sind als Protestanten und Katholiken, bleibt den Muslimen vor deutschen Gerichten eine Anerkennung als Religionsgemeinschaft regelmäßig verwehrt. Die erste Ausnahme ist seit einem Entscheid des Bundesverwaltungsgerichts, das ihr »alle Merkmale« einer Religionsgemeinschaft attestierte, ausgerechnet die »Islamische Föderation in Berlin« (IFB), eine Vereinigung, der Kontakte zu der vom Verfassungsschutz beobachteten und als »islamistisch-extremistisch« eingeschätzten »Islamischen Gemeinschaft Milli Görus« nachgewiesen wurden. Seit September 2000 bietet die Föderation, die über ihre 25 Mitgliedsvereine nicht einmal annähernd die Mehrheit der 200 000 Berliner Muslime hinter sich wissen kann, in zunächst zwei Schulen Religionsunterricht an. Was in dem Unterricht genau passiert, ist der Öffentlichkeit nicht zuletzt dank der wenig besucherfreundlichen Politik der Föderation weitgehend unklar. Fest steht aber, dass in der Berliner Schulverwaltung noch kein Lehrplan so gründlich studiert und nur annähernd so oft zurückgewiesen wurde wie der der IFB. Obwohl Religionsunterricht in Berlin laut »Bremer Klausel« des Grundgesetzes wie in Bremen kein ordentliches Unterrichtsfach ist, müssen die Curricula von der Bildungsbehörde abgesegnet werden – und so kann man wohl damit rechnen, dass ausgerechnet der Unterricht einer islamistischen Gruppierung geradezu vorbildhaft tolerant sein dürfte.

In anderen Bundesländern hatten Vertreter des Islam weniger Erfolg: Im September 2001 wurde ein entsprechender Antrag der »Islamischen Religionsgemeinschaft Hessen« zurückgewiesen. Im November wies das Verwaltungsgericht Düsseldorf eine Klage des Zentralrats der Muslime und des Islamrats zurück. Beide Landesregierungen begrüßten die Urteile. In Nordrhein-Westfalen signalisierte Bildungsministerin Gabriele Behler nach dem Urteil aber auch, islamischen Religionsunterricht prinzipiell fördern zu wollen: Sie forderte nicht nur die beiden Kläger, sondern auch alle anderen islamischen Organisationen auf, sich an einen Runden Tisch zu setzen und an einem gemeinsamen Konzept zu arbeiten. Es gehöre zum schulischen Auftrag, »jungen Menschen islamischen Glaubens eine religiöse Bildung über den Islam zu vermitteln«, so Behler. Eine »Aufsplitterung« auf eine Vielzahl von Religionsgemeinschaften sei aber »vom Verfassungsgeber nicht gewollt und auch nicht durchführbar.«

Modellversuch NRW

Nordrhein-Westfalen ist bisher aber auch das einzige Bundesland, in dem muslimischen Schülern von staatlicher deutscher Seite ein Angebot gemacht wird: Es heißt, unter sorgfältiger Vermeidung des Begriffes »Religion«, für die der Staat laut Grundgesetz nicht zuständig ist, etwas umständlich »Islamische Unterweisung auf Deutsch als eigenständiges Unterrichtsfach« und wird seit dem Schuljahr 1999/2000 an 24 Schulen des Landes in einem Modellversuch erprobt. Das Fach soll den Schülern einen Einblick in Grundfragen des Islam zu geben, aber auch die Lebenswelten der Kinder, die in zwei Kulturen aufwachsen, aufgreifen. Unter dem Motto »Alltag in Deutschland« stehen Themenblöcke wie »Arbeit und Freizeit«, »Ich lebe in einer islamischen Familie« oder »Alkohol und Drogen« auf dem Programm; parallel religiöse Themen wie »Die letzte Pilgerfahrt« oder »Islam: Einheit in Vielfalt«. Die Lehrmaterialien wurden vom Landesinstitut für Schule und Weiterbildung in Soest entwickelt – allerdings mitnichten in Eigenregie: Insgesamt, so erklärt man dort, seien von Nordrhein-Westfalen über Ankara bis Kairo fast 60 Experten, fast ausnahmslos Muslime, unter ihnen diverse islamische Theologen, an der Konzeption beteiligt gewesen. Die vom Land Nordrhein-Westfalen eingestellten Lehrer sind muslimischen Glaubens. Zur Qualifizierung für den Unterricht haben sie einen einjährigen Fortbildungslehrgang absolviert. Perspektivisch ist vorgesehen, an einer der Universitäten des Landes ein Lehramtsstudiengang für islamische Religionslehre einzurichten.

Sollte der Runde Tisch der Islam-Vertreter zustande kommen und mit ihm demnächst auch in NRW regulärer islamischer Religionsunterricht Einzug halten, wird man sehen, welches der Angebote Eltern wie Schüler bevorzugen. Fest steht jedenfalls eines: In Düsseldorf sieht man dem Einzug des Koran an den Schulen des Landes weitaus gelassener entgegen als anderswo – gerade weil es gelungen ist, ihm ein staatliches Angebot entgegenzusetzen.

Annette Rollmann

Comic und Koran in Berliner Moscheen – für junge Leute kein Problem

Islam in Deutschland: Alltagskultur und strenge Lehren bilden einen nicht ganz unproblematischen Gegensatz

Über die Lautsprecher der Moschee im ersten Stock des Siebziger-Jahre-Funktionsbaus in Berlin-Kreuzberg plärren die Stimmen von Izzy, Tai und Mimi. Das sind die Nachfolger der Pokemons, die Digimons. Kleine Monster, mit denen sich die Kids verteidigen können, gegen das Böse in der Welt. Die Kinder sitzen vor dem Videorekorder auf dem dicken, plüschigen Teppich des kahlen Raumes. Sie haben dunkle Haare, dunkle Augen und sind gebannt wie alle Kinder dieser Welt, wenn westliche Comic-Macher mit »Zack« und »Wumm« Geschichten erzählen. Es ist Koranstunde. Und dazu gehört es, etwas über die »anderen« und ihre Kultur zu lernen, zu verstehen, wie die westliche Welt denkt, wertet und überlebt. Der Koranlehrer aus der Türkei blickt freundlich und lächelt viel. Er kann kein Deutsch, aber er will das »Fremde« zeigen, wie jemand übersetzt. Weil es gut ist? Weil es schlecht ist? Er lächelt, er verstehe die Frage nicht. Aber es ist auch eine Antwort darauf, dass solche Fragen, sagen wir, nicht gerne gesehen sind. Auffallen will spätestens seit dem 11. September niemand mehr. Manche vermuten, dass die Muslime in Deutschland nun zu Unrecht marginalisiert werden. Andere werfen den deutschen Behörden und der Politik Blauäugigkeit vor. Wie fundamentalistisch geht es in den Moscheen in Deutschland zu? Werden hier Gedanken gehegt, die mit westlichen Demokratien unvereinbar sind?

Die Mevlana Moschee in Kreuzberg ist eine von rund dreißig Moscheen in Berlin, mitten im Kreuzberger Kiez, am berüchtigten sozialen Brennpunkt Kottbuser Tor. Nur ein kleines Schild weist auf die Stätte Allahs hin. Wer sie finden will, muss sie kennen. An jedem Freitag, dem höchsten Feiertag der Muslime während einer Woche, treffen sich hier bis zu 1 000 Gläubige. In Strumpfsocken stehen sie in Reihen nebeneinander, werfen sich auf die Knie: Allahu Akbar, Allah ist groß, beten die Gläubigen. Der Imam spricht auf arabisch vor. Die Männer haben Bärte, tragen gehäkelte Käppis, knielange schlichte Mäntel. Beige und grau bestimmen das Bild. Die Moschee ist ein Raum, der durch Jalousien unterteilt ist. Kein Prunk ziert ihn. Der heilige Ort ist aber auch ihr sozialer Lebensmittelpunkt. Nach dem Gebet sitzen sie in kleinen Gruppen auf dem Flausch-Teppich, unterhalten sich. Im Nebenraum gibt es schwarzen Tee in kleinen Gläsern. Der Karton mit Zucker geht reihum. Jeder nimmt sich.

Der Fleißige

Viele der Gemeindemitglieder gehen bei solchen Gelegenheiten auch zu Talip Caliskan, dem Leiter der Sozialbereichs. Caliskan heißt auf türkisch fleißig, erzählt der kleine drahtige Mann stolz. Mit klaren und wachen Augen mustert er jeden, der in sein Büro gegenüber der Moschee kommt. Oft sitzen sechs, sieben Männer auf den Stühlen vor seinem Schreibtisch und warten geduldig, bis sie an der Reihe sind. Frauen sieht man dort selten. Die meisten sprechen nicht deutsch und sind mit den einfachsten Behördendingen überfordert. »Ich muss beim Ausfüllen der Papiere behilflich sein«, sagt der 37-Jährige, der mit 14 Jahren nach Deutschland kam. Auch er radebrecht.

Talip Caliskan ist wie die anderen gläubiger Muslim. Natürlich ist er, wie er beteuert, dafür, dass alle Religionen friedlich zusammenleben Für ihn hat ein »Terrorist auch keine Religion«, aber auf der anderen Seite glaubt er: »Amerika macht viele Fehler.« Er glaubt nicht, dass der Drahtzieher der Anschläge vom 11. September Osama Bin Laden war. Viel zu schnell sei der Name von den Amerikanern genannt worden. Es gebe bis heute keine

Milli Görüs

Milli Görüs ist mit rund 27 000 Mitgliedern die größte islamische Vereinigung in Deutschland. Die Diener Allahs werden regelmäßig vom deutschen Verfassungsschutz beobachtet und als »extremistisch« eingestuft. Zu ihren Zielen gehört laut Verfassungsschutzbericht des Freistaates Sachsen »die Abschaffung der laizistischen Staatsordnung und die Errichtung eines islamischen Staates in der Türkei. Über eine auf den Koran fußende islamische Rechtsordnung wird eine weltweite Islamisierung angestrebt.« Die Trennung von Staat und Religion hatte der einstige türkische und westlich orientierte Staatsmann der Türkei, Atatürk, bei der Gründung der türkischen Republik 1923 eingeführt. Im Verfassungsschutzbericht 2000 heißt es, dass sich die IGMG in »letzter Zeit in ihren offiziellen Verlautbarungen zwar positiv zu den Grundprinzipien der westlichen Demokratien«, äußert, gleichwohl ist sie einer Ideologie verbunden, »die durch Ablehnung des Wertekanons und des Demokratieverständnisses der westlichen Zivilisation, einen religiös begründeten türkischen Nationalismus sowie durch Antizionismus und Judenfeindlichkeit geprägt ist.«

Ein Funktionär beschreibt die Ziele wie folgt: »Uns reicht nicht nur unsere eigene Befreiung. Wir setzen uns für die Befreiung der ganzen Menschheit ein und sind die Vertreter einer Gesellschaft, die vor keiner Selbstlosigkeit scheut ... Die Befreiung der Menschheit, ihr Wohl und Glück sind über den Koran möglich.«

Die Wissenschaftlerin Spuler-Stegemann, die an der Universität Marburg türkisch und Religionsgeschichte lehrt und zudem das Standardwerk »Muslime in Deutschland« verfasst hat, schrieb vor einem gutem Jahr zu dem Phänomen in der tageszeitung: »Milli Görüs bekennt sich zwar nach außen hin zu Deutschland, erzieht aber ihre Jugend – auch bei ihren voll und ganz auf das Herkunftsland ausgerichteten Großveranstaltungen – zu islamistischen Türken. So fördert sie eine ethnische Gettoisierung, die eine Integration in unserer Gesellschaft behindert.« Die verschiedenen Organisationen offenbaren zudem oftmals nicht ihr wahres Denken, und suchen zu verharmlosen. Spuler-Stegemann: »Wir haben es heutzutage mit universitär gebildeten Führungspersonen der diversen islamischen Organisationen zu tun. Sie haben gelernt, die westlichen Bedürfnisse nach Dialog nicht zu akzeptieren, sondern diese zu instrumentalisieren; und sie wissen nur allzu gut, was wir hören wollen.«

Beweise für seine Täterschaft. Vielmehr, so ist er sich sicher, habe der amerikanische Geheimdienst die Anschläge zusammen mit arabischen Terroristen koordiniert. Schließlich, sagt er ernst, ist Afghanistan ein sehr reiches Land an Bodenschätzen. Dort gebe es riesige Gasvorräte, und die USA hätten nur einen Vorwand gesucht, um das Land zu okkupieren. »Aber wenn es gegenteilige Beweise geben wird, werde ich meine Meinung ändern«, sagt er und lächelt. Er hält sich Optionen offen. Scheinbar. Hört man dem »Fleißigen« zu, ist von Demokratie die Rede, davon, dass sich die Menschen ihre Meinung selber bilden sollen. Und auch seine Ansichten zu den Gastarbeitern und des Wiederzunehmens der Religion sind plausibel. Die erste Generation der Gastarbeiter, die in der Türkei relativ arm gewesen sind, erzählt er, haben ihr Heil im Geldverdienen gesucht und sich auf weltliche und westliche Ziele konzentriert. »Erst kam der Wohlstand in Deutschland, dann wurden Wochenendhäuser in der Türkei gekauft und dann in Istanbul.«

Der Imam

Aber die Menschen hätten keinen Frieden gefunden, kein Zuhause mehr gehabt. »Sie haben geglaubt, die Überlegenheit des Westens habe etwas mit der Religion zu tun, dann haben sie bemerkt, dass Wohlstand keine Frage der Religion ist, sondern lediglich des Fleißes«, sagt Caliskan. Der Behauptung, bei den Muslimen habe sich der Glaube insgesamt wieder verstärkt, widerspricht er: »Sie haben den Glauben und damit sich selbst wiedergefunden«, heißt seine Antwort.

Caliskan ist schlau. Er weiß das, und er weiß, was der Westen hören will. Die Herstellung der Verbindung der Moschee zu Milli Görüs (IGMG) gehört nicht dazu. Milli Görüs ist die größte islamische Organisation in Deutschland und wird regelmäßig im Verfassungsschutzbericht erwähnt und als extremistisch eingestuft. Kein Trachtenverein auf muslimisch. Sie soll laut Experten auch die Islamische Föderation beeinflussen, zu der auch die Mevlana Moschee gehört. Taschen der IGMG stehen auch in den Büros der Moschee herum, Karten hängen an der Wand. Caliskan hingegen wiegelt ab: »Ach wo, Milli Görüs organisiert zum Schlachtfest, dem größten muslimischen Feiertag nach dem Ramadan, die Verteilung der Gaben. Früher waren es Schafe, heute ist es Geld.« Und auch der Imam der Moschee,Yakup Tasci, spielt die politische Bedeutung von Milli Görüs herunter: »Das ist ein Wohltätigkeitsverein«, sagt er mit sanfter Stimme und lässt die Arme sinken, als wolle er beruhigen.

Schließlich erzählt der Imam dann doch, dass seine Moschee mit Milli Görüs Pilgerreisen nach Mekka oder andere »Kulturreisen« unternimmt. Überhaupt soll der Imam der Moschee im Gründungsvorstand von Milli Görüs vertreten sein, wie die »Berliner Zeitung« recherchiert hat. Was er von der Organisation hält? »Das möchte ich für mich behalten«, sagt der Imam, der weit über seine Gemeinde hinaus Anhänger in Berlin hat, die zum Freitagsgebet kommen. Er befasse sich mit den Alltagssorgen der Menschen und kenne auch das Berufsleben.

Der Islamgelehrte, der in Damaskus und in Jerusalem an der berühmten al-Aksa-Moschee, neben dem Felsendom die wichtigste und heiligste Stätte der Muslime, ausgebildet wurde und selbst aus Anatolien stammt, lebt schon seit 1970 in Deutschland. Zunächst verdiente er sein Geld als Arbeiter bei Siemens, bis er 1978 Imam der Moschee wurde. Er spricht nur gebrochen deutsch und gibt sich höflich, aber distanziert. Weltlich gekleidet, macht der 56-Jährige den Anschein eines

Türkische Frauen mit Kopftüchern und Kinderwagen an einer Verkehrsampel in der Karl-Marx-Straße im Berliner Stadtbezirk Neukölln. Die türkische Bevölkerung der Hauptstadt lebt vor allem in Neukölln, Kreuzberg und Wedding und stellt dort einen hohen Anteil der Bewohner. Foto: Ullstein-Bilderdienst

aufgeklärten Gelehrten. Der Bart ist gestutzt, die Kleidung westlich, eine typische Anzughose, dazu ein Pullover in gedeckten Farben. Er betreibe die Auslegung des Islam streng nach dem Koran, sagt er. So sei für ihn das Trinken von Alkohol verboten, auch wenn zum liberalen Religionsverständnis in der Türkei selbst das Rakitrinken gehört. In der Mevlana Moschee wird das anders gesehen. Man gibt sich streng, aber will nicht dogmatisch sein. Frauen seien zwar verpflichtet, ein Kopftuch zu tragen, »aber meine Frau darf es selbst aussuchen, wie ihre Kleidung überhaupt«, sagt er und findet sich großzügig. Auch betont er, dass kürzlich bei der Hochzeit seines Sohnes Frauen und Männer gemischt an der Festtafel saßen. »Da sehen Sie, ich erlaube viel«, sagt der Imam über sich selbst. Doch die Grenzen sind klar: Mit einem fremden Mann zu tanzen, sei den Frauen verboten. Selbst wenn es der Bruder des Ehemannes ist.

Auf der Straße vor der Mevlana Moschee eilt eine elegante Frau mit Kopftuch die Treppen hoch. Sie will beim türkischen Frauenarzt ein Rezept abholen und dann noch einkaufen. »Kosmetika«, wie sie erzählt. Die Frau, wir nennen sie Ayse, da sie ihren wahren Namen nicht in der Zeitung lesen will, hat viele Jahre in Berlin gelebt. 1994 ist sie zusammen mit ihrem Mann und ihren drei Kindern in die Türkei nach Antalya zurückgegangen. »Die Wessis haben an allem rum gemotzt wie immer, und die Ossis haben uns diskriminiert«, sagt die 46-Jährige und holt aus einer eleganten Tasche Zigaretten. Sie raucht »Eve«, wie die Frau von Welt. Sie kommt öfters nach Berlin, um hier einzukaufen. Gern erzählt sie: Sie sei privilegiert, habe eine Putzfrau und lebe in einem schönen Haus. Wie alle anderen Frauen veranstalten sie reihum fast jeden Tag ein Treffen. »Dort wird zusammen gekocht und gebacken, und natürlich über die, die nicht da sind, gelästert.« Sie lacht und zieht vergnügt an ihrer Zigarette.

Die 46-Jährige ist ungeschminkt, und das wirkt eigentümlich: Zu einer so eleganten Erscheinung erwartet man Lippenstift und rote Fingernägel. »Naja, früher war ich anders. Bestimmt freier als die meisten deutschen Frauen. Ich habe in Grillrestaurants und in Diskotheken gearbeitet und sehr gutes Geld verdient. Dann bin ich gläubig geworden.«

Wie viele andere auch, sagt sie, habe sie Halt gesucht. »Die ganze islamische Welt hat zum Glauben zurückgefunden«, meint sie, und deshalb sei es auch verlogen, von multikultureller Gesellschaft zu reden. »Es geht hier um einen Krieg der Religionen.« Ihr Ausdruck ist bestimmt, und das Geplapper von eben über Backen und Kosmetika weicht einer Unabdingbarkeit: »Wer ist der Terrorist? Bin Laden, ja, aber Amerika ist der Terrorist Nummer 1«, ist sie überzeugt. Und: »Die westeuropäischen Länder sind seine Marionetten.« Die Bombardierung Afghanistans sei ein Angriff auf den Islam. Nichts anderes.

Dann erzählt sie wieder davon, wie nett es war in Deutschland, wie gerne sie hier zur Schule gegangen sei, und schließlich im besten Soziologendeutsch: »Ich bin hier sozialisiert.«

Das Handy bimmelt. Sie nimmt das Gespräch an. Antwortet kurz auf türkisch. Legt auf. Nahtlos schließt sie an: »Was glauben Sie, warum Bin Laden gegen die westliche Welt agiert? Er braucht kein Geld. Das hat er. Er braucht keine Macht. Die hat er. Er muss nicht um Ansehen in der islamischen Welt kämpfen. Das hat er. Bin Laden geht es um die islamische Sache.«

Es gehe um Überzeugung und die Palästinensischen Gebiete. Und Terror sei nun mal Terror. Das sei das Gleiche wie mit einem ungezogenen Kind. Das könne man auch nicht plötzlich wieder zu einem lieben braven Kind machen. Natürlich dürfe man auch laut Koran nicht stehlen und töten. »Aber wissen Sie, Allah verzeiht uns alles.« Im »Deutschsprachigen Muslimen-Kreis« in Berlin-Wedding gibt es die Sprachprobleme auch, aber nur für manche Frauen.

Die deutsche Muslima

Die Muslima, die hier auf der frischen grünen Auslegeware der Moschee sitzen, kommen aus der ganzen Welt, aber auch aus Deutschland. Ihre Kleidung unterscheidet sich nur in Nuancen von der anderer Muslima, die alle weite Gewänder und Kopftücher tragen. Die Frauen bleiben unter sich, die Männer sieht man lediglich durch eine Pergola. Auch hier sind die Gläubigen zum Freitagsgebet gekommen. Die deutschen Muslima sind meistens berufstätig, eine ist Lehrerin, eine andere arbeitet im Sozialamt, eine dritte ist Erzieherin. Sie sind freundlich, aufgeschlossen, müssen die kulturelle Brücke nicht schlagen.

Alle Fragen, die an sie gerichtet werden, haben sie sich selbst irgendwann mal im Laufe ihres Lebens gestellt, bevor sie zum Islam übergewechselt sind. »Ich wollte ein Zeichen der Solidarität setzen nach den Anschlägen«, sagt eine frisch Konvertierte. Ihr Mann, ein Kurde, der ebenfalls Muslim ist, war von dem Übertritt seiner Frau überrascht Er habe gefrotzelt, sie wolle wohl nicht als Ungläubige sterben, wenn der Islam siege. Die 40-Jährige hingegen nimmt ihren Religionsübertritt sehr ernst, fühlt sich wohl in der Runde der Frauen, die sie angenommen haben. »Nach den Anschlägen wollte ich beten«, erzählt sie mit weicher Stimme. »Aber ich fand keinen Ort. Die christlichen Kirchen sind anonym, man findet niemanden, mit dem man reden kann, eine Gemeinschaft gibt es dort kaum noch.«

Und damit ist sie ähnlich heimatlos gewesen wie die, von denen Hakki Keskin gesprochen hat. Und eine andere berichtet, dass sie nun endlich da angekommen sei, wo sie sich immer hingesehnt hat. »Es ist der Schutz in der Gruppe. Für mich ist der Islam das Schöne, das Süße«, sagt sie und nimmt dafür auch in Kauf, dass sie jetzt als Frau Einschränkungen hinzunehmen hat, die sie als Deutsche bisher nicht kannte. Sie zupft unwillkürlich an ihrem Kopftuch. »Wenn ein Freund meines Mannes bei uns klingelt und mein Mann nicht da ist, darf ich ihn nicht in die Wohnung lassen. Daran musste ich mich erst gewöhnen«, gibt sie offen zu.

Die Kinder, die in der Mevlana Moschee Video schauen, kennen die Digimons, Jeans und moderne Technik, westliche Kultur. Und sie kennen den Argwohn gegenüber dem Westen, in dem sie aufwachsen, zur Schule gehen und oft genug nicht ankommen. Sie werden sich später entscheiden: Dagegen, dafür oder für beides: Comics und Koran. Jetzt haben sich die Schüler der großen Menge der gläubigen Männer angeschlossen. Die Stimme des Imam dringt mit Hilfe eines Verstärkers durch den Raum. Der Nachhall am Verstärker ist hochgedreht. Wenn man die Augen schließt und dem Gesang und den Gebeten lauscht, glaubt man in einer großen Moschee im Orient zu sein, einem hohen Raum, steinern, alt, mächtig. Die Menschen sind versunken. Sie beten, sie stehen auf, sie knien, sie verneigen sich gen Mekka: Allahu Akbar. Allah ist groß. Der Islam ist überall. Auch in Berlin.

Integration und Islamismus

Ist die Gläubigkeit von Muslimen, die in einer fremden Gesellschaft nicht viel Halt finden, ein Einfallstor für Fundamentalismus? Der Bielefelder Soziologe Wilhelm Heitmeyer sieht darin einen Zusammenhang. Bei einer Untersuchung von türkischen Jugendlichen in der Bundesrepublik erkannte er bei 54 Prozent aller Befragten einen islamisch-zentrierten Überlegenheitsanspruch und bei immerhin 27 Prozent eine Zustimmung zu gewaltorientierter politischer Instrumentalisierung der Religion. Und auch der Vorsitzende der Türkischen Gemeinde in Deutschland, Hakki Keskin, beschreibt eine Zunahme der Gläubigkeit, die zumindest vereinzelt fundamentalistische Tendenzen fördern könnte. Keskin: »Die Menschen warten vor der Tür der Gesellschaft.« Man müsse die Türken und andere Gruppen endlich als gleichberechtigte Staatsbürger aufnehmen, schließlich würden sie auch ihre staatsbürgerlichen Pflichten erfüllen. Keskin klagt auch darüber, dass von den Angehörigen der dritten Generation der Türken in den Ballungsgebieten 42 Prozent kein Deutsch sprechen. Zudem gebe es immer wieder das Phänomen, dass die Ehepartner nicht unter Türken in Deutschland gesucht werden, sondern in der Türkei. Deshalb findet es Keskin gut, dass künftig Sprachkurse für Einwanderer obligatorisch sind, obwohl er mit vielem, was Bundesinnenminister Otto Schily in seinem Einwanderungsgesetz vorgelegt hat, nicht übereinstimmt. Aber man dürfe nicht vergessen, dass speziell der Islam in der Türkei sehr liberal sei. »Es wird Alkohol getrunken und es gibt auch keine Tradition, die Hand abzuhacken, wenn jemand gestohlen hat.«

BARBARA MINDERJAHN

Cem-Häuser statt Moscheen und Beten zum Nachbarn statt gen Mekka

Türkei: Diskriminierungen der Alewiten wegen deren anderen Islamverständnis

Wer eine sunnitische Moschee kennt und zum ersten Mal das Gebetshaus der Alewiten, ein sogenanntes »Cem-Haus« betritt, sieht auf den ersten Blick einen der wichtigsten Unterschiede zwischen diesen beiden Glaubensrichtungen des Islam: Während die Gläubigen in einer Moschee ihre Gebete in Richtung Mekka sprechen, sind die Reihen eines »Cem-Hauses« kreisförmig angeordnet. Die Sunniten beten nach Mekka, die Alewiten schauen sich beim Beten gegenseitig an. Öznur, die 25jährige Journalistin eines alewitischen Radiosenders in Istanbul, erklärt, welche Überzeugung dahinter steht: »Allah ist in jedem von uns. Indem wir uns gegenseitig anbeten, beten wir Allah an.« Im Alewitentum steht der Mensch im Zentrum des Glaubens. Er ist kein Sklave Gottes, sondern mündig und eigenverantwortlich. »Und das ist auch der Grund, warum bei uns Frauen und Männer gleichberechtigt sind. Bei den Sunniten beten Männer und Frauen getrennt. Bei uns beten alle zusammen.«

Vor allem weil das Alewitentum eine dem Menschen zugewandte Religion ist und sie untereinander prinzipiell gleich stellt, hält Öznur ihren Glauben für moderner und besser als das Sunnitentum. Darüber hinaus sei er möglicherweise sogar der einzige Weg, die gesellschaftlichen Spannungen in der Türkei langfristig zu lösen. Öznur spricht ein Thema an, das türkische Intellektuelle bereits seit einiger Zeit heftig diskutieren. Es geht um den Bruch zwischen der von einer westlich orientierten Elite vertretenen Idee eines modernen säkularen Staates einerseits und einer traditionell islamisch geprägten Gesellschaft andererseits. Gerade in den letzten Jahren sind die gesellschaftlichen Kräfte, die eine Rückkehr zu den traditionellen Werten fordern, stärker geworden. Worauf der am westlichen Modell orientierte Staat mit zunehmender Härte reagiert hat. Doch mittlerweile ist Vielen klar, dass diese Konfrontation einer der größten Hemmschuhe für die türkische Entwicklung darstellt. Ein Beitritt in die EU beispielsweise ist kaum vorstellbar, so lange die Armee immer wieder in das politische Geschehen eingreift, um die vom Volk gewählte, aber als verfassungsfeindlich betrachteten islamistischen Parteien und Parteiführer abzusetzen. Genau bei diesem Konflikt zwischen säkularem Staat und Islamismus könnte das Alewitentum eine Lösung sein, glaubt Öznur.

Moderner Islam?

Das Alewitentum also als idealer Repräsentant eines modernen Islams? Die Mehrheit der türkischen Bevölkerung sieht das anders. Und das hat auch historische Gründe. Schon im osmanischen Reich, dem Vorgänger der heutigen Türkei, tolerierten die sunnitischen

Herrscher keine zweite islamische Glaubensrichtung neben der ihren. Die Alewiten waren also gezwungen, ein religiöses und kulturelles Untergrunddasein zu führen oder sich zu assimilieren. So entstanden die rein alewitischen Glaubensgemeinschaften am Rande der islamischen Gesellschaft, die ihren Glauben Jahrhunderte lang verbargen. Heute ist der alewitische Glaube zwar nicht mehr staatlich verboten. Trotzdem werden die Alewiten in dem mehrheitlich sunnitischen Land häufig noch diskriminiert und sogar verfolgt. Im Juli 1993 beispielsweise kam es in der Stadt Sivas zu einer Katastrophe. Dort hatten sich wie jedes Jahr zahlreiche Intellektuelle, Schriftsteller, Künstler und andere Angehörige der religiösen Minderheit zu einer Kulturwoche getroffen, um das Andenken des großen alewitischen Dichters Pir Sultan Abdal zu ehren. Als die von militanten Islamisten angeführten Sunniten nach dem Freitagsgebet auf die Minderheit losgingen, flüchtete diese sich zunächst in ein Hotel. Es ging in Flammen auf. 33 Menschen, darunter bedeutende türkische Künstler, starben. Die Sicherheitskräfte hätten die Katastrophe vielleicht verhindern können. Aber sie griffen zu spät ein. Ähnliches geschah zwei Jahre später in Istanbul. In einem hauptsächlich von Alewiten bewohnten Stadtviertel überfielen unbekannte Täter am 12. März 1995 mehrere Teehäuser. Dabei starben zwei Menschen, nach Zusammenstößen mit der Polizei 23 weitere. Eine aufgebrachte Menschenmenge hatte sich tags darauf versammelt, um gegen die Verfolgung der Minderheit zu protestieren. Die Polizei löste den Demonstrationszug gewaltsam auf.

Einer der Gründe für die bis heute anhaltende Diskriminierung sind die großen Unterschiede zwischen beiden Glaubensrichtungen. Sie berühren das islamische Grundverständnis. So glauben die Alewiten weder an das fünfmalige Gebet, noch an den Fastenmonat Ramadan oder die Pilgerfahrt nach Mekka. Ihre Rituale sind mystischer Natur. Musik und Tanz begleiten ihre Gebete. Und der Koran wird nicht wörtlich, sondern spirituell ausgelegt. Weil sie nicht die reine Glaubenslehre des Islam befolgen, sind die Alewiten in den Augen vieler Sunniten Ungläubige. »Die Leute verstehen unsere Lebensweise nicht, weil sie sich nicht damit befassen wollen«, sagt Öznur dagegen. In der Tat ist das allgemeine Verständnis für die Besonderheiten des Glaubens selbst in der Türkei, wo immerhin ein Fünftel der Bevölkerung Alewiten sind, nur sehr gering.

Anhänger des Kemalismus

So werden die Angehörigen der religiösen Minderheit oft mit der ethnischen Minderheit der Kurden gleichgesetzt. Daher werden die Alewiten in den Konflikt hineingezogen, obwohl ihre Probleme nichts mit dem kurdischen Separatismus zu tun haben. Im Gegenteil: Die meisten Alewiten sind glühende Anhänger des Kemalismus. Denn Kemal Atatürk, Gründer des modernen türkischen Staates und Sinnbild für die Einheit des Landes, hat die Minderheit durch seine Reformen von noch größerer Unterdrückung befreit. Er hat das Osmanische Reich in einen laizistischen Staat verwandelt und Religion zur Privatsache gemacht. Trotzdem gibt es eine Verbindung zwischen Alewiten und Kurden. Öznur erklärt: »Unsere Religion kommt ursprünglich aus der gleichen Region wie auch die Kurden, aus Ostanatolien. Und das hat zu kulturellen Gemeinsamkeiten geführt. Zum Beispiel in der Musik.«

Zwar sind viele Kurden tatsächlich auch Alewiten, aber längst nicht alle. Und umgekehrt gilt diese Gleichsetzung noch weniger. Auf der kulturellen Ebene aber sind beide Volksgruppen von den gleichen regionalen Faktoren beeinflusst worden, so dass die Unterschiede geringer ausfallen. Dichter und Musiker beider Gruppen sprechen von

Freiheit und Verfolgung. Und weil es, wenn es um Kunst geht, größere Freiheiten gibt, hört man ihnen überall in der Türkei zu. Doch gerade in den letzten Jahren droht sich der Graben zwischen den beiden Glaubensrichtungen durch die Reislamisierung der Gesellschaft wieder zu vertiefen. Um das zu verhindern, engagieren sich Öznur und ihre Kollegen auch über ihre eigentliche Arbeit als Journalisten hinaus. Der Radiosender, in dem sie arbeiten, ist Teil eines Kulturzentrums, das von etablierten alewitischen Bürgern aufgebaut wurde.

Um das Verständnis des Alewitentums zu erhöhen, hat einer der Mitarbeiter zum Beispiel Bücher über dessen Ursprung gesammelt. Zusammen mit den Werken berühmter Dichter und anderen kulturhistorisch bedeutenden Bänden bilden sie eine kleine, aber wertvolle Bibliothek. »Hier sind Bücher, die es sonst nirgendwo mehr gibt. Einige von ihnen waren lange Zeit verboten. Wir haben sie entweder im Ausland besorgt oder von Leuten bekommen, die sie jahrelang irgendwo versteckt haben«, erzählt der Bibliothekar. »Auch viele Alewiten haben keine Ahnung, wie unsere Kultur entstanden ist«, sagt Öznur. »Und deswegen sind diese Bücher wichtig für uns.« Die Werke räumen nicht nur mit der kurdisch-alewitischen Verwechslung auf, sondern gleich mit einem weiteren Missverständnis: Viele Türken akzeptieren das Alewitentum nicht als eigenständige Religion, sondern betrachten es als regionale Abart des Sunnitentums. Auch das aber ist falsch. Die im Herzen Ostanatoliens entstandene Religion ist zwar in der anatolischen Tradition verwurzelt, aber durch die Nähe zum schiitischen Iran und den urchristlichen Ländern Armenien und Georgien haben sich Einflüsse anderer Kulturen und Religionen

Alewiten

Die Alewiten (auch: Alawiten oder Nusairier) sind – wie Ismailiten und Drusen – als islamische Glaubensgemeinschaft aus der Zwölferschia hervorgegangen. Alewiten leben heute vorwiegend in Syrien und der Türkei. In Syrien, wo ihr Bevölkerungsanteil bei etwa 12 bis 15 Prozent liegt, stellen Alewiten den überwiegenden Teil der von der Baath-Partei dominierten politischen Elite des Landes. Die syrischen Alewiten gerieten vor allem wegen ihrer herausragenden Stellung in Staat und Wirtschaft ins Kreuzfeuer sunnitisch-fundamentalistischer Kritik.

In der Türkei stellen Alewiten mit ca. 20 Prozent die größte religiöse Minderheit. Ihre – oft als Geheimlehre weitergegebenen – religiösen Grundüberzeugungen unterscheiden sich deutlich von der sunnitischen Mehrheit. Die Alewiten praktizieren weder das fünfmalige tägliche Gebet gen Mekka, noch den Fastenmonat Ramadan oder die Pilgerfahrt. Ihre Rituale sind mystischer Natur. Männer und Frauen beten gemeinsam. Der von urchristlichen Vorstellungen beeinflusste alewitische Glaube hat einen starkem Bezug zum Diesseits. In jedem Menschen ist ein Funken Gottes, der wieder seinem Ursprung zugeführt werden kann. Da diese Befreiungssehnsucht sich nicht mit dem Jenseits begnügt, sondern auf konkrete und tatkräftige Besserung irdischer Zustände ausgerichtet ist, waren – und sind – Alewiten in der Türkei wegen ihres politischen und sozialen Engagements Anfeindungen und Verfolgungen ausgesetzt. Auch in der Bundesrepublik wurden (und werden) sie von rechtsextremen türkischen Gruppen als „Teufelsanbeter und Blutschänder" diffamiert.

t. w.

eingegraben. Das Alewitentum trägt daher bis heute deutliche christliche und besonders schiitische Züge, zum Beispiel die Vergötterung Alis, des Schwiegersohns des Propheten Mohammed.

Dass all dies in der Türkei so wenig bekannt ist, hat allerdings nicht nur, wie Öznur sagt, mit der Intoleranz der Bevölkerungsmehrheit zu tun. Auch die Alewiten selbst haben jahrelang auf Abgrenzung gesetzt. So besitzt die Minderheit eine eigene Rechtsprechung. Und die Heirat mit Nicht-Alewiten ist den Angehörigen der Glaubensgemeinschaft traditionell verboten. Auch von alewitischer Seite könnte sich der Graben zwischen den Glaubensgemeinschaften sogar heutzutage noch vertiefen. Seit geraumer Zeit fordern die Alewiten immer offener die staatliche Anerkennung ihrer Religionsgemeinschaft und ein Ende der staatlichen Assimilierungsversuche. So wollen eigenen Religionsunterricht an der Schulen und Cem-Häuser statt neuer Moscheen. Wenn diese Forderungen nicht zu mehr Intoleranz, sondern zu einem harmonischeren Zusammenleben zwischen beiden Bevölkerungsgruppen führen soll, ist die von Öznur und ihren Kollegen propagierte Verständigung also in der Tat für alle Seiten wichtig.

Katajun Amirpur

Im Namen der Rose und des Koran gegen den Schah und seine Militärmaschine

Iran: Kein Mutterland der islamischen Revolution wegen säkularistischen Aspekten

Iran, das Mutterland der islamischen Revolution? Sicher, dort hat 1978/79 eine Revolution stattgefunden, die heute als islamisch bezeichnet wird. Klar ist auch, dass sich während dieser Revolution oder danach der islamisch argumentierende Teil der Bewegung durchgesetzt und die Führerschaft übernommen hat. Der Revolutionsführer Ayatollah Khomeini und vielleicht mehr noch Ayatollah Taleqani wussten die Massen auf die Straße zu bringen. Taleqani war stark beeinflusst von linkem Gedankengut und übte damit eine hohe Anziehungskraft auf die moderne islamische Jugend aus. Khomeini wiederum benutzte eine Sprache, die jeder Fromme – und sei er noch so ungebildet – verstand. Er verglich den Schah mit Yezid, dem Kalifen, der – so meinen zumindest die Schiiten – den Nachkommen Alis die Macht streitig gemacht hat. Und vielleicht war es die eine, einfache Parole Khomeinis, die der Revolution zum Sieg verhalf. »Schah bayad beravad« – der Schah muss gehen. Andere Revolutionäre hatten Kompromisse vorgeschlagen, eine konstitutionelle Monarchie beispielsweise. Aber Khomeini zeigte sich unerbittlich, und der Rest ist Geschichte.

Dennoch ist es nicht ganz richtig – trotz der herausragenden Rolle, die Khomeini und die Seinen gespielt haben und der in weiten Teilen islamischen Rhetorik – von einer islamischen Revolution zu sprechen, denn dazu wurden zu viele unterschiedliche Vorstellungen mit ihr verknüpft, zu viele nicht-islamische Gruppierungen haben zu ihrem Sieg beigetragen. Immerhin standen am Anfang die Streiks der Ölarbeiter von Abadan, und an der Revolution maßgeblich beteiligt waren auch nationale und dezidiert säkular denkende Strömungen. Bei den Demonstrationen gegen den Schah wurden eben nicht nur Bilder von Taleqani und Khomeini getragen, sondern das von Mohammad Mossadegh, dem vom Schah 1953 gestürzten Ministerpräsidenten, der ein ausgesprochener Nationalist war.

Legitimationsprobleme

Schon weil es keine rein islamische Revolution war, die in Iran stattgefunden hat, kann Iran nicht als das Mutterland der islamischen Revolution gelten. Allerdings wurde diese Revolution auch in der übrigen islamischen Welt immer als Sieg des Islams angesehen, der es, personifiziert durch einen Geistlichen, vermocht hatte, den »US-Gendarmen am Golf« – wie Jimmy Carter den Schah immer genannt hatte – zu stürzen. Mit einer Rose und dem Koran in der Hand hatten sich die Demonstranten der damals größten Militärmacht der islamischen Welt entgegen gestellt. Deshalb übte die »Islamische

Anderthalb Millionen Menschen demonstrierten am 19. Januar 1979 in Teheran für eine islamische Republik. Zwei Wochen später kehrte Ayatollah Khomeini aus dem französischen Exil in seine Heimat zurück, wo zuvor bereits Schah Reza Pahlewi gestürzt worden war. Anfang April 1979 wurde die islamische Republik Iran proklamiert. Foto: Ullstein-Bilderdienst

Revolution« auch auf säkularistisch eingestellte arabische Intellektuelle zu Beginn eine hohe Anziehungskraft aus.

In den meisten Regierungen anderer islamischer Länder löste die Revolution hingegen einen Schock aus. Die politische Lage, die in Iran zur Revolution geführt hatte, ließ sich in Teilen auf ihre Situation übertragen. Auch dort herrschten – und herrschen bis heute – fast durchweg Regierungen, die ein gewaltiges Legitimationsproblem haben und von ihren Bevölkerungen als Usurpatoren angesehen werden. Zwar war in Iran beispielsweise die Sprache, in der sich die Kritik am Schah ausdrückte, eine dezidiert schiitische. Nur Schiiten gilt Yezid als unrechtmäßiger Herrscher, nur sie können etwas anfangen mit dem Märtyrertod für eine gerecht Sache. Aber im Prinzip waren die Grundideen der Revolution auch auf den sunnitischen Islam übertragbar. Der Islam kennt kein Königtum, der islamische Herrscher muss gerecht sein, hatte Ayatollah Khomeini gesagt. Das hörten die arabischen Herrscher ungern. Zumal die Iraner ja auch deutlich erklärten, dass sie ihre Revolution exportieren wollten – und zwar militärisch und mit subversiven Methoden. Wohl deshalb stellten sich mit Ausnahme von Syrien und Libyen alle arabischen Staaten geschlossen hinter Saddam Hussein, als dieser 1980 in Iran einmarschierte.

Als Iran dann zwei Jahre später erstmals irakisches Gebiet eroberte, zeigte sich, dass nicht einmal die schiitischen Iraker zu ihren Glaubensbrüdern überliefen. Khomeini hatte sich zuvorderst an sie gewendet, weil hier zumindest keine konfessionellen Unterschiede zu überwinden waren. Aber der Nationalismus wirkte – allen Befürchtungen Saddam Husseins zum Trotz – weit stärker als einigendes Band als die Religion.

Das Projekt vom Revolutionsexport scheiterte aus verschiedenen Gründen. Sie erklären, warum Iran gerade nicht als das Mutterland einer islamischen Revolution gelten kann. Um die Revolution in die nicht-schiitische Welt exportieren zu können, hätte die Spaltung zwischen Sunniten und Schiiten überwunden werden müssen. Zumindest einer Annäherung hätte es bedurft. Solche Bestrebungen gab es seinerzeit in Teheran durchaus. In vielen seiner Reden und Schriften gab sich Khomeini Mühe, die Differenzen zwischen Sunna und Schia kleinzureden, antisunnitische Äußerungen wurden aus dem offiziellen Sprachgebrauch der Islamischen Republik verbannt, schiitische Traditionswerke mit antisunnitischer Tendenz wurden nicht mehr neu aufgelegt und nicht mehr verbreitet. Seit 1979 ist auch die öffentliche Verfluchung der ersten drei Kalifen verboten, sowie das Freudenfest am Todestag des Kalifen Omar. Omar und die anderen beiden Kalifen galten bis dahin als Usurpatoren, weil sie Ali die Macht streitig gemacht hätten. Nach der Revolution wurden auch sie zu »rechtgeleiteten Kalifen.« erklärt.

Trotzdem ist es nie zu einem wirklichen Export der Revolution gekommen, was aber eigentlich auch nicht verwundert. In ihrer gesamten islamischen Geschichte wollten sich die Iraner immer von den anderen Muslimen abgrenzen, sie gingen immer einen Sonderweg. Viel spricht für die These der Historiker, dass Schah Ismail im Jahre 1501 vor allem deshalb die Schia in Iran einführte, um die Bevölkerung besser zum Kampfe gegen die Osmanen zu motivieren. Und das waren Sunniten. Man wollte Schiit sein, gerade um anders zu sein. Und selbst Khomeini, der diese Abgrenzung durchbrechen wollte, etablierte ein System, die »Herrschaft des Obersten Rechtsgelehrten,« das nun einmal nur von Schiiten gedacht werden kann. Der Rechtsgelehrte regiert in Vertretung des 12. Imam, des Mahdi, der seit dem 9. Jahrhundert in der Verborgenheit lebt und eines Tages wiederkommen wird.

Persischer Nationalismus

Die Sunniten kennen keinen Mahdi, was also sollten sie mit solch einer Herrschaftsidee anfangen? Und auch die Tatsache, dass viele Sunniten in der iranischen Revolution einen Sieg des Islam gesehen haben, hat sie nie davon abgehalten, ein tiefes Misstrauen gegen die Schiiten zu hegen. Die Ansicht, die Schiiten würden neben Gott auch Ali anbeten, ist weit verbreitet – auch wenn sie falsch ist. Außerdem haben die Schiiten den Sunniten Jahrhunderte lang vorgeworfen, den Koran verfälscht zu haben. All das sitzt tief und deshalb musste Khomeini mit seinem Ansinnen scheitern, eine islamische Internationale oder Ökumene anzuführen. Wenig förderlich war dabei auch die tiefsitzende Araber-Feindlichkeit der Iraner. Bis heute ist zu hören, welche Schmach es doch war, im Jahre 632 in der Schlacht al-Qadisiya von einigen »barfüßigen« Arabern überrannt zu werden. Vorzugsweise bezeichnen Iraner die Araber als »susmarkhor«, als Eidechsenfresser, und fühlen sich ihnen aufgrund ihrer angeblich überragenden Kultur überlegen.

Auch Ayatollah Khomeini fand sehr schnell wieder zum Nationalismus zurück – als der Krieg gegen den Irak begann. Kurz nach der Revolution hatte Khomeini sich noch über das Lied »oh Iran, du Land voller Juwelen« erhitzt. Es sei chauvinistisch, verherrliche die falschen Werte, nämlich das Land, nicht das alle einigende Band des Islams. Das Lied verherrlicht das Iranertum tatsächlich auf eine – gelinde gesagt – etwas übertriebene Weise. Und da sich das Volk nun über den Islam definieren sollte, verbot Khomeini das Lied. Als es dann aber darum ging, junge Männer zum Krieg zu motivieren, erscholl es wieder auf allen Radiosendern. Aus nationalistischen Gründen zogen die Menschen in den Krieg, nicht aus religiösen. Und nur schwerlich lässt sich eine Anhängerschaft für eine islamische Ökumene in einer Bevölkerung finden, die sich immer zuerst als Iraner definiert und dann erst als Moslem.

Selbst die libanesischen Schiiten haben sich zwar lange an Iran orientiert – vor allem die Hizbollah –, aber auch sie betonen, dass sie einen eigenen, libanesischen Weg gehen, ein zu großer iranischer Einfluss wird heute nicht mehr gern gesehen. Auch insofern ist Iran also sicher nicht das Mutterland der islamischen Revolution, denn eine weite Verbreitung hat sie von dort aus nicht gefunden. Noch unwahrscheinlicher ist, dass sie in Zukunft von hier aus Verbreitung finden wird. Wirklichen Fundamentalisten gilt der iranische Islam als viel zu pragmatisch, vor allem die immer stärker zunehmenden Debatten über Islam und Demokratie, säkulare Staatskonzepte, Gleichstellung von Mann und Frau müssen ihnen ein Dorn im Auge sein.

Und noch ein weiteres Kriterium für ein Mutterland erfüllt Iran nicht. Nicht einmal in Iran ist die islamische Revolution oder das, was sie gebracht hat, heimisch. Die Iraner, die an der Revolution teilgenommen haben, sind zwar bis heute stolz auf ihre historische Leistung; darauf, ein Unrechtsregime hinweg gefegt zu haben. Allerdings sind es nicht allzu viele, die diese Revolution erlebt haben. 70 Prozent der Iraner sind jünger als 30 Jahre. Sie verbindet nichts mit dieser Revolution. Und mit dem, was nach der Revolution kam, sind sie nicht zufrieden. Über das System, das die Revolution von 1978/79 etablierte, wird derzeit mit den Füßen abgestimmt. Die Emigrantenzahlen steigen und es würden noch viel mehr gehen, wenn sie könnten. Wer bleiben muss, klagt und kritisiert die Herrschenden – und wählt die Reformer.

Diese Reformer bieten einige Ideen an, als deren Mutterland Iran tatsächlich irgendwann einmal bezeichnet werden könnte. Ideen, wie man Islam und Demokratie vereinbaren könnte, wie die Menschenrechte auch in einem Staate, der sich religiös definiert, verwirklicht werden könnten. Die bei weitem interessantesten Debatten zu diesen Fragen finden heute in Iran statt. Wahrscheinlich aus einem einfachen Grund: Weil Iran das Experiment des »Islamismus an der Macht« gewagt hat, wurde es mit Problemen konfrontiert, die sich den Islamisten anderer Länder erst gar nicht stellen. Viele gute Ansätze, die Probleme zu lösen, sind entwickelt worden, ihren Weg in die politische Praxis müssen sie erst noch finden. Und dann könnte Iran irgendwann einmal vielleicht zum Mutterland der islamischen Demokratie werden.

Uwe Halbach

Keine Mehrheiten für einen islamischen Staat in der postsowjetischen Ära

Zentralasien: Islamische »Wiedergeburt« heißt Autokratie und Extremismus

Lange vor der Einbindung von GUS-Staaten in die internationale Anti-Terror-Allianz warnten Sicherheitspolitiker von Moskau bis Taschkent – vor allem im Zusammenhang mit regionalen Stabilitätsrisiken wie grenzüberschreitendem Terrorismus und Drogenhandel – vor »religiösem Extremismus«. Im Herbst 1999 rückte das Thema »Islamismus im GUS-Raum« verstärkt in die internationale Wahrnehmung. Die Hauptgründe dafür waren das erneute Kriegsgeschehen im Nordkaukasus – das von Moskau zunehmend als eine Auseinandersetzung mit international agierenden Terroristen ausgelegt wurde – und die gleichzeitigen Übergriffe islamistischer Freischärler von Basen in Afghanistan aus über unkontrollierte Landesteile Tadschikistans in Grenzgebiete Kirgistans. Diese Vorgänge machten Organisationen wie die militärisch organisierte »Islamische Bewegung Usbekistans« (IBU), die in Zentralasien propagandistisch tätige »Hizb ut Tahrir al Islami« (Islamische Befreiungspartei) oder die als »Wahhabiten« etikettierten Akteure im Nordkaukasus über den GUS-Raum hinaus bekannt.

Aus Verbindungen, die einige islamistische Akteure aus GUS-Staaten zu Terrorbasen in Afghanistan und internationalen terroristischen Netzwerken unterhielten, und der Einmischung ausländischer »Mudschahedin« in den Tschetschenienkrieg wurde von russischer und zentralasiatischer Seite ein massives Bedrohungsbild externer Islamismus-Gefahr für das nachsowjetische Eurasien abgeleitet. Für außenstehende Beobachter blieb die Frage, ob es sich dabei um realistische, um überzogene und gleichwohl ernsthaft empfundene oder aber um politisch instrumentalisierte Bedrohungsbilder handelte.

Späte Rache

Tatsächlich waren im Prozess »islamischer Wiedergeburt« in Zentralasien, in Kaukasien und in den Muslimregionen Russlands seit langem Irritationen, Verwerfungen und Konflikte festzustellen. Da gerieten »Islame« unterschiedlicher Orientierung und Provenienz in Widerspruch: volkstümliches, auch in sowjetischer Zeit unangefochtenes religiöses Brauchtum mit sogenannten »wahhabitischen« Strömungen, die das rituelle Repertoire dieses »Alltagsislam« als »heidnisch« denunzieren; ein staatlich sanktioniertes, in die nachsowjetische Nationsbildung gezielt einbezogenes islamisches Erbe Usbekistans mit einer dem Nationalstaat feindlichen integristischen Kalifatslehre der »Hizb ut Tahrir«; ein »russländischer« Islam, der die Jahrhunderte lange türkisch-slawische, islamisch-christliche Koexistenz betont und sich mit der »eurasischen« Richtung im russischen nationalen Diskurs verbindet, mit islamistischen Strömungen, die nicht auf kulturelle Koexistenz aus sind. Die Frage, inwieweit dabei äußere Einflüsse auf den Prozess religiöser »Wiedergeburt« in nachsowjetischen Gesellschaften wirken, gilt nicht für den Islam. GUS-Staaten mit polyethnischer Bevölkerung und einer Vielfalt von Glaubensgemeinschaften wie Kasachstan oder Kirgistan erlebten seit ihrer Unabhängigkeit rege ausländische Missionstätigkeiten aus allen möglichen Kirchen und Sekten westlicher und östlicher Provenienz. Teilweise verbündeten sich »traditionelle« Kirchen wie die russisch-orthodoxe und die islamische Glaubensgemeinschaft in einem Land wie Kasachstan gegen »nichttraditionelle« Konkurrenten. Liberale Religionsgesetze aus der Zeit des Übergangs von der sowjetischen Periode zur staatlichen Unabhängigkeit wurden revidiert oder durch Maßnahmen zur Kontrolle und Abwehr ausländischer Missionstätigkeiten ergänzt. Mit Blick auf den Islam wurde das Problem ausländischer Einwirkung jedoch schnell in den Rang einer sicherheitspolitischen Frage erhoben.

Dahinter verbirgt sich auch eine späte Rache an sowjetischer Religionspolitik. Die hat den Islam in ihrem Machtbereich zwar nicht beseitigen können, aber seine Bildungsinstitutionen bis auf einen Restbestand von zunächst einer, dann zwei islamischen Hochschulen ausgeschaltet und Religion auf nationales Brauchtum und Alltagsrituale reduziert. Als nach der Liberalisierung der Religionspolitik und der Aufhebung des »Eisernen Vorhangs« junge Muslime aus dem nachsowjetischen Raum verstärkt »islamisches Wissen« und Kontakt zur »islamischen Welt« nachfragten, wurde diese Nachfrage zum Teil im islamischen Ausland oder durch ausländisches Lehrpersonal im Inland befriedigt. Solcher Austausch öffnete nachsowjetische Gesellschaften auch für islamistische Strömungen, die teilweise bereits in sowjetischer Zeit in Regionen wie dem Ferganatal oder in Tadschikistan in Erscheinung getreten waren. Usbekistan und Turkmenistan begannen seit 1995 damit, Prediger und Lehrer aus Saudi Arabien und anderen Ländern auszuweisen.

Die Vorstellung einer massiven, den Prozess »islamischer Wiedergeburt« dominierenden Einmischung ausländischer Elemente dürfte allerdings ebenso überzogen sein wie es russische Darstellungen sind, die den Konflikt mit tschetschenischen Separatisten umdeuten – in einen Kampf gegen den internationalen Islamismus schlechthin. Aktuelle demoskopische Studien in zentralasiatischen Staaten zeigen ein wachsendes Bekenntnis zum Islam als nationales Erbe und Religion, auch eine Option für eine stärkere gesellschaftspolitische Rolle von Religion, aber nur geringe Neigungen zu einem »islamischen Staat« oder einer religiös determinierten Rechts- und Staatsordnung.

Die politische Bedeutung des Islam ist gleichwohl gewachsen. Das gilt sowohl für Regierungen wie für oppositionelle Kräfte und Dissidenten. In der staatlichen Politik spielte der Islam die Rolle einer unverzichtbaren Ressource bei der Kultivierung eines post-sowjetischen und post-imperialen Nationalbewusstseins – zumindest in Ländern mit überwiegend muslimischer Bevölkerung.

Ambivalente Islampolitik

Man appellierte an ihn auch als moralische Instanz – nicht zuletzt mit Blick auf Oppositionsbewegungen, von denen einige dazu übergingen, Kritik an den postsowjetischen Regimes und den sozialökonomischen und moralischen Krisen der Übergangsperiode religiös zu artikulieren. Und man wollte vom islamischen Ausland respektiert werden, wenn auch dieser Vektor in der Außenpolitik zentralasiatischer Staaten nicht die Oberhand über andere Ausrichtungen, etwa die nach Westen, gewann.

Die Koranschulen Tillja Kari und Ulug Beg Medersa am Registan-Platz in der usbekischen Stadt Samarkand, einst an der Seidenstraße gelegen. Foto: Ullstein-Bilderdienst

Gleichzeitig galt es, die Verbeugung vor islamischen Werten mit der betont säkularistischen Grundlage post-sowjetischer Verfassungen in Einklang zu bringen, in Ländern wie Kasachstan und Kirgistan auch mit dem polyethnischen und multikonfessionellen Charakter der Landesbevölkerung, der auch nach der beträchtlichen Emigration von Russen und Deutschen fortbestand.

Am krassesten zeigte sich die Ambivalenz staatlicher Islampolitik in Usbekistan. Einerseits kultivierte der Staat mit großem Aufwand Symbole islamisch-mittelasiatischer Regionalgeschichte auf dem Boden des heutigen Usbekistan – zum Beispiel die Erinnerung an den Theologen und Traditionsgelehrten Al-Buchari, dem bei Samarkand ein regelrechtes Staatsheiligtum gewidmet wurde –, half beim Wiederaufbau von Moscheen und gründete islamische Forschungs- und Bildungsinstitutionen. Andererseits wurden nirgendwo in der GUS religiöse Aktivitäten, die sich jenseits staatlicher Kontrolle bewegten, so rigide unterdrückt wie hier.

Die Gefängnisse des Landes füllten sich verstärkt seit 1997 – nach Terrorakten in der als religiös besonders aktiv angesehenen Provinz Namangan – mit »religiösen Extremisten« und »Wahhabiten«, die in zweifelhaften Strafprozessen zu langjährigen Freiheitsstrafen verurteilt wurden. Als ein Produkt dieser repressiven Politik sehen externe Beobachter die IBU an, die sich den Sturz des »islamfeindlichen Karimow-Regimes« und die Errichtung eines »islamischen Staates« auf die Fahnen geschrieben hat. Sie entstand unter usbekischen Islamisten, die vor staatlicher Verfolgung in ihrem Heimatland nach Tadschikistan und Afghanistan geflohen waren und dort mit militanten islamistischen Gruppen kooperierten.

Neben dieser terroristischen Organisation, deren militärische Stärke höchst unterschiedlich bewertet wird, trat seit Mitte der neunziger Jahre die aus der Geschichte des Mittleren Ostens seit den fünfziger Jahren bekannte »Hizb ut Tahrir« zunächst in

Usbekistan, dann auch in Kirgistan und Tadschikistan propagandistisch in Erscheinung. Ihre Anhänger werden wegen Verteilung regierungsfeindlicher Flugblätter in allen drei Staaten verfolgt. Neutrale Beobachter schreiben ihr zwar ideologischen Radikalismus in Gestalt einer abstrusen »Kalifatslehre«, aber keine terroristischen Aktivitäten zu.

Die Unterscheidung zwischen gewaltsamen und gewaltlosen religiösen Dissidenten wird beim Vorgehen der Regime gegen ihre Herausforderer verwischt. Menschenrechtsorganisationen bemängeln seit längerem, dass die »Abwehr des religiösen Extremismus« zur Kampfansage demokratiefeindlicher Präsidialautokratien gegen jegliche Form von Regimekritik geworden sei und die Unterdrückung der säkularen Opposition zudem den Boden für islamistische Widerstandsgruppen bereitet hätten.

Andererseits hält Zentralasien mit der Entwicklung des einstigen Bürgerkriegslandes Tadschikistan nach 1997, d. h. nach der Unterzeichnung eines Friedensabkommens und der Einleitung eines Prozesses »nationaler Versöhnung«, ein Beispiel für die Integration einer islamistischen Oppositionspartei in die Regierungsstrukturen bereit. Obwohl von nachhaltiger Stabilität schon aufgrund der Verarmung des Landes noch weit entfernt, findet das »tadschikische Modell« nicht nur als Vorbild für einen Friedensprozess in Afghanistan Erwähnung, weil sich hier einstmals erbitterte Bürgerkriegsgegner zu einer Machtteilung zusammengerauft haben, sondern auch als Beispiel dafür, dass man mit Islamisten in politische Verhandlungen treten kann und der Feldzug gegen den »religiösen Extremismus« nicht die einzig denkbare Antwort auf religiös-politische Herausforderungen sein muss.

Ludwig Watzal

Der blutige Terror entspringt nicht nur ideologischen Dogmen

Palästina: Repression der Herrschenden allein kann islamistische Gewalt nicht stoppen

Der Islam ist ins Gerede gekommen, insbesondere seit den Anschlägen vom 11. September in New York City und Washington. Seither scheint es, als wolle der Westen unter Führung der USA einen Krieg gegen den politischen Islam führen. Vorerst freilich richtet sich dieser »Krieg gegen den Terror« nur gegen die Drahtzieher der Anschläge, die Afghanistan als ihre Basis missbrauchten. Nun, da das Taliban-Regime zerschlagen ist, könnten sich die US-Truppen zurückziehen. Ihr Auftrag ist beendet. Die amerikanischen Kriegspläne reichen jedoch weiter; sie zielen auf den Nahen Osten. Länder wie Irak, Iran, Somalia und der Jemen gelten als potenzielle Angriffsziele. Darüber hinaus hat die US-Administration eine »Terrorliste« veröffentlicht, auf der sich unter anderem Organisationen wie die libanesische Hizbollah und die palästinensische Hamas, der Islamische Dschihad und die Volksfront zur Befreiung Palästinas (PFLP) befinden. Glaubt man der Washingtoner Rhetorik, wird sich der »Krieg gegen den Terror« über Jahre hinziehen. Das schürt Ängste und Zweifel. Ängste vor neuen Kriegen und Zweifel daran, ob mit diesen Ländern und Organisationen die wirklichen Ursachen des Terrors ins Fadenkreuz geraten.

Der politische Islam oder Islamismus hat in jedem Land seine eigenen politisch-ökonomischen Ursachen. So sind die Ausprägungen des Islamismus in Algerien, in Iran, Afghanistan, Saudi-Arabien, Pakistan, Ägypten oder in Palästina unterschiedlich. Diese Unterschiede spielen jedoch in der gegenwärtigen Auseinandersetzung keine wesentliche Rolle. Alle Spielarten des Islamismus stehen unter generellem Terrorismusverdacht. So haben die USA die libanesische Regierung angewiesen, gegen die Hizbollah vorzugehen, ihre Konten zu sperren und die Organisation zu verbieten. Beirut hat dies verständlicherweise abgelehnt und auf die tiefe Verwurzelung der Hizbollah in der Bevölkerung verweisen. Die Hizbollah wird im Libanon eher als eine soziale Bewegung denn als eine »Terrororganisation« wahrgenommen. Im westlichen Bewusstsein jedoch hat sich eine Sichtweise durchgesetzt, die primär israelischer Lesart folgt. Eine Lesart, die ihrerseits aus der jahrelangen Besetzung von Teilen Libanons durch die israelische Armee resultiert. Der Westen wäre in seinem antiterroristischen Kampf schlecht beraten, sich diese Sichtweise unkritisch zu eigen zu machen. Die Hizbollah hat in all ihren Verlautbarungen ihren Aktionsradius immer auf den Libanon beschränkt gesehen. Sie wollte die israelischen Besatzer aus dem Lande vertreiben, was bis auf einen kleinen Landstrich auch gelungen ist. Ebenso einseitig wie die Hizbollah werden auch Hamas und der Islamische Dschihad nur auf den »Terror« reduziert. Es ist richtig, dass beide Organisationen zu Mitteln terroristischer Gewalt greifen. Aber eine Festlegung nur auf

Unruhen im Anschluss an den demonstrativen Besuch des Tempelberges in Jerusalem durch Ariel Scharon im Oktober 2000. Das Foto zeigt jugendliche Palästinenser mit Katapulten bei einer Straßenschlacht. Der Besuch des heutigen israelischen Ministerpräsidenten löste die sogenannte zweite Intifada aus. Foto: Ullastein-Bilderdienst

Terrorismus trifft die Wirklichkeit in ihrer ganzen Komplexität nicht. Wenn Arafat von den USA und Israel immer wieder massiv unter Druck gesetzt wird, gegen beide Organisationen vorzugehen und sie zu zerschlagen, dann scheint das aus israelischer Sicht durchaus verständlich. Die Bedrohung ist schließlich real und für viele unschuldige Israelis tödlich. Arafat jedoch kann und will sich diesem Druck nicht uneingeschränkt beugen, weil ihm dies den Vorwurf der Kollaboration mit dem Feind eintragen würde.

Reale Bedrohung

Im Allgemeinen wird Hamas mit islamischem Fundamentalismus und den mörderischen Selbstmordattentaten assoziiert. Oberste Ziel ist die Befreiung Palästinas durch einen heiligen Krieg gegen Israel und dessen Ersetzung durch einen islamischen Staat. Hamas will die Gesellschaft im Geiste des Islam reformieren. Diese islamische Vision in Verbindung mit dem nationalistischen Anspruch und der Militanz gegenüber Israel prägt das Bild von Hamas als einer ideologisch intransigenten und politisch rigiden Bewegung. In der Tat verfolgt die Organisation ihr Ziele absolut und kompromisslos. Ihre Markenzeichen sind islamisches und nationalistisches Eiferertum, radikale Opposition gegen den israelisch-palästinensischen Friedensprozess und die diversen Terrorstrategien und Gewaltaktionen gegen Israel. Hamas verbindet Religion mit Nationalismus und erhebt damit einen Anspruch auf die vollständige Islamisierung der palästinensischen Gesellschaft und eines künftigen Staates Palästina.

Hamas jedoch ist ein Produkt der ersten Intifada, des palästinensischen Aufstandes vom Dezember 1987. Die Organisation hat ihre Wurzeln in der Muslimbruderschaft und wurde anfangs als Gegenmacht zu PLO von Israel wohlwollend unterstützt, bis man schließlich erkennen musste, dass dies der vergebliche Versuch war, den Teufel mit dem Beelzebub auszutreiben. Bei näherer Betrachtung der Ursprünge und des Verhaltens von Hamas seit seiner Gründung ergibt sich aber ein überaus differenziertes Bild. Primär entfaltet Hamas seine Aktivitäten nicht auf dem politischen, sondern auf dem sozialen Sektor. Die Organisation stellt den von der israelischen Besatzung am härtesten Betroffenen Sozialleistungen kostenlos zur Verfügung. Die Gelder dafür stammen zum Teil aus ausländischen Spenden.

Als religiöse Bewegung ist Hamas tief in der palästinensischen Gesellschaft verwurzelt. Folglich besitzt sie ein Sensorium für die Ängste der Menschen, teilt ihre Sorgen, formuliert ihre Hoffnungen und richtet ihre Aktivitäten nach ihren Bedürfnissen und Schwierigkeiten aus. Obwohl die einfachen Menschen ihre Machtbasis bilden, ist es Hamas gelungen, Klassenstrukturen und soziale Unterschiede zu überwinden und in allen Schichten Fuß zu fassen. In seiner sozialen und politischen Opposition gegenüber der PLO kann sich Hamas auch auf die Unterstützung einiger palästinensischer Christen stützen. Hamas unterhält eine große Anzahl von Bildungseinrichtungen wie Kindergärten, Schulen, Bibliotheken, Jugend- und Sportclubs sowie Erwachsenenbildungseinrichtungen. Die Organisation bietet medizinische Dienste an, unterhält Krankenhäuser und Wohlfahrtseinrichtungen für Bedürftige.

Anpassungsfähig

Hamas ist aber auch ein Gefangener seiner eigenen Dogmen und Kompromisslosigkeit gegenüber Israel. Der größte Teil seiner Aktionen kann aus den Spannungen zwischen seinem dogmatisch-ideologischen Anspruch und seinem pragmatischen Ansatz in Bezug auf das politische und institutionelle Überleben gesehen werden. Trotz dieser Widersprüche verfolgt die Organisation einen pragmatischen Kurs. Anpassung an die Gegebenheiten wurde zum zentralen Merkmal für das politische Verhalten von Hamas. Die Führung ist sich bewusst, dass eine ausschließlich islamische Vision für Palästina zu einer totalen Konfrontation nicht nur mit Israel, sondern auch mit Arafats Autonomiebehörde, der PLO und lokalen Notablen führen würde. Obwohl Hamas den Kampf gegen Israel zu einer religiösen Pflicht erklärt hat, lässt es seine sozialpolitischen Interessen nicht außer acht. Die Organisation hat sich ihren politischen Realismus bewahrt. Sie hat zwar den Friedensprozess von Anfang an abgelehnt, aber auch eine totale Konfrontation mit Arafats Behörde vermieden. Ebenso hat sie Israel das Existenzrecht verweigert, gleichzeitig aber die Bereitschaft zu einer Tolerierung und einer zeitlichen Koexistenz erklärt. Diesen gleichen Pragmatismus legte man an den Tag, indem man den Oslo-Prozess ablehnte, gleichzeitig aber die Mitglieder aufforderte, sich als Individuen am Aufbau eines palästinensischen Staates zu beteiligen.

Wie kompliziert das Innenleben von Hamas abseits des reinen Terrorvorwurfs ist, zeigt das Verhältnis zwischen der Führung in den besetzten Gebieten und der Führung im Exil. Zwischen beiden herrschen in Bezug auf die Strategie erhebliche Differenzen. Wollte die Führung im Ausland eine »Revolution von oben«, so plädierte die lokale

Führung eher für eine Strategie, die sich an den örtlichen Bedürfnissen und Reformen orientierte. Die auswärtigen Führungskader fürchteten, von den internen marginalisiert zu werden. Durch eine Strategie der Eskalation erlangt die auswärtige Führung im Augenblick wieder die Oberhand. Sowohl Israel als auch die Autonomiebehörde versuchen durch militärischen Druck und Repressionsmaßnahmen, den Einfluss von außen zu unterbinden und mit den pragmatischeren Vertretern in den besetzten Gebieten zu kooperieren.

Hamas hat schon mehrfach »Waffenstillstandsabkommen« angeboten – wenn Israel sich aus den besetzten Gebieten zurückzieht und Ost-Jerusalem als Hauptstadt eines Staates »Palästina« akzeptiert. Doch diese Angebote waren immer nur temporär gemeint. Es ging um taktischen Waffenstillstand, nicht mehr. Auf der anderen Seite: Hat Israel bis in die 90er-Jahre nicht auch die PLO ausschließlich als »Terrororganisation« betrachtet, mit der es keine Verhandlungen geben dürfe? Das einseitige »Terrorimage«, das Israel der Hamas immer noch aufdrücken will, war bereits bei der Gründung der Organisation nicht überzeugend. Und so schwierig dies unter dem Eindruck furchtbarer Selbstmordattentate auch ist: Der Terror palästinensischer Islamisten entspringt nicht nur ideologischen Dogmen. Er resultiert auch aus einer Spirale von Gewalt und Gegengewalt in einem Konflikt, bei dem die Kräfte höchst ungleich verteilt sind. Mit Repression allein lässt sich dieser Teufelskreis nicht durchbrechen. Im Gegenteil: Die Stigmatisierung als Terrororganisation be- und verhindert tatsächlich vorhandene Differenzierungsprozesse. Sie erschwert den Übergang von einer heute bestenfalls taktisch motivierten hin zu einer strategischen Akzeptanz des israelischen Existenzrechts durch solche Gruppierungen wie Hamas oder Hisbollah. Das Klischee wird zur self fulfilling prophecy. Auf diese Erkenntnis sollten nicht zuletzt die Europäer gegenüber den USA und Israel drängen.

ACHIM METZGER

Die gestrengen Hüter der Heiligen Stätte dominieren alle Bereiche des Lebens

Saudi-Arabien: Das islamischste Regime der Welt und die Talibanisierung seiner arbeitslosen Jugendlichen

Bis zum 11. September existierte Saudi-Arabien im Bewusstsein der amerikanischen und europäischen Öffentlichkeit eigentlich nur in zweifacher Hinsicht: Zum einen als größter Öllieferant der Welt, zum anderen als Heimat der Heiligsten Stätten des Islams. Vielleicht auch noch als das Land, in dem sich Frauen nicht nur bis zu den Augen verschleiern müssen, sondern wo sie noch nicht einmal selber Auto fahren dürfen. Für die politischen Mechanismen der Golfmonarchie – sei es die Außen-, geschweige denn die Innenpolitik – interessierte sich niemand. Man las wenig in den Zeitungen, und noch weniger sah man im Fernsehen. Selbst aus dem Afghanistan der Taliban, wahrlich kein einladendes Territorium für westliche Journalisten, kamen mehr Reportagen und Berichte als aus Saudi-Arabien. Nach dem 11. September hat sich das alles verändert. Plötzlich spürt auf einmal jeder den Drang, etwas über die instabile Monarchie zu erfahren, die, schenkte man den dramatischen Analysen nach dem 11. September Glauben, jeden Moment zusammenbrechen könnte wie das Regime der Taliban unter dem Dauerbombardement der Amerikaner.

Saudi-Arabien ist tatsächlich ein Land, dessen Herrscher sich Sorgen um ihre Zukunft machen müssen. Aber nicht erst seit dem 11. September. Das Regime sieht sich einer starken islamistischen Opposition ausgesetzt, die mal mehr, mal weniger gewalttätig auf sich aufmerksam macht. Trotzdem dürfte es zu früh sein, um bereits Nachrufe auf die saudische Monarchie in den Stehsatz zu stellen. Denn die USA haben vorgesorgt: 1979 haben sie durch die Islamische Revolution den Iran »verloren«, damals ihr wichtigster militärischer und wirtschaftlicher Partner im Nahen Osten. Das Gleiche soll nicht noch einmal mit Saudi-Arabien passieren. Es deckt rund 20 Prozent des amerikanischen Ölbedarfs und ist darüber hinaus zu einem wichtigen militärstrategischen Partner geworden. Wenn, ähnlich wie im Iran 1979, islamische Revolutionäre zum Sturm auf Saudi-Arabien blasen sollten, werden sie es auch mit den 5 000 amerikanischen Truppen zu tun bekommen, die auf saudischem Boden stationiert sind. Ihre Aufgabe ist es unter anderen, den Bestand des Regimes zu sichern. Und die Saudi Arabian National Guard, eine Elitetruppe, die das Herrscherhaus vor Umstürzen schützen soll und wichtiger als die reguläre Armee ist, wird von amerikanischen Militärs trainiert.

Je mehr die westliche Öffentlichkeit über das Königreich Saudi-Arabien erfährt, desto verwunderter reiben sich die Leute jedoch die Augen. Wieso gibt es ausgerechnet hier eine islamistische Opposition, wenn doch Saudi-Arabien nur eines von zwei Ländern auf der Welt ist (neben dem Oman), in dem der Koran die Verfassung ersetzt. Wogegen protestieren die Islamisten, wenn das Regime das islamische Strafrecht mit aller Härte durchsetzt – eine

Tief verschleierte Frauen in der afghanischen Stadt Darah Bagh, 60 Kilometer nördlich von Kabul. Die bis Anfang Dezember 2001 herrschenden Taliban verdankten ihre Macht auch saudi-arabischem Geld. Foto: Ullstein-Bilderdienst

der zentralen Forderungen vieler Islamisten? Zudem unterstützt das saudische Regime selbst seit Jahrzehnten islamistische Organisationen auf der ganzen Welt.

Religion nimmt im öffentlichen Raum des Nahen Osten zweifellos eine größere Rolle ein als in den postmodernen Gesellschaften Europas und Nordamerikas. Doch in keinem Land dominiert der Islam so sehr alle Bereiche des Lebens wie in Saudi-Arabien. Trotzdem, oder gerade deswegen, kleidet sich jegliche Opposition gegen das Regime in ein religiöses Gewand. Bereits 1979 stürmten fanatisierte Islamisten die Kaaba in Mekka, den Heiligsten Ort des Islams, und hielten sie für mehrere Monate besetzt. Seit dem Golfkrieg hat die Kritik an dem Herrscherhaus noch zugenommen. Die friedliche Opposition hat sich mittlerweile nach London verlagert, von wo aus Gegner des Regimes per Fax und E-Mail die Korruption der Saud-Familie anprangern. Osama Bin Laden hingegen hat sich auf gewaltsame Mittel verlegt, um das verhasste Regime in Riyad zu Fall zu bringen.

Wasser und Wein

Das saudische Beispiel zeigt, wie gefährlich es für ein Regime im Nahen Osten ist, sich in seinem ganzen Handeln auf den Islam zu berufen. Denn unter bestimmten Umständen kann das die Kritik der Islamisten gerade erst hervorrufen, anstatt sie einzudämmen. Das trifft vor allem dann zu, wenn das Verhalten der Herrscher extrem von dem abweicht, was sie sagen. So beißt sich der puritanische Wahhabismus, der von dem Regime nötigenfalls auch mit Gewalt durchgesetzt wird, mit dem ausschweifenden Lebensstil mancher Mitglieder der Herrscherfamilie. Städte wie Beirut, Amman und Damaskus werden im Sommer von wohlhabenden Saudis heimgesucht, die sich mit Prostituierten und Alkohol die Zeit vertreiben.

All das wäre vielleicht noch hinnehmbar, wenn der Reichtum, mit dem das Land gesegnet ist, einigermaßen gerecht verteilt würde. Dem ist aber nicht so. Schon vor dem Verfall des Ölpreises in den 80er-Jahren gab es Landstriche in Saudi-Arabien, über die sich das Füllhorn des Staates nur spärlich ergoss. Viele saudische Oppositionelle stammen aus diesen benachteiligten Regionen. So auch jene 15 Saudis, die an dem Terrorattentaten von New York und Washington beteiligt waren. Die Behauptung mancher Beobachter, das saudische Regime habe über Jahre hinweg seine Gegner einfach mit Geld bestochen, stimmt so also nicht. Gleichwohl hat der Niedergang des Lebensstandards in den vergangenen Jahren seinen Teil dazu beigetragen, den Unmut in der Bevölkerung zu vergrößern. Anfang der 80er-Jahren betrug das Pro-Kopfeinkommen noch 28 000 US-Dollar, heute ist es auf unter 10 000 gesunken. Soziale Gerechtigkeit ist ein Ideal, das in der islamischen Tradition eine wichtige Rolle spielt. Sie kann unter Umständen zu einem Katalysator für politischen Protest werden. Für viele Islamisten ist die soziale Gerechtigkeit daher auch einer der wichtigsten Kritikpunkte am saudischen Königshaus. Das Regime, das sich vor allem islamisch legitimiert, wird von den Islamisten also auf seinem eigenen Terrain angegriffen. Das macht sie so gefährlich.

Der streng konservative wahhabitische Islam, der das öffentliche Leben in Saudi-Arabien beherrscht, hat auf der anderen Seite keine anderen Protestmöglichkeiten als den Islam selbst zugelassen. Hinzu kommt die einseitig auf Religion ausgerichtete Schul- und Universitätsbildung. In den 80er-Jahren ist der Anteil religiöser Studien im Lehrplan an staatlichen Schulen auf 30 bis 40 Prozent erhöht worden. Gleichzeitig hat die Qualität des restlichen Unterrichts nachgelassen.

Das hat in den Worten eines Beobachters zu der »Talibanisierung« der saudischen Jugend geführt: ungebildete junge Männer, die religiös indoktriniert sind. Darüber hinaus gibt es unter Akademikern 30 Prozent Arbeitslosigkeit, während gleichzeitig der private Sektor zu 90 Prozent auf ausländische Arbeiter angewiesen ist, der staatliche Sektor zu 70 Prozent. All das schafft den Nährboden für eine Radikalisierung der Jugend.

Talibanisierung

Wenn es eine säkulare Opposition in Saudi-Arabien gibt, dann ist sie sehr schwach und hat keine Möglichkeiten, sich zu organisieren. Die Moschee bietet somit das einzige Rückzugsgebiet für politischen Protest. Als Ort des Gebetes und der Zusammenkunft der Gläubigen ist sie selbst für ein autoritäres Regime wie das saudische (nahezu) sakrosankt. Als sich 1979 saudische Extremisten in der Moschee von Mekka verschanzten, sträubten sich einige Rechtsgelehrte, dem Militär die religiöse Rechtfertigung zum Sturm auf die heiligste Stätte des Islams zu geben. Mittlerweile hat das Herrscherhaus erkannt, wie sehr auch die Prediger in den Moscheen, die eigentlich staatshörig sind, zu einem Klima beitragen, indem sich politischer Protest fast ausschließlich über die Religion äußert. Nach dem 11. September hat der saudische Innenminister die wichtigsten Freitagsprediger zusammengerufen und ihnen unmissverständlich klar gemacht, wer im Land letztlich das Sagen hat. Solidaritätsbekundungen für Osama Bin Laden seien nicht erwünscht.

Wenn fehlende soziale Gerechtigkeit einer der Katalysatoren für islamistische Opposition in Saudi-Arabien ist, so kommt die Komplizenschaft des »ungläubigen Westens« bei der Aufrechterhaltung dieses Regimes noch erschwerend hinzu. Saudi-Arabien ist seit den 50er-Jahren einer der engsten Verbündeten der USA im Nahen Osten. Das Interesse Washingtons an der Arabischen Halbinsel hatte lange Zeit in erster Linie wirtschaftliche Gründe. Amerikanische Firmen machen Milliardenumsätze bei der Ausbeutung des saudischen Öls. Doch seit der Islamischen Revolution im Iran 1979 und mehr noch nach dem Golfkrieg 1991 ist Saudi-Arabien auch zu einem wichtigen Militärstützpunkt für die US-Army geworden.

Teure Verbündete

Aber auch für die Amerikaner selbst ist es schwierig, das besondere Verhältnis zum saudischen Herrscherhaus vor ihren eigenen Bürgern zu rechtfertigen. Das streng islamische Regime mit seinen Menschenrechtsverletzungen, der fehlenden Religions- und Meinungsfreiheit entspricht so gar nicht den amerikanischen Vorstellungen von Demokratie. Deswegen wird Kritik an dem arabischen Verbündeten in Washington nicht gern gesehen – sie fällt letztlich auf die amerikanische Regierung selbst zurück. Außerdem will man den Partner nicht bloßstellen. Bill Clinton hat sich beispielsweise 1994 bei der saudischen Regierung entschuldigt, weil ein Beamter des Außenministeriums es gewagt hatte, auf einer Pressekonferenz die Menschenrechtsverletzungen in Saudi-Arabien anzuprangern. Etwa zur gleichen Zeit verhinderte der Präsident, dass amerikanische Sicherheitsexperten eine Studie über die Stabilität der saudischen Monarchie erstellten – aus Furcht, das Ergebnis könnte zu negativ ausfallen.

Die Saudis lassen sich die amerikanische Treue einiges kosten. 40 Prozent der Petrodollars werden in Rüstungsgüter gesteckt, die meisten davon amerikanische. Die

Ölmonarchie hat allein in den vergangenen zwölf Jahren Waffen und Geräte im Wert von 40 Milliarden US-Dollar gekauft. Trotzdem kann sich Saudi-Arabien nicht selbst verteidigen, sondern ist weiterhin auf amerikanische Berater angewiesen. Viele der Waffen werden darüber hinaus gar nicht gebraucht. »Der Kauf dieser Waffen«, so Gregory Gause, ein amerikanischer Saudi-Arabien Experte, »hat weniger mit Selbstverteidigung zu tun als mit dem Versuch, politische Unterstützung aufzubauen. Sie gewinnen damit das Wohlwollen des Pentagon und der Industrie und von Politikern, die sie unterstützen.«

Für viele der 5 000 Prinzen des Hauses Saud macht es aber durchaus Sinn, sich am Verschleudern der nationalen Ressourcen zu beteiligen: Bei der Vermittlung der Aufträge schöpfen sie häufig fette Kommissionen ab. Doch bei den Islamisten verstärkt das nur die Wut auf das Regime.

Patrick Grootveldt

Islamisierung und Demokratie im Schatten des Schwarzen Goldes

Die Golfmonarchien: Zwischen staatlich gelenktem Islam und zaghaften politischen Reformen

Der Islam ist in den kleinen Golfmonarchien Bahrain, Katar, Kuwait, Oman und Vereinigte Arabische Emirate (VAE) in doppeltem Sinne Staatsreligion: Er bildet nicht nur die Grundlage staatlichen Handelns sowie des öffentlichen und privaten Lebens, sondern wird in regimefreundlichen Interpretationen des Islam als Legitimationsbasis der politischen Systeme von den herrschenden Familien Al-Khalifa (Bahrain), Al-Sabah (Kuwait), Al-Sa'id (Oman), Al-Thani (Katar) und Al-Nahyan (VAE) instrumentalisiert. Was wir im Westen als traditionelle politische Kultur betrachten, sind in Wirklichkeit ideologische Konstrukte, mit deren Hilfe die politischen Führungen ihre enorme Machtfülle gegenüber der eigenen Bevölkerung und auf der internationalen Bühne legitimieren.

Die Regime bedienen sich geschickt der islamischen Rhetorik und Symbole und präsentieren sich als Verkörperung arabischer und islamischer Werte. Entscheidender allerdings für die Akzeptanz in der Bevölkerung war die Einbindung islamischer Institutionen und der ulama (die Schicht der religiösen Gelehrten wie Lehrer, Prediger, Richter etc.) in die großen, mit Hilfe des Ölreichtums finanzierten Staatsapparate. Durch ihre Bürokratisierung wurden Moscheen, Schulen, andere religiöse Bildungsinstitutionen und Gerichte Teil der Verwaltung, die ulama und islamischen Führer staatliche Religionsfunktionäre. Damit festigten die Herrscherfamilien ihre politische Legitimation gegenüber der Bevölkerung und können das religiöse Leben in ihren Ländern kontrollieren – zumindest in den offiziellen, staatlich sanktionierten und finanzierten religiösen Institutionen. Religiösen Dissidenten werden nach wie vor lukrative Positionen im staatlich verwalteten Islam angeboten, um sie mundtot zu machen und ihre Loyalität zu gewinnen.

Nuancen der Freiheit

Die kleinen Golfmonarchien betrachten die Scharia zumindest als eine Grundlage ihrer Rechtssysteme, ihre Verfassungen sichern allen Einwohnern Religionsfreiheit zu, wenn auch Gastarbeiter – vornehmlich aus dem Mittleren Osten und Südostasien – sowie anderen Ausländer, die bis zu 90 Prozent der Gesamtbevölkerung ausmachen, bei der Ausübung ihrer Religionen im Alltag vielen Einschränkungen unterworfen sind. Die schiitischen Minderheiten werden in der Regel bei der Vergabe qualifizierter Jobs, z. B. in sensiblen Bereichen des öffentlichen Dienstes wie den Sicherheitsorganen, diskriminiert und sind von der politischen Mitbestimmung völlig ausgeschlossen. Ihre religiösen Institutionen bleiben im Gegensatz zu denen der Sunniten frei von staatlicher Einflussnahme, werden andererseits aber meist auch nicht finanziert. In allen Staaten ist der

Übertritt von Muslimen zu anderen Religionen gesetzlich verboten und/oder wird mit extremer sozialer Ausgrenzung bestraft. Allein Bahrain, wo im Gegensatz zu den anderen Golfmonarchien Schiiten die Mehrheit der muslimischen Bevölkerung stellen, gilt politisch und religiös als relativ liberal, zumindest im Vergleich zu Katar, in dem sich die Sunniten weitgehend zum konservativen Wahhabismus bekennen, allerdings nicht in der konsequent puristisch-strengen Auslegung, wie sie in Saudi-Arabien vorherrscht.

Der Wahhabismus geht auf seinen Begründer Muhammad Ibn Abd al Wahhab zurück, der im 18. Jahrhundert die als besonders streng geltende Hanbali-Schule islamischen Rechts besuchte und die Lehre vertrat, Allah teile als einziger Gott seine Göttlichkeit mit niemandem. Die Wahhabiten waren früher für ihren Fanatismus berüchtigt. In den letzten Jahren ist allerdings eine tolerantere Religionspolitik durch Katars Emir Hamad Ibn Khalifa Al-Thani insbesondere Christen gegenüber zu beobachten. Das religiöse Klima in Kuwait wird insgesamt als tolerant und offen bewertet, ein Umstand, der sicher auch auf die ethnisch stark gemischte Bevölkerungszusammensetzung zurückzuführen ist. Ein Gesetz sieht allerdings Gefängnisstrafen für Journalisten vor, die den Islam angeblich verhöhnen. Ultrakonservative Islamisten haben dieses Gesetz wiederholt missbraucht, um beispielsweise missliebige Autoren unter Druck zu setzen. So befand im Januar 2000 ein Gericht zwei Autorinnen der Blasphemie und Obszönität für schuldig.

Oman ist das einzige islamische Land der Welt, in dem Ibadi-Muslime die Bevölkerungsmehrheit stellen. Die Ibadi sind eine der ältesten Gruppen innerhalb des Islam. Ihrer Tradition gemäß wurden Imame aufgrund ihrer Fähigkeiten und Verdienste um die Gemeinschaft von einem Rat religiöser Gelehrter zum politisch-militärischen und religiösen Führer gewählt. Während Sultan Qabus Ibn Sa'id von Oman ebenfalls ein tolerante Religionspolitik gegenüber nicht-muslimischen Gemeinschaften verfolgt, überwacht die Polizei die Moscheen, um sicherzugehen, dass sich die Imame in ihren Predigten an die standardisierten, vom Religionsministerium regelmäßig herausgegebenen Texte halten, keine politischen Themen diskutieren und somit im Rahmen der staatlichen islamischen Orthodoxie bleiben; eine Praxis, die auch in Bahrain und anderen Golfmonarchien durchaus gängig ist, um Oppositionellen, vor allem islamischen Fundamentalisten, möglichst wenig Raum zur Agitation zu geben. Lediglich in den Vereinigten Arabischen Emiraten herrscht großer Respekt vor der Privatsphäre und der islamischen Tradition der Toleranz insbesondere gegenüber Christen.

Kritik am Westen

Obwohl die Regime mit Hilfe ihres Ölreichtums die ideologische Unterstützung der islamischen Institutionen und religiösen Führer gewannen, halten sie doch nicht das Monopol auf die Auslegung des Islam. Insbesondere nach der Revolution im Iran erhielten fundamentalistische, teilweise auch gewaltbereite schiitische Gruppen wie in Kuwait oder Bahrain Zulauf, konnten aber nicht wie im Iran eine von der breiten Bevölkerung getragene Opposition auf die Beine stellen. In den 90er-Jahren waren es vor allem sunnitische Aktivisten, die zwar mit den offiziellen Interpretationen des Islam durch die Regime übereinstimmten, aber diese nicht mit letzter Konsequenz umgesetzt sahen. Die islamistischen Gruppen in den kleinen Golfmonarchien fordern insbesondere die Einführung der Scharia als einziger Quelle der Rechtssysteme und stimmen dabei zum Teil mit den regimetreuen konservativen Kräften überein, so zum Beispiel im kuwaitischen Parlament, wo die Opposition bei den Wahlen von 1992, 1996 und 1999 eine deutliche Mehrheit errang. Mit liberaleren Gruppierungen teilen viele Islamisten die Forderung nach einer Demokratisierung der autokratischen Herrschaftsstrukturen gemäß dem Vorbild konstitutioneller Monarchien, in denen Gewaltenteilung und eine stärkere politische Partizipationen der Bevölkerung verwirklicht sind. Besonders ausgeprägt ist die Kritik – nicht nur islamistischer Gruppen – an der außenpolitischen Westorientierung der Golf-Regime. Die Sicherheitsbündnisse mit den USA und Großbritannien sind seit dem Überfall Saddam Husseins auf den Kuwait für die Ölscheichtümer überlebenswichtig, doch die Präsenz der Streitkräfte mit ihrer fremden Lebensweise wird von der Bevölkerung weitgehend abgelehnt. Darüber hinaus verstehen große Teile der Bevölkerung eine Politik nicht, die zumindest indirekt Krieg und Gewalt gegen muslimische Brüder und Schwestern in Irak, den palästinensischen Autonomiegebieten oder in Afghanistan unterstützt. Die Empörung über das oft brutale Vorgehen der vom Westen geförderten Nord-Allianz gegen besiegte Taliban-Kämpfer war besonders bei der jungen Generation der Golfmonarchien groß. Doch nicht nur die Außenpolitik der Regime sorgt für eine zunehmende Entfremdung zwischen den Herrscherfamilien und ihrer jeweiligen Bevölkerung. Angesichts des autokratischen Führungsstils und wirtschaftlicher Probleme bröckelt die Legitimationsbasis der Regime zusehends.

Experten sind sich einig: Politische und ökonomische Reformen sind dringend notwendig, um die Golfmonarchien für die Post-Öl-Ära fit zu machen. Angesichts des Ölpreisverfalls seit den 80er-Jahren können die extensiven Wohlfahrtssysteme (freie Bildung, medizinische Versorgung und andere Sozialleistungen) ohne Steuerabgaben schon jetzt oft nur noch mit Krediten aufrechterhalten werden. Das aber ist wichtig, um vor allem die vom hohen Lebensstandard verwöhnte junge Generation bei Laune zu halten. Dennoch sank das Pro-Kopf-Einkommen im letzten Jahrzehnt stetig, nimmt die Arbeitslosigkeit in einigen Bereichen bedrohliche Ausmaße an. Auch hochqualifizierte Kräfte finden nicht mehr ohne weiteres Jobs, da der private Sektor durch die Dominanz des Staates in der Wirtschaft zu langsam wächst. Korruption und Machtmissbrauch in den herrschenden Familien sowie Frustration der technokratischen und wirtschaftlichen Elite über die Ineffizienz der Verwaltung und fehlende politische Partizipationsmöglichkeiten schaffen eine Atmosphäre der Unzufriedenheit.

Zögerlicher Wandel

Die politischen Führungen scheinen die Zeichen der Zeit in der Tat richtig zu deuten. So hat Emir Hamad Ibn Isa Al-Khalifa nach dem Tod seines Vaters im Frühjahr 1999 die jahrelange politische Krise in Bahrain beenden können, indem er durch die Erweiterung der Beratenden Versammlung (ein handverlesenes Beratergremium) und die Ankündigung einer verfassunggebenden Nationalversammlung für die Umwandlung der absoluten Emirsherrschaft in eine konstitutionelle Monarchie einen Sinneswandel bei der Opposition herbeiführte. Auch Hamad Ibn Khalifa Al-Thani von Katar hat eine ständige Verfassung versprochen und Parlamentswahlen für 2002 in Asssicht gestellt. Bei den ersten freien Kommunalwahlen zum Stadtrat von Doha, wo vier Fünftel der Gesamtbevölkerung wohnen, waren Frauen erstmals als Wählerinnen und Kandidatinnen zugelassen, ebenso bei den Parlamentswahlen 2000 im Oman. Dort bildet die direkt gewählte Beratende Versammlung zusammen mit dem von Sultan Qabus Ibn Sa'id ernannten Staatsrat ein Zwei-Kammer-System, das langfristig die Basis für eine konstitutionelle Basis bilden könnte. In Kuwait sind die Voraussetzungen für Reformen eigentlich ungleich günstiger;

die Rede-, Versammlungs- und Organisationsfreiheit geht hier weiter als in den Nachbarmonarchien; politische Organisationen, parteiähnliche Gruppen, Berufsverbände, Gewerkschaften und die Presse sind sehr viel stärker und unabhängiger, doch Regierung und Parlament können sich nicht auf notwendige politische und ökonomische Reformen einigen. Die sieben weitgehend unabhängigen Emire der föderal organisierten VAE achten eifersüchtig auf ihre Autonomie. Erste Schritte zu einer Demokratisierung sind unter diesen Umständen in nächster Zeit kaum zu erwarten. Die Schlüsselpositionen in Regierung und Verwaltung bleiben von den Herrscherfamilien besetzt.

MARIANNE DOERFEL

Kaschmir im Kreuzfeuer der Interessen

Eine Frage der Vorgeschichte: Freiheitskämpfer oder Terroristen

Bei der neuen, zweiten Welle der Beschäftigung mit dem Islam – die erste setzte vor gut 20 Jahren während der Revolution in Persien ein – wird deutlich, wie groß die Lücken sind, wenn es um die Geschichte der islamischen Länder in Zentralasien geht. Das ist kaum verwunderlich, denn die Landkarte wies bis weit in das 19. Jahrhundert viele weiße Flecken auf. In die unzugänglichen Hochgebirgsregionen drangen nur einzelne Forschungsreisende vor, meist Engländer, als die russische Ausdehnung nach Süden die anglo-indische Regierung ernsthaft beunruhigte.

Deshalb setzte die internationale Politik jetzt ihre Hoffnungen auf eine Vermittlung zwischen Pakistan und Indien im Kaschmirkonflikt auf England als jenem Land, das in diesem alten Krisengebiet fast zwei Jahrhunderte lang eine Führungsrolle einnahm. Freilich ist die Erinnerung an diese Position in Südasien stark belastet durch bittere Erfahrungen, die die ältere Generation noch erlebt hat. Dahin gehört die Überzeugung, dass die Briten bei ihrem Abzug ein politisch tief gespaltenes Land zurückließen.

Kaschmir, der nördlichste Unionsstaat Indiens, der heute erneut zum casus belli zwischen Indien und Pakistan zu werden droht, nimmt in der islamischen Welt eine Sonderstellung ein. Seit dem 16. Jahrhundert war es Teil des von moslemischen Moguln regierten indischen Kaiserreiches, dessen Blütezeit nicht nur durch prachtvolle Bauten gekennzeichnet ist, sondern auch durch längere Perioden religiöser Toleranz. Mit dem einsetzenden Verfall des Reiches im 18. Jahrhundert betraten neue Eroberer den Subkontinent. Sie kamen nicht mehr aus Afghanistan, Persien oder dem Osmanischen Reich, sondern aus Europa.

Für die zahlreichen indischen Fürsten, die sich stets nur vorübergehend einer Zentralgewalt in Delhi unterworfen hatten, bedeutete die Ankunft der Europäer durchaus nicht nur Demütigung und Ausbeutung, wie es die moderne Geschichtsschreibung gerne behauptet. Wer sich mit den Briten arrangierte, war mancher Sorge enthoben, etwa der vor dem unerwarteten Angriff eines mächtigeren Nachbarn. Für den Unterhalt der Truppen zahlten die Fürsten Tribut. Im übrigen blieb der luxuriöse Lebensstil der orientalischen Herrscher unangetastet.

Kluger Staatsmann

Das galt auch für Kaschmir. Der letzte unabhängige indische Fürst Ranjiit Singh hatte mit Hilfe seiner modernen schlagkräftigen Armee in Punjab einen machtvollen Staat aufgebaut, dem er 1819 das von Afghanen beherrschte Kaschmir angliederte. Als kluger und gewandter Staatsmann arrangierte auch er sich mit der East India Company, die aber nach seinem Tod in die Nachfolgekämpfe eingriff. Nach harten Kämpfen wurde das Punjab unter britische Kontrolle gebracht, Kaschmir wurde abgetrennt und einem willfährigen Hindufürsten zugeteilt. Eine beträchtliche territoriale Erweiterung des Fürstentums nach Osten durch die kriegerische Eroberung des buddhistischen Königtums Ladakh traf auf keinen Widerstand bei der East India Company, nachdem man sich über die an die Company zu zahlende Summe einig geworden war. Beides, der Verkauf des Territoriums und die Härte der Hindu-Dogras nach der Übernahme ist bis heute unvergessen.

Von da an hatte Kaschmir die Funktion eines Pufferstaates im Norden, dem die Aufmerksmakeit der seit 1857 bestehenden anglo-indischen Regierung nur insoweit galt, als es darum ging, eine befürchtete russische Infiltration abzuwehren. Britische Truppen waren nicht in Kaschmir stationiert, konnten im Ernstfall aber ohne weiteres aus Punjab herangebracht werden.

Im nicht zu Britisch-Indien gehörenden Kaschmir durften sich Europäer bis 1884 nur während der Sommermonate aufhalten, Landerwerb war nicht gestattet. Der britische Einfluss blieb daher gering, soweit es sich um die Modernisierung des Staates handelte. Britisch-Indien sah den Aufbau einer unabhängigen Gerichtsbarkeit, eines Post- und Polizeiwesens, von Schulen, Universitäten, Eisenbahnen und Straßen sowie einer disziplinierten Armee vor. Wenn es auch diese indischen Soldaten waren, die in der großen Revolte von 1857 gegen die weiße Fremdherrschaft meuterten, so hatten doch weitsichtige indische Intellektuelle erkannt, dass der Anschluss an den westlichen Fortschritt gesucht werden musste, sollte Indien eines Tages seine Unabhängigkeit erreichen.

Mischsprache Urdu

Für die Moslems bedeutete dieses Fernziel die beginnende Auseinandersetzung um die eigene Rolle in einem zukünftigen Hindu-Staat. Einer ihrer frühen Führer, der brillante Syed Ahmed Khan, setzte sich besonders für eine Förderung der wissenschaftlichen Bildung ein. Bereits 1866 gründete er in Aligarh, südlich von Delhi, eine wissenschaftliche Gesellschaft zur Förderung von Übersetzungen in Urdu, einer Mischsprache aus Persisch und Hindi, die mit persisch-arabischen Schriftzeichen geschrieben wird. Wenig später folgte ein nach englischem Vorbild begründetes moslemisches College. Westliches Wissen und die Lehren des Islam wurden nebeneinander vermittelt.

So sehr die Briten seine Arbeit schätzten, so kritisch standen andere Moslems Syed Ahmeds Auffassung und Interpretation des Koran gegenüber. Seine Tendenz, eine Verständigung mit den Briten zu suchen, um die Position der Moslems gegenüber den Hindus zu stärken, brachte ihm nicht nur Freunde.

Unter den Vorkämpfern der Unabhängigkeitsbewegung findet sich eine ganze Reihe, die ein juristisches Studium in England absolvierte, darunter Jawaharlal Nehru und Mahatma Gandhi. Ihr großer Gegenspieler wurde Mohammed Ali Jinnah (gestorben 1948), der die Sammlungsbewegung der 1906 gegründeten Moslem Liga vertrat. Auch er war in England zum Juristen ausgebildet worden, hatte zeitweilig eine Anwaltskanzlei in Bombay und vertrat mit Nachdruck die Zweistaatentheorie, nachdem der Congress die von ihm geforderten Verfassungsgarantien für die moslemische Minderheit verweigert hatte. Jinnah gilt daher als der Begründer Pakistans. »Nie zuvor in der Weltgeschichte hat sich eine Nation in so kurzer Zeit hinter ein gemeinsames Programm und ein gemeinsames Ideal gestellt wie die Moslems in diesem riesigen Subkontinent«, erklärte er 1943.

Der neue Staat Pakistan sollte eine verfassungsmäßige Demokratie sein, denn »die Demokratie liegt uns im Blut, geht uns bis ins Mark.« Es gelte, einen neuen Staat auf dem

Grundsatz der Gleichheit aller Bürger zu bilden ohne Diskriminierungen von Kasten und religiösen Überzeugungen. Zur Ausarbeitung einer Verfassung durch Jinnah kam es jedoch nicht mehr, und sein Nachfolger, Liaquat Ali Khan, der erste Premierminister, gab der Religion als einem Wertesystem das größere Gewicht. Die Teilung des Subkontinents wurde zu einem Trauma, denn sie stand am Ende eines Unabhängigkeitskampfes, der eine große Zahl bedeutender Persönlichkeiten hervorgebracht und viele Opfer gekostet hatte. Weit mehr als 500 Fürsten mussten für den Zusammenschluss gewonnen werden, am 15. August 1947, dem Tag der Unabhängigkeit, hatten nur drei Fürstentümer die Zustimmung verweigert, darunter Kaschmir. Zwei Monate später fielen Bergstämme aus dem neu gegründeten Pakistan in Kaschmir ein, und innerhalb von drei Tagen unterzeichnete der Maharadja von Kaschmir die Anschlusskurkunde.

Die Festlegung der Grenzen zwischen Pakistan und Indien durch eine gemeinsame Kommission hatte ihren Abschluss im Juni 1947 auf einer Konferenz in Simla gefunden. Eine Einigung war nicht erzielt worden. Die noch amtierende anglo-indische Regierung musste entscheiden und sah sich Vorwürfen von beiden Seiten ausgesetzt.

Zwei Staatsideen standen hinter dem von nun immer wieder aufflackernden Streit um Kaschmir. Sollte das überwiegend moslemische Fürstentum auf Grund der Entscheidung des Maharadjas dem säkularen Hindustaat eingegliedert bleiben oder gehörte es nicht kraft seiner religiösen Zusammensetzung zum Heimatstaat der Moslems, zu Pakistan? Mehr als ein Drittel der Hochgebirgsregion im Norden blieb nach dem Waffenstillstand von 1949 unter pakistanischer Verwaltung. Im indischen Sprachgebrauch wird dieser Landesteil als PoK, Pakistan-occupied-Kashmir bezeichnet. Auf pakistanischer Seite wird der westliche Teil des besetzten Territoriums als Azad Kashmir (Freies Kaschmir) bezeichnet, der östliche Teil als Northern Provinces. Die Bevölkerung ist nicht wahlberechtigt. Der eigentliche Kampf geht um das fruchtbare und für seine Schönheit berühmte Tal von Kaschmir, dessen Bewohner weniger kriegerisch geprägt sind als die Afghanen oder die zentralasiatischen Bergvölker. Erst die junge Generation, aufgewachsen in einer Atmosphäre der politischen Instabilität, zeigte sich empfänglich für die Bildung einer Irredenta und den Anschluss an die Internationale des militanten Islam.

Eine Modernisierung – etwa des Bildungswesens – erwies sich in Kaschmir als besonders schwierig. Die Hindufürsten haben wie viele andere indische Herrscher durch eine rigorose Besteuerung und eine uferlose Korruptionswirtschaft am Ende des 19. Jahrhunderts das Land an den Rand des Staatsbankrotts geführt. Moslems wiedersetzten sich einer modernen Erziehung und Bildung. Selbst für die Söhne wollte man nicht mehr ausgeben als zehn Rupien (damals 15 Mark) für einen Maulvi (Mullah).

90 Jahre später begegnet der Besucher zuweilen der Klage: »Sie geben lieber das Geld für Wein aus als für die Erziehung ihrer Kinder«, so berichtet ein im östlichen Grenzgebiet lebender christlicher Geistlicher. Spricht man von den Kaschmiris, so denkt jeder zuerst an das Tal von Kaschmir. Beliebt sind deren Bewohner nicht bei den Nachbarn, denn sie gelten als gerissene Händler. Die indische Öffentlichkeit reagiert seit Jahren mit Missmut auf die immer gleichen Nachrichten aus Kaschmir, in das Subventionen gepumpt werden, während die militärischen Kosten ständig steigen.

Die indische Verfassung sieht gewisse Autonomierechte für Kaschmir vor. Ihre Durchsetzung durch eine frei gewählte Regierung scheiterte jedoch immer wieder an manipulierten Wahlen, die zu neuen anti-indischen Unruhen führten. Ein von der UN mehrfach gefordertes Referendum kam bis heute nicht zustande. Ein vorsichtiger Hinweis des Dalai Lama auf der südasiatischen Friedenskonferenz vom August 2001, dass man die Wünsche der Bevölkerung berücksichtigen solle, löste Proteste bei der Regierungspartei BJP aus. Von einem Gast und Freund Indiens erwarte man solche Äußerungen nicht. Kaschmir sei integraler Bestandteil Indiens, ein Recht auf Selbstbestimmung könne daher nicht geltend gemacht werden. Im Hintergrund steht die Sorge um eine Radikalisierung anderer moslemischer Bevölkerungsteile, deren »Befreiung« Führer militanter Kampfgruppen mehr als einmal forderten.

Der Einsatz von Bodentruppen in Afghanistan bildet einen neuen Faktor der Instabilität. Inwieweit Präsident Musharraf den Terrorismus wirklich eindämmen kann und will, ist eine offene Frage. Seine Bekentnisse zur friedlichen Lösung der Kaschmirfrage werden in Indien skeptisch aufgenommen. Gleichzeitig laufen die Kommentare aber darauf hinaus, dass eine Schwächung Musharrafs im eigenen Land nicht wünschenswert ist.

Das große Fragezeichen ist die Reaktion der pro-islamischen, antiamerikanischen, in Pakistan ausgebildeten Kampfgruppen, die als Freischärler die ganze Region als ihr Schlachtfeld betrachten. Noch vor dem Einsatz der Bodentruppen warnte ein indischer Kommentator davor, christliche Soldaten nach Afghanistan zu bringen. Das würde nur den Zustrom von Stammeskriegern verstärken, die dem »Verrat am Islam« durch eine vom Westen gestützte Regierung mit dem Dschihad begegnen würden. Jede weitere Entwicklung in Afghanistan hat Rückwirkungen auf Kaschmir.

Katja Niethammer

Ein Staat und die Stämme im Wartestand

Afghanistan: Nationenbildung im Schatten radikaler Islamisierung

Afghanistan ist, daran werden wir täglich medial erinnert, geradezu ein paradigmatischer Fall von fehlgeschlagener Nationenbildung. Die Bevölkerung des Landes ist in verschiedenste politische Gruppierungen zersplittert, die sich religiös und ethnisch definieren – oder so definiert werden. Das Zusammenspiel zwischen diesen Loyalitäten erscheint zunächst unübersichtlich – warum sind die Taliban beispielsweise vor allem unter den Paschtunen zu finden? Gibt es eine Art Wahlverwandtschaft zwischen der radikalen Islamauslegung und der tribalen Struktur dieser Bevölkerungsgruppe? Welche Schlüsse lassen sich aus einer solchen Bevölkerungsstruktur für die Zukunft des Landes ziehen? Gibt es Traditionen für einen starken Zentralstaat oder haben sich nicht eher Strukturen herausgebildet, die für eine weitgehende dezentrale Organisation des Landes sprechen?

Erschwert wird die Nationenbildung Afghanistans durch historische Muster, die von heutigen Akteuren als Vorläufer jetziger Konflikte gedeutet werden. So kann – und dies geschieht häufig – die Entstehung des afghanischen Staatswesens als Geschichte paschtunischer Versuche gedeutet werden, Vorherrschaft über die anderen im Land lebenden Gruppen, die schiitischen Hazara, die Usbeken und Tadschiken, zu gewinnen.

Die Anfänge des afghanischen Staatswesens liegen im 18. Jahrhundert. Damals gelang es dem paschtunischen Stammesführer Ahmad Schah Sadozai, Teile des zuvor iranischen Herrschaftsgebiets zu sichern und fortan mit Hilfe der paschtunischen Elite aus Stammesführern zu verwalten. Diese üben an sich nur eine schwache Herrschaft über Stammesmitglieder aus. Sie entstammen zwar zumeist bestimmten Familien, jedoch gibt es keine festgelegten Erbfolgeregeln und daher immer eine Überzahl an Aspiranten auf Führungsrollen. Die Stammesversammlungen wählen einen Führer, der auch wieder abgesetzt werden kann. Leben Stämme weitgehend autark, so entsteht gewöhnlich eine tendenziell egalitäre, durch stark partizipatorische Elemente geprägte Gesellschaftsform. Dies ändert sich bei Stämmen durch die Interaktion mit einem zentralen Staat.

Primi inter pares

So auch in Afghanistan: Zwischen dem Herrscherhaus und den lokalen Stammesführern bildete sich ein System von Patron-Klient-Beziehungen heraus. Letztere hatten bisher eher als Primi inter pares in den paschtunischen Stämmen fungiert, bekamen nun aber eine zunehmend herausgehobene Stellung und eine wichtige Mittlerfunktion. Sie erhielten königliche Subsidien in Form von Ländereien und konnten teilweise Zölle einnehmen. Je enger die Interaktion der Stammesführer mit der Zentralmacht, desto feudaler die Strukturen, die sich daraus entwickelten, desto größer auf lange Sicht die Unabhängigkeit von der Zentralmacht. Nachdem im ersten Drittel des 19. Jahrhunderts eine neue Dynastie, die Muhammadzai, die Macht ergreifen konnte, mussten deren Herrscher sich im Rahmen der durch die Notabeln abgesteckten Handlungsspielräume bewegen. Die weitab der Handelsrouten lebenden Stämme dagegen blieben dem egalitären Stammesethos näher. In beiden Fällen konnten die Herrscher des Zentralstaats auf die inneren Angelegenheiten der Stämme kaum Einfluss ausüben. Bestrebungen im Laufe des 19. Jahrhunderts, den Zentralstaat auf eine nicht-tribale Beamtenschaft zu stützen, war nur begrenzter Erfolg beschieden.

In den Entwicklungen des 18. und 19. Jahrhunderts deuten sich schon einige Probleme an, die bis heute fortwirken: Die Herrschaft der Zentralregierung über die peripheren Regionen gelingt nur mit Hilfe persönlicher Autoritäten und kann sich nicht auf institutionalisierte Bindungen stützen. Die Zentralgewalt kann versuchen, durch die Kontrolle von Allianzen unter den Stämmen zu regieren. Ebenso muss die Zentralmacht Gewinnanreize für ihre lokalen Notabeln bereithalten. Die daraus erwachsenden Patron-Klient-Beziehungen zwischen Zentrale und lokalen Herrschern setzen sich entsprechend auch auf den darunter liegenden Ebenen, d. h. zwischen den Stammesführern und den Stammesmitgliedern, fort. So setzt eine Kommodifizierung von politischen Beziehungen ein. Gleichzeitig bleibt die Herrschaftsstruktur des Landes polyzentrisch; die Zentralmacht kann keine direkte Herrschaft über das Land ausüben.

Dominanz der Paschtunen

Im 19. Jahrhundert wurden die wirtschaftlichen Anreize für die paschtunischen Notabeln durch die Unterwerfung und Unterdrückung der nicht-paschtunischen Bevölkerungsteile erwirtschaftet, ein Muster, an das sich heute politische Polemiken problemlos anknüpfen lassen. Die Dominanz der Paschtunen über die anderen Bevölkerungsteile setzte sich auch im 20. Jahrhundert fort. Der Zugang zu den wirtschaftlichen und politischen Ressourcen des Landes wurde bis zum Afghanistan-Krieg der 70er-Jahre weithin durch die ethnische Zugehörigkeit bestimmt. Die Elite des Landes bestand aus paschtunischen Notabeln, Tadschiken konnten in geringerem Maß Zugang zu Verwaltungsposten finden und waren ökonomisch aktiv. Sie bildeten daher eine Art Mittelschicht, während Usbeken auf zentralstaatliches Geschehen kaum Einfluss gewinnen konnten. Den schiitischen Hazara waren politische Mitbestimmung oder ökonomische Teilhabe weitgehend unmöglich.

Ethnische Identitäten entstehen nicht aufgrund »tatsächlicher«, materiell gegebener Gemeinsamkeiten etwa in Sprache, Religion und einer angenommenen gemeinsamen Abstammung; sie entstehen dann, wenn diese Unterschiede von den Akteuren als so bedeutungsvoll erachtet werden, dass sie zu einem Bewusstsein einer eigenständigen – und von anderen abgrenzbaren – Identität führen.

Im Afghanistan der Vorkriegszeit war das Bewusstsein, einer Ethnie anzugehören sowie deren Organisationsgrad bei den verschiedenen Gruppen sehr unterschiedlich ausgeprägt: Besonders die Tadschiken sind hier interessant, bezog sich doch die Bezeichnung zunächst nur auf die Dari sprechenden und sesshaften Einwohner des Landes, die nicht an einen Stamm gebunden waren. Die Vorstellung einer gemeinsamen Herkunft oder Abstammung, gewöhnlich integral für die Identitätsbildung ethnischer Gruppen, existiert nicht. Gleichwohl führte die Abgrenzung seitens der und gegenüber den anderen ethnischen Gruppen zur Herausbildung der tadschikisch-ethnischen Identität.

Angehörige der Taliban-Milizen, mit Kalaschnikows und Panzerabwehrwaffen bestückt, auf dem Weg zum Pandschirtal im Norden Afghanistans, das sie während ihrer blutigen Herrschaft nie erobern konnten. Foto: Ullstein-Bilderdienst

Während der sowjetischen Besatzungszeit (1979–1989) traten die Muster der ethnischen Grenzziehungen zwischen den Gruppen als Konfliktstoff erwartungsgemäß in den Hintergrund. Doch das baldige Zerbrechen der 1989 formierten Interimsregierung der sieben Mudjahedin-Parteien und der spätestens ab 1992 offen geführte Bürgerkrieg ließen die ethnischen Konstrukte als politische Loyalitätsgruppen erstarken. Der fast 20 Jahre anhaltende Krieg mit den enormen Flüchtlings- und Opferzahlen zerstörte Bindungen mit lokalem Bezugsrahmen zugunsten der Identifikation mit den größeren, ethnischen Solidargruppen. Begünstigt wurde die Entwicklung zusätzlich durch die zunehmende Externalisierung des Konflikts: Die einzelnen Regionalmächte versuchten, Einfluss auf das Geschehen in Afghanistan über die korrespondierenden ethnischen Gruppierungen zu gewinnen: So unterstützte Pakistan die vornehmlich paschtunischen Parteien, Iran die schiitischen Hazara; ähnlich verhielten sich Usbekistan und Tadschikistan.

Somit boten sich Anknüpfungspunkte an alte Patron-Klient-Modelle politischer Beziehungen. Es überrascht daher nicht, dass sich für alle ethnischen Gruppierungen charismatische Führungspersönlichkeiten fanden. Trotzdem erschöpften sich die Konfliktparteien nicht in der Berufung auf ethnische Kategorien: Alle Parteien – die vor allem aus Tadschiken bestehende Djam'iyat-i Islami, die usbekisch dominierte Djunbisch-i

Milli, die Hizb-e Wahdat der Hazara und die mehrheitlich paschtunischen Parteien, die Hizb-i Islami und der Ittihad-i Islami (ab 1994 die Taliban) – versuchten, sich zusätzlich über ihre jeweiligen Islamauslegungen zu profilieren. Da es nach dem sowjetischen Abzug nicht mehr reichte, einfach »islamisch« im Gegensatz zu »kommunistisch« zu sein, wurden die Islamauffassungen zunehmend radikaler und veräußerlichter. Durch ihren islamischen Anspruch versuchten alle Bewegungen, auch eine universalistische Perspektive aufrecht zu erhalten – nicht alle hatten damit Erfolg.

Den Taliban jedoch, die 1994 im paschtunischen Kandahar die Szene betraten, gelang gerade dieses: Ihre ethnische Basis trat zugunsten des islamischen Anspruchs stark in den Hintergrund. Vor allem in der Anfangszeit konnten die Taliban sich einer bürgerkriegsmüden Bevölkerung als fraktionsübergreifende Friedensstifter darstellen, die eine einheitliche islamische Gemeinschaft förderten. Dass der Führer der Bewegung, Mullah Umar, mit dem Kalifentitel Amir ul-Mu'imin, Herrscher der Gläubigen, benannt wurde, bestärkte das Bild der zu erschaffenden islamischen Einheit. De facto blieben aber auch die Taliban fest in ihrer ethnischen Gruppierung verankert. Die Unterstützung der paschtunischen Stämme konnten sie durch den Aufbau von Klientelbeziehungen gewinnen. Dies um so erfolgreicher, da die Taliban zunächst Zugriff auf ganz erhebliche finanzielle Mittel hatten, nicht zuletzt durch ihre saudi-arabischen, pakistanischen und US-amerikanischen Unterstützer. Lokale Notabeln und Kommandeure profitierten so doppelt: zum einen durch neue Patronageverhältnisse, zum anderen auch durch einen Kampf für die gerechte islamische Sache. Die Bewegung breitete sich unter den Paschtunen rasant aus, was seitens der Djam'iyat-i Islami, der Djunbisch-i Milli und der Hizb-e Wahdat die Gründung der Nordallianz zur Folge hatte. Die ethnische Färbung des Konfliktes bekam so eine neue Nuance: Paschtunen gegen Minderheiten. Diese Wahrnehmung des Konfliktes wurde zur self-fulfilling prophecy: Als die Taliban 1998 Mazar-i Scharif einnahmen, richteten sie ein Massaker unter den Hazara an.

Obwohl die Herrschaft der Taliban zunehmend in großen Teilen des Landes – vor allem in den nicht-paschtunischen Gebieten – unbeliebter wurde, schien ihre Regierung doch bis zu den US-amerikanischen Angriffen stabil zu sein. Um so mehr erstaunte das rasche Zusammenbrechen der Herrschaft: ein paschtunischer Kommandeur nach dem anderen sagte sich von den Taliban los, deren letzte Kämpfer am Ende fast nur noch aus »arabischen Afghanen« bestanden. Die Bewertung dieser Handlungen kann verschieden ausfallen: Oberflächlich betrachtet, scheint es sich um Verrat an der eigenen Sache zu handeln. Ein genauerer Blick zeigt jedoch, dass für personenzentrierte Herrschaftsbeziehungen, die darauf bauen, Mittlerfiguren – lokale Kommandeure und Stammesführer – durch Patronage zu stärken und zu binden, eine solche Reaktion die einzig sinnvolle Handlungsalternative darstellt. Dauerhafte Stabilität in dieser Situation aufzubauen, erscheint äußerst schwierig, gilt es doch, Bedürfnisse nach lokaler Autonomie zu achten und gleichzeitig örtliche Autoritäten in institutionalisierte, patronage-resistente Strukturen einzubinden.

Konrad Ege

Allah wohnt auch in God's own country bei Afro-Amerikanern und Einwanderern

Amerika und der Islam: Das entscheidende Kapitel wird jetzt geschrieben

Ein paar Hundert sind es, die jede Woche zum Freitagsgebet in der Malcolm-Shabazz-Moschee im New Yorker Stadtteil Harlem kommen. Überwiegend Afro-Amerikaner, fast nur Männer. Verkehrslärm von der 116. Straße, am Eingang werden die Taschen zur Sicherheit von einem ehemaligen Footballspieler gecheckt.Iman Izak-El Muteed Pasha spricht. Der afro-amerikanische Geistliche ist gleichzeitig ein Kaplan der New Yorker Polizei. Auf Amerika lässt er nichts kommen. Natürlich gebe es Rassismus, natürlich Diskriminierung. »Aber ich kann hier sagen, was ich will, und Gesetze können geändert werden«, wettert er. »Da zeige mir mal einer ein so genanntes islamisches Land, in dem es so viel Freiheit gibt.« Die Terroristen hätten die Giftspritze verdient. Die Opfer der Anschläge seien jetzt alle im Paradies.

Die Moschee trägt den Namen des 1965 ermordeten muslimischen Aktivisten und Predigers Malcolm X, der seinen Namen nach einer Pilgerfahrt nach Mekka zu El-Hajj Malik El-Shabazz geändert hatte. Malcolm X war in den späten 50er- und frühen 60er-Jahren Sprecher des radikalen schwarzen Amerikas; Martin Luther Kings Gewaltlosigkeit war ihm ein Gräuel. Die »Nation of Islam«, der Malcolm bis kurz vor seinem Tod angehörte, vertrat Rassentrennung, sauberes Leben und Selbsthilfe, die in der Forderung nach einer eigenen Nation für Afro-Amerikaner gipfelte. Weiße seien Teufel, übrig geblieben von einem fehlgeschlagenen Experiment eines abtrünnigen Dieners Allahs.

Schwarz-nationalistische Ideologien flammen noch heute gelegentlich auf in Amerika, nicht zuletzt auch mangels politischer Alternativen, aber die muslimische Welt sieht ganz anders aus als zu Malcolms Zeiten. Iman Pasha und viele Geistliche sind eher konservativ und legen Wert auf Beziehungen zu Weißen, zu Christen und zu Juden. Die meisten amerikanischen Muslime sind Sunniten, eine Minderheit Schiiten, und eine kleine Minderheit Angehörige der »Nation of Islam«, geleitet heute von dem charismatischen Louis Farrakhan. Die amerikanischen Muslime sind eine Mischung von zum Islam konvertierten Afro-Amerikanern (etwa ein Drittel), Einwanderern aus Asien und dem Nahen Osten und Kinder von Einwanderern. Sie leben hauptsächlich in Kalifornien, New York, New Jersey und in Michigan. Aber keiner weiß so richtig, wie viele Muslime es wirklich gibt in den USA. Muslimische Verbände sprechen von sechs bis sieben Millionen; stimmt das, lebten in den USA mehr Muslime als Juden.

Einer aktuellen Studie des American Jewish Committee zufolge ist das übertrieben. Es gebe in Wirklichkeit nur zwischen 1,5 Millionen und 3,4 Millionen Muslime. Ein Experte der Encyclopedia Britannica schätzt 4,1 Millionen, das Hartford Institute for Religious Research kam zum Schluss, dass etwa zwei Millionen Amerikaner mindestens einmal im

Jahr zur Moschee gingen. Die Zahl derer, die sich mit dem Islam identifizierten, sei aber wesentlich höher. Hinter den widersprüchlichen Erhebungen stecken politische Interessen, aber auch wirkliche Probleme: Nirgendwo in den USA, im Land der Religionsfreiheit, gibt es offizielle Zahlenangaben über Religionszugehörigkeit. Die amtliche Volksbefragung interessiert sich für Hautfarbe, Beruf, Einkommen und vieles mehr: Nach dem Glauben darf aber nicht gefragt werden.

Doch was immer auch stimmen mag: Die USA sind in den vergangenen zwei oder drei Jahrzehnten von einem jüdisch-christlichen (wenn auch manche konservative Christen das »jüdisch« ignorieren möchten) zu einem multireligiösen Land geworden. Hindus, Sikhs, Buddhisten, New Age, Hexen, Bahai'i ... Die Muslime aber haben den größten Zulauf unter den neuen Religionen. Mehr als 1 300 Moscheen stehen heute in den USA – doppelt so viele wie vor 15 Jahren. Vor dreißig Jahren hatte es nur ein paar Hunderttausend Muslime gegeben. Amerika gewöhnt sich zögernd, aber doch zwangsläufig an die Muslime, selbst wenn diese nicht die »normalen« religiösen Feiertage feiern, kein Schweinefleisch essen, nicht trinken und manche von ihnen diese seltsamen »ausländischen« Kleidungsstücke tragen.

Unsägliche Stereotypen

Die potentiellen Konfliktzonen waren aber schon vor dem 11. September groß, und Muslime haben niedrigeren gesellschaftlichen Status als Angehörige vieler christlicher Kirchen und Juden, wie Soziologen der City University of New York vor mehreren Jahren ermittelten. Amerikaner sind nicht sonderlich gut informiert über die andere Religion. Zahlreiche Filme, von »Nicht ohne meine Tochter« mit Sally Fields bis hin zu Disney-Cartoons (Aladin u. a.) mit unsäglichen Stereotypen vom gemeinen, bärtigen Araber vergiften die Köpfe. Hakennase nicht zu vergessen. Viele Amerikaner haben Angst vor dem Unbekannten. Handfeste Proteste erfolgten zum Beispiel im Landkreis Loudon unweit von Washington gegen Pläne für den Bau einer islamischen Schule; und je nach außenpolitischer Wetterlage werden »die Muslime« verdächtigt, mit Terroristen in Verbindung zu stehen. So mutmaßten »Experten« gleich nach Timothy McVeighs Attentat in Oklahoma City, islamische Terroristen seien schuld.

Der Islam ist schon vor mehr als 300 Jahren nach Amerika gekommen. Ein guter Teil der als Sklaven verschleppten Westafrikaner dürften Muslime gewesen sein. Ihnen wurde in Amerika die falsche Religion ausgepeitscht und die richtige eingetrichtert. Abgesehen von vereinzelten muslimischen Einwanderern fand der Islam erst im 20. Jahrhundert wieder eine Heimat in Amerika – zunächst im schwarzen Amerika. Dieser letztendlich eigenständige »afro-amerikanische Islam« hat seine Wurzeln in religiös-nationalistischen Bewegungen nach dem Ersten Weltkrieg, u. a. in der »Moorish-Science-Tempel«-Vereinigung, und in Marcus Garveys Universal Negro Improvement Association. Vor allem die am meisten unterdrückten und ärmsten »Negros«, wie es damals hieß, fühlten sich angesprochen. Sie wollten stolz sein auf die eigene Identität, angesichts der damals wütenden weißen Hassgruppen und des staatlich sanktionierten Rassismus, suchten Wege zur solidarischen Selbsthilfe und verwendeten einen Mischmasch religiöser Symbole. Auch islamische.

Die »Nation of Islam« wurde in den 30er-Jahren geboren; ihr erster Prophet hieß Wallace D. Fard (oder Farad), eine »mächtige Stimme in der verzweifelten Wüste der schwarzen Innenstädte«, wie ein Islam-Kenner schrieb. Gott habe die Schwarzen aus-

Amerikanische muslimische Frauen vor dem Sternenbanner. Im September trauerten sie mit Angehörigen anderer Religionen um die Opfer der Anschläge vom 11. September.
Foto: dpa

erkoren, die weißen Übeltäter würden ihre gerechte Strafe finden. Diese Botschaft kam an zu Zeiten der Depression. Seine Gläubigen umjubelten den charismatischen Fard als Prophet, dessen Nachfolger Elijah Muhammad erklärte, Fard sei »Gott«. Mit dem Koran hatte das nicht viel zu tun. Aber die Bewegung hält sich bis heute, trotz zahlreicher gewalttätiger Streitigkeiten, trotz oder vielleicht wegen der Feindseligkeit des weißen Amerika, das sich lustig machte über diesen schwarzen Kult und ihn gleichzeitig fürchtete. Zur größten Krise kam es 1964 mit Malcolm X's (damals Sprecher des »regierenden« Elijah Muhammad) Mekka-Reise, bei der er mit Muslimen aller Hautfarben zusammentraf. Malcolm trennte sich von der Nation, warf Muhammad Korruption vor. Malcolms drei Todesschützen waren Mitglieder der »Nation of Islam«. Farrakhan und andere Prominente der »Nation« hatten X als Verräter angeprangert.

Elijah Muhammad verstarb 1975. Sein Sohn Warith Deen Muhammad verabschiedete sich von der »Rassenpolitik« seines Vaters und führte viele Gläubige zum sunnitischen

Islam. Farrakhan übernahm die Führung über die verbleibenden 150-prozentigen und die »Nation of Islam«. Mit wechselndem Erfolg. Von Mitte der 80er- bis Mitte der 90er-Jahre, einer für progressive Politik bleiernen Zeit, gewann Farrakhan beträchtlichen Einfluss auf das schwarze Amerika, zum Teil auch dank des Einsatzes der »Nation« gegen Drogendealer. Schwarze Politiker, Kongressabgeordnete und selbst der Präsidentschaftskandidat Jesse Jackson baten um Farrakhans Segen. 1995 brachte Farrakhan mehrere Hunderttausend Afro-Amerikaner (»Million Man March«) zu einem Tag der »Versöhnung und Erneuerung« nach Washington. Seitdem ist es ruhig geworden um die Nation. Ein nationaler »Familientag«, organisiert zusammen mit der Vereinigungskirche Sun Myung Muns, fand wenig Anklang. auch Farrakhan scheint jetzt seinen Weg zum orthodoxen Islam zu suchen.

Viele muslimische Einwanderer aus dem Nahen Osten und Asien kamen zu Beginn der 60er-Jahre, als die US-Einwanderungsgesetze liberalisiert wurden. Diese erste Generation, wie andere Einwanderungswellen zuvor, arbeitete hart, hatte Erfolg, Familienangehörige zogen nach. Viele Bilderbuchgeschichten. Gleichzeitig hielten die neuen Amerikaner an ihrer Religion fest: Sie wollten sich und ihre Kinder vor Sex, Drugs and Rock and Roll und anderen »Gefahren« abschirmen. Das aber verlangsamte den Prozess der Amerikanisierung und isolierte die muslimischen Gemeinschaften. So haben sich die »ethnischen« Muslime auch politisch noch nicht ganz zurechtgefunden. Erst allmählich entdecken die Republikaner, dass sich dort ein sozialkonservativer Wählerblock verbirgt. Angesichts des knappen Wahlausganges lässt sich sogar die These vertreten, George W. Bush wäre ohne muslimische Stimmen nicht Präsident geworden. Selbst viele afroamerikanische Muslime stimmen für Bush. Das hat auch mit der Nahostpolitik zu tun: Die Demokratische Partei gilt als Israels bester Freund, die Republikanische mit ihren Männern aus der Ölindustrie als Freund der ölproduzierenden arabischen Staaten.

Auf der republikanischen Straße nach Mekka drohen aber Gefahren und Heckenschützen: Die zuverlässigsten republikanischen Wähler sind nämlich die konservativen Christen, und die wollen Muslime nicht als politische Verbündete. Man will sie vielmehr bekehren. Und die muslimische Gemeinschaft wandelt sich: Die zweite Generation stellt die konservativen sozialen Regeln in Frage, vor allem was die Rolle der Frau betrifft. Möglicherweise werde der Islam in den USA eine Wandlung durchmachen wie der Judaismus, spekuliert die junge Autorin Asma Gull Hasan: Reformierte Juden hätten sich auch von vielen strengen Vorschriften verabschiedet, ohne deswegen »schlechte« Juden geworden zu sein. Und nach dem 11. September? Hunderte, wenn nicht Tausende Muslime arabischer und südasiatischer Abstammung – oder Amerikaner, die so aussehen – haben Diskriminierung erfahren, sind beschimpft und bedroht worden. Mindestens drei Personen wurden umgebracht. Gleichzeitig bemühen sich zahlreiche Kirchen um den Dialog und um gegenseitiges Kennenlernen. Politiker, Leitartikelschreiber und Prominente appellieren an Amerika, Muslime und Landsleute arabischer Abstammung nicht zu diskriminieren. Präsident Bush hat muslimische Botschafter zum Ramadan-Mahl ins Weiße Haus eingeladen – das hatte es noch nie gegeben. Aber dann hat das FBI mehr als 1 000 muslimische Männer aus dem Nahen Osten weggesperrt. Als Verdachtspersonen und Zeugen. Amerika und der Islam: Ein entscheidendes Kapitel wird jetzt geschrieben.

Sönke Giard

Toleranz am Arbeitsplatz ja – private Kontakte nein

Frankreich: Über vier Millionen Muslime suchen ihren Weg

Konzentriert und bewegungslos steht Dalil Boubakeur, Vorsitzender der Muslime Frankreichs, vor seiner Pariser Gemeinde. Die Männer und Frauen, wie vorgeschrieben voneinander getrennt, blicken ihn erwartungsvoll an. In der Moschee herrscht Stille.

Dann geht Boubakeur jeder Satz wie ein streng zu hütendes Geheimnis von den Lippen. Er spricht von Frieden zwischen den Religionen, von Gerechtigkeit gegenüber Sündern und von Versöhnung statt blinder Rache. Immer wieder zitiert er dabei aus dem Koran, den er als das »revolutionärste, radikalste Buch, das es gibt« bezeichnet. Weil es seiner Meinung nach »die von Allah geschaffene Balance der Welt« beinhaltet. »Und es ist unsere Aufgabe, irregeleitete Menschen wieder auf den rechten Pfad der Tugend zu bringen«, sagt Boubakeur mit strengem Blick.

Nach dem Gottesdienst sitzt man, jetzt wieder gemeinsam, bei einer Tasse Tee zusammen und spricht. Vom Euro, und wie schön die neuen Münzen doch glänzen. Vom Schnee auf der Akropolis, der alle ins Staunen versetzt. Vom immer noch andauernden Krieg in Afghanistan, dessen zivile Opfer, besonders die Kinder, Bestürzung hervorrufen.

Und von Harry Potter schließlich, den auch hier jeder gesehen hat. Man spricht von diesem und jenem. Und wäre da nicht ein neugieriger Reporter, würde die Gemeinde sich jetzt trennen, um, jeder nach seiner Fasson, bei strahlendem Sonnenschein entlang der Seine zu spazieren oder das zu tun, was einem sonst so Sonntagsfreude bereitet.

Herz in Algerien

Youcef Makrougerass (43) hat sich bereits seine Leica M6 um den Hals gehängt und hofft hie und da ein paar gute Schnappschüsse einzufangen. »Seit 30 Jahren lebe ich in Frankreich. Aber mein Herz und meine Kultur sind fest in Algerien verwurzelt«, sagt der in Paris frei arbeitende Fotograf.

Natürlich erziehe er seinen 13-jährigen Sohn Chahine nach den Regeln des Islam. »Das finde ich gut. Es ist doch unsere Religion. Das dürfen wir nicht vergessen«, sagt er wie viele junge Leute hier ganz selbstverständlich.

Karim zum Beispiel ist kürzlich 23 geworden. Er ist von Beruf Webmaster bei einer Versicherungsfirma und stammt ursprünglich aus Marokko. Als Karim vor zwei Jahren die Geburtsstätte seines Großvaters besuchte, sei ihm klar geworden, dass dort etwas lag, was ihm Frankreich nicht bieten konnte. »Eine innere Heimat«, sagt Karim, der erst nach dem besagten Urlaub zum praktizierenden Moslem wurde. Was für ihn auch bedeutet, kein Schweinefleisch zu essen und Alkohol zu meiden. Ähnlich geht es Aissata Bokoum, die 1994 vom Senegal nach Paris kam und heute als Friseuse arbeitet. »Ich habe mein

Land wegen der schlechten wirtschaftlichen Bedingungen verlassen. Meinen Glauben und meine Seele habe ich aber mitgenommen. Im Koran finde ich Ruhe und Kraft. So wie ein Christ dies in der Bibel findet«, sagt die 28-Jährige. Ob sie sich vorstellen kann, einen Christen zu heiraten? »Klar, nur leider kenne ich kaum welche«, lächelte die zierliche Frau und zupft verlegen an ihren Haaren.

Im Alltag unter sich

Genau das scheint das Problem zu sein. Bis auf die üblichen Kontakte am Arbeitsplatz bleiben Frankreichs Muslime im Alltag unter sich. »Ich weiß nicht genau, woran das liegt, aber der Islam und Frankreich, selbst wenn es nach außen unproblematisch aussieht, sind sich fremd. Als ob da noch eine Rechnung zwischen beiden offen sei. Wie soll so ein wirkliches Gemeinschaftsgefühl entstehen«, meint Arzt Ali Aissaoui (33), der vor zehn Jahren aus Palästina nach Frankreich übersiedelte. Zum einen habe Frankreich seine jüngste Geschichte noch nicht aufgearbeitet. Zum anderen interessiere sich der Franzose nicht fürs Fremde. »Man kehrt lieber unter den Teppich, als sich der Realität zu stellen. Vermutlich kratzt die am Lack des Landes«, sagt er. Man muss ihm unweigerlich Recht geben. Seit Frankreich nach dem Zweiten Weltkrieg seinen Kolonialismus aufgeben musste und sich in zahlreiche Post-Kolonialkriege verwickelte, sind Muslime in der Tat ein delikates Thema, das sich kaum ein Politiker anzusprechen traut. Das beste Beispiel dafür ist Algerien. Es brauchte 37 Jahre, bis die französische Regierung zugab, dass 1961, während einer Pariser Demonstration für die Unabhängigkeit Algeriens, mehrere Dutzend Algerier von der Police Nationale erschossen wurden. Damals wurde die Zahl der Opfer auf drei heruntergelogen. Ein Skandal, wie vielleicht vermutet, blieb aus. Oder bereits 1957, François Mitterrand war damals noch Justizminister, als sich französische Soldaten im algerischen Bürgerkrieg nur allzu freiwillig an Folter und Hinrichtungen beteiligten und insgesamt eine Million Algerier starben.

1 500 Gebetsstätten

Hat es die Grand Nation je gestört? Nicht wirklich. Bei einem Empfang im Elysée-Palast gestand Präsident Jacques Chirac vergangenes Jahr erstmals Frankreichs historische Schuld ein. Reue und Sühne? Vielleicht. Aber auch Taktik. Die so genannten Harkis, die damals auf Seiten Frankreichs kämpften und zu Zehntausenden ermordet wurden, hatten Mitte 2001 eine Menschenrechtsklage gegen Frankreich eingereicht. Chirac ist sich der muslimischen Lobby bewusst und, wichtiger noch, hofft auf deren Wählerpotential. Schließlich möchte er sich dieses Jahr als Präsident wiedergewählt sehen. Jede Stimme zählt.

Nach Auskunft des Innenministeriums leben in Frankreich schätzungsweise 4 115 000 Muslime. Das macht etwa acht Prozent der Bevölkerung aus. 2,9 Millionen sind algerischer Herkunft. Die anderen kommen aus Marokko, Tunesien, Schwarzafrika, der Türkei und Asien. Die meisten von ihnen leben in und um Paris. Bis auf wenige Ausnahmen praktizieren sie ihren Glauben in privaten Unterkünften. 1 500 Gebetsstätten dieser Art sind dem Innenministerium bekannt. Die Regierung will informiert sein. Die Zahlen dienen der inneren Sicherheit, die gerade in den muslimisch dominierten Randbezirken der Hauptstadt mehr und mehr gefährdet ist. Es gibt heute schon Vororte, in die sich kein Polizist mehr traut. Auch dies ist der Völkerfreundschaft nicht gerade

Betende Muslime in Paris. Über vier Millionen von ihnen leben derzeit in Frankreich und verrichten häufig die schlechtesten Arbeiten. Foto: dpa

dienlich. »Wie soll die Ursache von Kriminalität bekämpft werden, wenn die Ursache der Ursache noch nicht einmal kulturell verarbeitet wurde«, fragt Arzt Aissaoui. In der Tat. Für die muslimischen Nachbarn, hört man sich unter den Franzosen um, interessierte sich bis zum 11. September 2001 kaum jemand. Daran hat sich bis heute wenig, wenn überhaupt etwas, geändert. Muslime waren und sind einfach da. Muslime wurden und werden mehr oder minder toleriert. Als Kaufmann an der Ecke, wo man sonntags und während der Woche bis gegen 23 Uhr noch eine Flasche Wein kauft. Als Fußballstar, den man für das Wohl des Landes anfeuert. »Kontakt? Warum? Die meisten leben doch eh abseits von uns«, sagt Dimitri Lefevre (30). Darüber hinaus seien sich die Kulturen zu fremd. So unbekannt und unterschiedlich sogar, dass, so Umfragen, in Paris kaum jemand wusste, was denn eigentlich der Islam als Glaubensrichtung darstellt. Dass Frauen zum Beispiel verschleiert rumliefen, nun ja, das war halt so. C'est comme ça, wie der Franzose, dem das Hinterfragen eh nicht in die Wiege gelegt wurde, eher gleichgültig sagt.

Flinke Bestseller

Seit den Angriffen auf das World Trade Center in New York und das Pentagon in Washington haben die Medien das Land mit ihrer Islamberichterstattung überschwemmt. Flink zusammengeschriebene Bücher, die mit Halbwissen das Netzwerk Osama bin Ladens zu erklären versuchen, führen die Bestsellerlisten an. Böse Zungen reden indes von einer Marktlücke, aus der Profit zu schlagen war. Jede Zeitung brachte Sonderausgaben heraus. Mit Geschichten wie »Was ist der Koran?« und »Wie lebt es sich im

Islam?«. »Ramadan, ein Fest für alle«, titelte sogar ein politisches Magazin am 17. November vorigen Jahres, als das vierwöchige Glaubensritual aller Muslime begann. Tiefer gingen Berichterstattung oder öffentliche Debatte kaum.

»Ein Jahr zuvor hätte das Wort Ramadan auch für eine neue Automarke stehen können. Sobald der 11.-September-Schock nachgelassen hat, wird auch das Interesse an unserer Kultur wieder schwinden«, sagt Fotograf Makrougerass. Er glaube an Toleranz und Nächstenliebe, sicher. Der Koran bekräftige diese Einstellung auch immer wieder. »Wenn ich mir aber die Realität anschaue, kommen mir immer wieder Zweifel«, sagt Makrougerass. Dann schiebt er seinen Sohn auf die Straße, wo beide im Gewühl verschwinden. Kommenden Sonntag werden sie wieder da sein.

Rainer Werning

Die Wege aus der Diktatur sind von einer wirtschaftlichen Misere gesäumt

Indonesien: Das Problem des größten muslimischen Staates der Welt ist die fehlende Demokratie im Inselreich

Eine Vorkämpferin gegen den Kolonialismus zu sein – das war lange das Image der Republik Indonesien, seitdem sie 1945 unabhängig geworden war. Staatsgründer Ahmed Sukarno war ein charismatischer Führer. Er machte Indonesien zur wegweisenden Kraft in der Bewegung der sogenannten Blockfreien, die sich im April 1955 in der indonesischen Stadt Bandung zusammenfand. Aber während Sukarno sich außenpolitisch profilierte, indem er sich vom Westen distanzierte, steuerte er innenpolitisch einen Zickzackkurs. Mal hofierte er die kommunistische PKI. Dann wiederum grenzte er sich von ihr ab und setzte stattdessen auf das Militär.

Das gelang zwar. Aber es wertete das Militär auf. Das putschte Ende September 1965 unter dem Vorwand, eine Machtübernahme der PKI zu vereiteln. Damit verhalf es dem Kommandeur einer Eliteeinheit an die Macht: General Suharto. 1965/66 wurden in Indonesien eine Million Menschen getötet – das Regime bezichtigte sie, »Subversive« oder »Sympathisanten der PKI« zu sein. Komplizen dieser politischen Morde waren die Regierungen der USA und Großbritanniens. US-Agenten hatten General Suharto Todeslisten geliefert und dann akribisch jeweils die Namen der Umgebrachten durchgestrichen.

Stabilität aus Gewehren

In der von Suharto verkündeten »Neuen Ordnung« fiel dem Militär fortan die Doppelfunktion zu, das Land nach außen zu verteidigen und im Innern sozialpolitisch zu befrieden. Von den Regierungen Europas und der USA wurde Indonesien als politischer Ordnungsfaktor und Garant westlicher Sicherheitsinteressen in Südostasien geschätzt. Der Inselstaat avancierte zum lukrativsten Markt in der Region – noch bei Ausbruch der »Asienkrise« im Sommer 1997 als kräftigster unter den sogenannten Tigern der zweiten Generation gepriesen. Bei derlei makroökonomischen Erfolgen wurden Schandtaten des Regimes als Kavaliersdelikte bagatellisiert: Etwa, als Suharto Ende der 60er-Jahre Irian Jaya (Westpapua) annektierte oder 1975/76 die einstige portugiesische Kolonie Osttimor völkerrechtswidrig zur 27. Provinz machte. US-Präsident Gerald Ford und sein Außenminister Henry Kissinger weilten wenige Tage vor dem Einmarsch indonesischer Truppen nach Osttimor in Jakarta und waren über Suhartos Pläne in vollem Umfang informiert. Kissinger hatte lediglich darauf bestanden, mit der Invasion so lange zu warten, bis er und Ford nach Washington zurückgekehrt seien.

Mit der »Asienkrise« brach die Regierung Suharto wie ein Kartenhaus zusammen. Die unter seinem Regime geschaffenen Strukturen in Politik, Wirtschaft und Militär freilich blieben bestehen. Im In- wie Ausland wurde lediglich der Nepotismus des Suharto-Clans kritisiert – der sollte sich nach Schätzungen des Londoner Economist ein Familienvermögen von annähernd 30 Mrd. US-Dollar zusammengerafft haben. Die Auslandsschuld belief sich 1998 auf annähernd 140 Mrd. US-Dollar.

Kein Land sank so tief und rasch in die wirtschaftliche Misere wie Indonesien. Das durchschnittliche jährliche Pro-Kopf-Einkommen sackte binnen weniger Monate von umgerechnet über 1 000 auf 300 US-Dollar. Grundnahrungsmittel wurden so knapp, dass die Menschen sich mit Hamsterkäufen eindeckten oder Kaufhäuser plünderten. Latenter Hass entlud sich gewalttätig gegen Chinesen (etwa drei Prozent der Bevölkerung), weil ihnen unterstellt wurde, Hauptnutznießer der Ära Suharto gewesen zu sein. Ethnische Konflikte wurden in Maluku (den Molukken) und auf Sulawesi zunehmend von interreligiösen Feindseligkeiten begleitet.

In diesem Klima aufgeheizter Gewalt trat im Herbst 1999 Abdurrahman Wahid ins politische Rampenlicht. Er sollte die längst überfällige demokratische Erneuerung der Gesellschaft einleiten. Wahid war Führer der über 30 Millionen Mitglieder starken und politisch gemäßigten Nahdlatul Ulama (NU – Wiedererwachen religiöser Gelehrter). Die

Islam in Indonesien

Seit annähernd 1 200 Jahren ist der Islam eine prägende Kraft in dem südostasiatischen Inselreich, das heute das Staatsgebiet der Republik Indonesien bildet. Muslimische Händler aus Zentralasien und Indien siedelten sich zuerst in den Hafenstädten Sumatras an, an dessen Nordspitze um 1500 das Sultanat Aceh entstand. In dieser Region ist der Islam bis heute am tiefsten verwurzelt.
Im Verlauf des 15. Jahrhunderts entstanden verschiedene Sultanate in Nordborneo, Südsulawesi und auf den Molukken. Eine herausragende Stellung genoss das von den seefahrenden Buginesen und Makassaren gegründete muslimische Reich Malakka. Die Kontrolle des bereits damals strategischen Seeweges, der Malakka-Straße, bedeutete gleichzeitig ein Sprungbrett für den expandierenden Handel mit China, Indien und dem Nahen Osten. Der Islam in Indonesien ist vielfältig mit den traditionellen Stammesreligionen sowie indo-javanischen Glaubensvorstellungen verschmolzen. Denn die Hauptinsel Java mit ihren stark mystisch geprägten Lebensauffassungen wurde vor allem durch den sunnitischen Islam aus Indien missioniert, der gleichermaßen mystische Züge aufweist.

Vor annähernd einem Jahrhundert bildeten sich verschiedene muslimische Organisationen, die sich auf jeweils unterschiedliche Weise für das Wohlergehen ihrer Anhänger einsetzten. Die 1912 gegründete Muhammadiyah-Bewegung beispielsweise wollte die islamischen Bildungseinrichtungen erneuern. Daraus sollte eine muslimische Elite entstehen, die den westlich gebildeten Repräsentanten des holländischen Kolonialsystems Paroli bieten konnte. Naturwissenschaftliche Fächer wurden in das traditionelle Bildungssystem integriert und zusätzlich neue Modellschulen eingerichtet, in denen Noten verteilt und Abschlusszeugnisse ausgestellt wurden. Diese Schulen boten auch Mädchen und jungen Frauen eine Ausbildung. Außerdem gründete die Muhammadiyah Moscheen, religiöse Stiftungen, Waisenhäuser, Kliniken sowie eine Reihe von Zeitschriften, die in den regionalen Sprachen gedruckt wurden.

Die indonesische Präsidentin Megawati Sukarnoputri bei einer Truppenparade während des Tages der Armee am 29. Dezember vergangenen Jahres in der Hauptstadt Jakarta.
Foto: dpa

Die Muhammadiyah fand deshalb so viele Anhänger, weil sie Muslime aus verschiedenen Landesteilen in einer Organisation vereinte, die nicht nur das religiöse Leben erneuern, sondern das muslimische Gemeinwesen auch sozial reformieren wollte.
Die Nahdlatul Ulama (NU) zielte auf die Einheit aller Muslime. Sie wurde 1926 gegründet, als sich der traditionelle Islam von verschiedenen Seiten herausgefordert fühlte: Sowohl der Kommunismus als auch der Nationalismus rüttelten bedrohlich am überlieferten islamischen Glauben.
Einer der Gründerväter der NU beschrieb das konsensstiftende Ziel der Organisation – »Unterschiede beilegen, Fanatismus vermeiden und sich zusammenschließen« – als Voraussetzung, um erfolgreich für die Unabhängigkeit zu kämpfen.
Sowohl unter Sukarno als auch unter Suharto blieb der politische Einfluss islamischer Parteien gering. Suharto machte symbolische Konzessionen, als er das islamische Gesetz, die sharia, in Familienangelegenheiten und bei Erbschaftsregelungen zuließ. Außerdem pilgerte er nach Mekka und legte sich daraufhin den Vornamen »Muhammad« zu.
Das Aufkommen radikaler islamistischer Gruppen wie beispielsweise Laskar Jihad ist ein neues Phänomen. Laskar Jihad, erst Anfang 2000 in Erscheinung getreten, präsentiert sich als besonders martialisch. Ihr 40-jähriger Führer Ustadz Ja'far Umar Thalib, Enkel eines jemenitischen Händlers und ausgebildet in Lahore (Pakistan) mit kurzer Kampferfahrung in Afghanistan, brüstet sich, über eine Gefolgschaft von mittlerweile 10 000 Mann zu verfügen. Seine Truppe ist maßgeblich verantwortlich für die Tötung von über 5 000 Menschen auf Maluku (den Molukken).
Dort schwebt ihr eine »christenfreie Provinz« vor, die sie auch in anderen Landesteilen erzwingen will. Es ist allerdings anzunehmen, dass nicht genuin religiöse Elemente Gruppen wie Laskar Jihad inspirieren, sondern dass sie auf religiös drapierte Land- und Besitzprobleme reagieren.

NU war zunehmend auf Distanz zu Suharto gegangen und hatte sich für demokratische Reformen ausgesprochen. Als muslimische Wohlfahrtsorganisation ist sie hauptsächlich in den ländlichen Gebieten Zentral- und Ost-Javas verankert. Dort hat sie ein engmaschiges Netz traditioneller religiöser Schulen (pesantren) geschaffen und ist damit auf die sozialen Bedürfnisse der Bevölkerung eingegangen. Komplementär zur NU agiert die landesweit verankerte Muhammadiyah unter dem früheren Vorsitz von Amien Rais. Sie wird wesentlich von der städtischen Mittelschicht getragen. Ihr eigenes Schulsystem sowie die Universitäten, Hospitäler und Waisenhäuser, die die Muhammadiyah unterhält, verschaffen ihr Rückhalt in einem bedeutsamen Sektor der modernen indonesischen Gesellschaft.

Mit Wahid kam ein Mann an die Spitze des Staates, der militärische, politische und soziale Konflikte zu entspannen suchte. Er bewies den Mut, Posten innerhalb der Militärhierarchie umzubesetzen und eine gewisse Pressefreiheit zu garantieren. Er verhandelte über Waffenstillstand und Frieden mit Vertretern der Unabhängigkeitsbewegungen in Aceh (Nordsumatra) und Westpapua.

Außerdem brachte er ein Gesetz auf den Weg, das den Provinzen größere Autonomie einräumt. Die Tragik des Präsidenten bestand jedoch darin, dass sein sprunghafter

Regierungsstil selbst Verbündete verprellte, dass er die Wirtschaftslage nicht verbessern und das korrupte Netz des Suharto-Clans nicht zerreißen konnte. Die Zitadellen der Macht blieben von Suharto-Getreuen besetzt.

Nachfolgerin von Wahid wurde im Juli 2001 Megawati Sukarnoputri, die Tochter des Staatsgründers. Obgleich konservative Muslime sie wenig schätzten, gelangte sie mithilfe einer ebenso merkwürdigen wie fragilen Koalition aus Armee und konservativen Parteien an die Macht. Wenngleich erst wenige Wochen im Amt, wurde der Präsidentin – zusätzlich zu den drängenden wirtschaftlichen und sozialen Problemen – ein politischer Spagat abverlangt. Einerseits ist Indonesien traditionell ein enger Verbündeter Washingtons. Zum anderen haben verschiedene muslimische Organisationen im Lande, darunter auch radikale mit Verankerung im Militär, die imperiale Selbstherrlichkeit der USA und deren Kriegführung in Afghanistan scharf kritisiert. In allen größeren Städten des Landes kam es wiederholt zu gewalttätigen antiamerikanischen Demonstrationen und zu Protestkundgebungen vor der britischen Botschaft.

Zwar weilte Präsidentin Megawati bereits eine Woche nach den Anschlägen in New York und Washington zur Staatsvisite in den USA, brachte dort ihre Verbundenheit mit Amerika zum Ausdruck und bekam von George W. Bush Militärhilfe in Höhe von gut einer halben Milliarde US-Dollar zugesagt. Dennoch muss sie um die innenpolitische Stabilität bangen. Es ist der politisch gemäßigte, doch einflussreiche Rat der Ulema, der die Präsidentin davor warnt, bedingungslos den »antiterroristischen Feldzug« der USA zu unterstützen. Dadurch nämlich würde nicht nur die eigene Glaubensgemeinschaft in ihrer Ehre getroffen. Überdies gerieten zahlreiche Netzwerke mildtätiger islamischer Einrichtungen vorschnell in den Verdacht, »Unterstützerorganisationen des internationalen Terrorismus« zu sein.

Nicht ein so genannter islamischer Fundamentalismus gefährdet den Frieden in Indonesien. Stattdessen muss das Land nach über dreißig Jahren Militärdiktatur endlich eine demokratische Gesellschaft gestalten und den Staatsterrorismus aufarbeiten, der seit 1965/66 seine Blutspuren in Osttimor, Aceh, Westpapua und in Maluku hinterließ.

KONRAD WATRIN

Koran und Grünes Buch bilden im reichen Ölland eine seltsame Melange

Libyen: Gaddafis Islamisierung hält radikale Gläubige mit eiserner Hand nieder

Was wüssten wir schon über dieses nordafrikanische Küstenland, das reichste in Afrika, fünf Mal so groß wie Deutschland, mit nicht einmal sechs Millionen Einwohnern, wenn der Terror es nicht immer wieder in die Schlagzeilen gebracht hätte. Höchstens, dass sein schillernder populistischer Ein-Mann-Herrscher geradewegs als verrückt gilt, es dort viel Öl gibt und ein gewisser Rommel sich »da unten« den Beinamen »Wüstenfuchs« erwarb. Spätestens mit der Hilfestellung im vergangenen Jahr bei der Befreiung deutscher Touristen aus den Händen indonesischer Terroristen jedoch machte Libyen deutlich, dass es sich wieder internationalem Standard anzunähern gedenkt.

Dabei bietet das autoritäre Regime des großspurigen »Revolutionsführers« Muammar al Gaddafi neben dem Irak wohl die sicherste Gewähr gegen das, wovor man sich derzeit am meisten fürchtet: den fundamental-islamistischen Terror.

Gleichwohl ist auch die populistisch verschleierte harte Hand, mit der Gaddafi den libyschen Staat mit seinen Ausformungen von Basisdemokratie lenkt, keineswegs mit dem Despoten in Bagdad vergleichbar. Doch vermag niemand zu sagen, inwiefern dort die Gefahr unter der durch keine demokratische Öffentlichkeit belichteten Oberfläche lauert.

Jedenfalls hat der Mann, der 1969 als junger Oberst den zur Kur in der Türkei weilenden König Idris al Senussi von der Macht putschte und heute zu den am längsten amtierenden Staatsmännern der Welt zählt, obwohl er das Zelt und seine weibliche Leibgarde nach wie vor städtischen Palästen vorzieht, nach Angaben westlicher Geheimdienstkreise rund 40 Umsturzversuche überlebt.

»Ära der Massen«

Glaubt man der libyschen Verfassung für die von Gaddafi ausgerufene »Ära der Massen« (Dschamahir), dargelegt im »Großen Grünen Dokument für den Frieden und die Menschenrechte« (1988), so genießen »die Söhne der Großen Volksdschamahirija-Gesellschaft« – auf die allein nach beduinischer Tradition nahezu jeder der 27 Paragraphen Bezug nimmt – eine geradezu utopische Melange aus westlich-demokratischen und ehedem östlich-sozialistischen Grundrechten.

Nicht Parteien, Konzerne und Kapital und auch nicht die Partei haben die Macht, sondern das Volk in Gestalt seiner Volkskomitees, -büros oder -kongresse. Nach Ansicht von Kritikern nichts als wirres Zeugs, ist sie inspiriert von – wie es in postmarxistisch-chiliastischer oder auch nur arabischer Blumigkeit dort heißt – Gaddafis dreibändigem

Libyens Staatschef Muhammar al Gaddafi, der vor knapp 15 Jahren die „Ära der Massen“ ausrief.

»Grünen Buch«, einem »Leitfaden für das Menschengeschlecht auf dem Weg zur endgültigen Erlösung von der Herrschaft eines Individuums, einer Klasse, einer Sekte, eines Stammes und einer Partei«.

Panarabismus-Dritter Weg

Eindeutig indes ist der Versuch einer sozialen Auslegung der Menschenrechte. Es heißt dort: »In einer Gesellschaft, die aus einem Herrscher und Beherrschten, einem Herren und Dienern, aus Reichen und Armen besteht, ist kein Platz für Menschenrechte.« Das Dokument hebt »die menschliche Freiheit als heilig« hervor, das Recht auf Arbeit und die Bewegungsfreiheit. »Bildung ist ein Naturrecht für alle«, heißt es weiter. Verpönt seien der Umgang mit feindseligen ausländischen Kreisen sowie die Einstellung von Dienern und Hausbediensteten. Aggression und Terrorismus sind ebenso abzuschwören wie ABC-Waffen und Atomkraftwerken. Die Menschen sollen frei »von der Sklaverei der Bedingungen des Lohnerwerbs« und sogar von Mietzahlungen. »Das Land gehört niemandem.« »Der Schutz von Kindern, Alten und Kranken« wird prinzipiell garantiert.

Dabei betrieb der um 1942 geborene Beduinensohn in gewisser Weise eine »Islamisierung« des Landes – geplant war auch Afrikas –, welche die Fundamentalisten eher in Aufruhr versetzt. Der Verkauf von Alkohol ist verpönt. Doch die Kaste der Ulama, die Mullahs, hielt er kurz. Für ihn gilt einzig der Koran, nicht jedoch die überall umstrittenen Auslegungen der Prophetensprüche (Hadith) wie auch der vier orthodoxen sunnitischen Rechtsschulen (Hanafiten, Hanabaliten, Schafiiten, Malikten). Damit grub der Vorkämpfer einer fundamentalen Koran-Auslegung, der überall in Afrika Flugplätze und Moscheen errichten ließ, den Fundamentalisten sogleich das Wasser ab, zumal diese auch seinen Panarabismus ablehnen. Tatsächlich hat er Mitte der 90er-Jahre islamistische Umtriebe vor allem im Osten um die Hochburg Bengazi brutal unterdrückt, so dass westliche Organisationen Menschenrechtsverletzungen anprangerten. Amnesty International kritisierte vor allem, dass sich Hunderte politischer Gefangener ohne Anklage jahrelang in Haft befänden. An der Grenze zu Ägypten soll es 1996 sogar zu Kämpfen zwischen seinen Sicherheitskräften und mutmaßlichen Moslem-Extremisten gekommen sein. Zumindest eine Gruppe, die »Islamische Märtyrer-Bewegung«, bekannte sich 1998 zu mehreren Anschlägen in Libyen.

Sein »Grünes Buch« über die »Dritte Universaltheorie«, angelehnt an Maos in den 60ern weit verbreitetes »Rotes Buch«, ist benannt nach der Farbe des Islam und soll einen dritten Weg zwischen Kapitalismus und Kommunismus weisen. Wie es im Dokument heißt, beruhe die Gesellschaft auf »islamischen Tugenden und Werten«. Doch: »Die Söhne der Dschamarija-Gesellschaft, Männer und Frauen (sic!), sind gleich ... Die Ehe ist eine Partnerschaft.« Sie, die Söhne wiederum, »suchen Schlichtung durch das heilige Gesetz … Sie verurteilen die Monopolisierung und Ausbeutung der Religion sowie die Anstiftung zum Aufruhr, Chauvinismus, Vorurteilen und gegenseitigem Kampf«. Minderheiten seien zu schützen, Wissenschaft und Künste zu entwickeln, jede »Diskriminierung der Menschen aufgrund von Hautfarbe, Rasse, Religion oder Kultur« zu verurteilen, sogar langfristige Strafen wie auch Zwangsarbeit, überhaupt alle Strafen, »die die Würde des Menschen herabsetzen und seiner Existenz schaden«. Auch die Abschaffung der Todesstrafe strebte er darin ursprünglich an, sei es durch elektrischen Stuhl, Injektion oder andere technische Hilfsmittel. All dies ist weder mit texanischem Recht noch mit einer strikten Auslegung der Sharia in Einklang zu bringen.

Gaddafi ging damit den Islam auf reformerische Art an, suchte ihn zu nutzen, ohne ihn anzuheizen. Denn die Abscheu gegen den Atheismus, die jeder Sympathie für Moskau und den Marxismus den Boden entzog, sitzt tief bei den gläubigen Muslimen. »Arabischer Sozialismus hieß immer Sozialismus ohne Klassenkampf und ohne Atheismus« (Wolf Günther Lerch). Und so wie er die Mullahs in Schach hielt, so wahrte Gaddafi trotz einer losen Annäherung an die frühere Sowjetunion zwecks Waffeneinkäufen – wie sein Vorbild Gamal Abdel Nasser in Kairo – innenpolitisch deutliche Distanz zu den Kommunisten. Anfang der 70er-Jahre stand er Numeiri im Sudan bei, einen kommunistischen Putschversuch niederzuschlagen. Doch was das 1951 (nach Ägypten) als erstes afrikanisch-arabische Land unabhängig gewordene Libyen im Westen bis heute in Ungnade fallen ließ, war neben der Wirrnis des außenpolitischen Kurses Gaddafis offensichtliche Unterstützung für den internationalen Terrorismus, mit dessen Hilfe der Libyer seine Revolution zu exportieren suchte.

Nachdem er die amerikanischen und britischen Stützpunkte im Land abgeschafft, Banken, Ölindustrie und den Besitz der vormaligen italienischen Kolonialmacht verstaatlicht und somit die Grundlage für relativen Wohlstand, Bildungs- und Gesundheitsstandards durch Petrodollars gelegt hatte, wandte sich Gaddafi weiter gegen »den Imperialismus«. Vorbild waren die panarabischen Bestrebungen Nassers. Allerdings blieben seine kurzfristig mitunter gar erfolgreichen Versuche, das Land mit Ägypten oder dem Sudan, dem Tschad, Algerien, Tunesien, Marokko oder Syrien zu verschmelzen, bestenfalls theatralisch-lächerlich, schlimmstenfalls erratisch-putschistisch.

Zumindest bis Ende der 80er scheute er nicht vor aggressiven Interventionen in Afrika und anderswo zurück. Auf den amerikanischen Botschafter in Ägypten wurde in den 70er-Jahren mindestens ein Attentat verübt. Für den Tod des populären schiitischen Führers im Libanon, Scheich Musa Sadre, der 1978 bei einem Besuch Libyens spurlos verschwand und aller Wahrscheinlichkeit nach ermordet wurde, soll er ebenfalls verantwortlich gewesen sein.

Ferner schreckte er in dieser Zeit nicht davor zurück, im Westen als terroristisch betrachtete »Befreiungsbewegungen« wie die IRA zu unterstützen. Gelegentlich wurden Regimegegner im Ausland ermordet. Ein in diesem Zusammenhang von Libyen initiierter Anschlag auf die Berliner Diskothek »La Belle« hatte 1986 die Bombardierung von Tripolis und Bengazi durch die Luftwaffe Reagans, des »Cowboy-Präsidenten« (Gaddafi), zur Folge, die auch nicht vor der Familie Gaddafis, des »räudigen Hundes« (Reagan), Halt machte. Gaddafi, der selber getroffen werden sollte, verlor dabei seine geliebte Adoptivtochter Hanaa. Die USA sahen sich schon zuvor herausgefordert, als Libyen 1981 die Große Syrte zu nationalen Hoheitsgewässern erklären wollte und dadurch den Abschuss zweier libyscher MiGs durch die US-Luftwaffe provozierte.

Die mutmaßliche libysche Beteiligung an dem Absturz einer PanAm-Maschine über dem schottischen Lockerbie, bei dem 1988 alle 270 Insassen umkamen, hatte endgültig die internationale Ächtung Libyens in Form von Sanktionen durch die UN und die USA zur Folge. Die 1999 erfolgte Auslieferung der beiden angeblichen Agenten an ein niederländisches Gericht, wonach das Flugverkehrs- und Waffenembargo gegen das Land aufgehoben wurde, bedeutete einen bemerkenswerten Schritt Gaddafis auf die internationale Gemeinschaft zu. Tatsächlich wurde von Libyen keine einzige Grenze in Nordafrika verändert. Gaddafi söhnte sich in letzten Jahren vielmehr mit seinen Nachbarn aus. Er erkannte 1996 sogar den Nahost-Friedensprozess an und wies die Palästinenser aus seinem

Lande aus, weil diese nach dem Abkommen von Oslo ja nun eine eigene Heimat besäßen. Die panarabische Einheit ist immer eine Schimäre der Wüste geblieben.

Einzig in Afrika erzielte Libyen Erfolge. Auf Gaddafis Initiative geht auch die jüngste Gründung der Afrikanischen Union (AU) zurück, die in diesem Jahr die Organisation Afrikanischer Einheit (OAU) ablöst. Die AU soll den Herausforderungen des Kontinentes – der Armut und Gesundheitskatastrophen, seinen zahllosen ethnisch-tribalistischen Konflikten und seiner wachsenden Marginalisierung im Weltmaßstab – besser begegnen können. Insbesondere gegenüber den Deutschen jedoch hat der seit über 30 Jahren amtierende »Revolutionsführer« in jüngster Zeit seinen Willen verstärkt bekundet, sich künftig an internationale Standards halten zu wollen.

Konrad Watrin

Die ermutigenden Signale eines Parias sind eher schwach zu empfangen

Sudan: Staatschef Bashir will die Macht sichern und rückt vom Terrorismus ab

Die gute Nachricht des vergangenen Jahres aus Sudan lautete: Der Einfluss der Islamisten geht zurück. Die schlechte war, dass damit bloß die Alleinherrschaft von General Omar Hassan al Bashir gestärkt wird, der das Land seit einem Militärcoup 1989 mit harter Hand regiert. Wegen seiner früheren Verbindungen zum internationalen Terror, insbesondere als Unterschlupf von Osama bin Laden in den 90er-Jahren, ist der Sudan zudem im Visier der US-Militärs als mögliches Ziel nach Beendigung der Kämpfe in Afghanistan.

Die Wahrheit ist jedoch, dass kaum jemand weiß, was im »Land der Schwarzen«, dem flächenmäßig größten Staat Afrikas mit rund 32 Millionen Einwohnern, wirklich geschieht. Keine Umfragen, keine Statistiken, keine Öffentlichkeit und kaum Bilder. Weder vom ewigen Bürgerkrieg zwischen Nord und Süd, der im Grunde seit der Unabhängigkeit (1956) im Gange ist, noch von der im Lande üblichen Versklavung, der scheußlichsten Form menschlicher Ausbeutung. Selbst über die Opfer periodischer Flutkatastrophen, Hungersnöte, Dürren oder Vertreibungen erfährt die Welt wenig.

Unglaubliche Geschichten

Ausländische Beobachter in der Region, die ohnehin nur mit Mühe am Puls der nahöstlich-afrikanischen Gesellschaften horchen, oder die Mitarbeiter internationaler Organisationen tappen meist im Dunkeln. Sie hören unglaubliche Geschichten, Gerüchte aus dem weiten Land, die zwar niemand verifizieren kann, aber nahezu jeder für möglich hält. Hin und wieder – meist anonyme – Augenzeugen, wenn sich alle Jahre wieder der Korrespondent in das wenig einladende Land, eines der ärmsten der Welt, verirrt. In der arabischen Welt sind nur Mauretanien und der Jemen noch ärmer.

Gleichwohl hat sich unter al Bashir, kaum beachtet von der Öffentlichkeit, seit Ende der 90er-Jahre eine Öffnung gen Westen und eine scheinbare Abkehr von der bisherigen Terror-connection angekündigt. Schon 1994 hatte Khartum den Terroristen Carlos an Frankreich ausgeliefert. Zwei Jahre später wurden bin Laden und die Familien von etwa 300 seiner »Afghan-Araber« ausgewiesen. Im Sommer 1999 schließlich setzte al Bashir an, die graue Eminenz im Lande, den Spiritus rector der Radikalen und bisherigen Chefideologen, den Parlamentspräsidenten Hassan al Turabi auszuschalten. Der in Oxford und an der Sorbonne studierte Soziologe und brillante Ideologe, der im Hintergrund die Fäden zog, hatte bin Laden eine seiner Töchter zur dritten Frau gegeben. Nun führt er eine eigene Islamistenpartei in der Opposition. Er selber steht offenbar immer noch unter Hausarrest.

Der Bürgerkrieg vertreibt unzählige Sudanesen aus ihrer Heimat. In einem Flüchtlingslager werden sie von internationalen Hilfsorganisationen mit Lebensmitteln versorgt. Foto: dpa

Der General sucht nach der Ausbootung des Machtgenossen das Interesse des Westens – um den Bürgerkrieg in seinem Sinne beenden zu können. Dem ungeduldigen Westen scheint mitunter jede Lösung recht. Bashir ließ sich im Dezember 2000 zunächst mit traumhaften 86,5 Prozent, seine Partei mit noch »eindrucksvolleren« 97 Prozent bestätigen. Die Opposition, einschließlich Turabis und des aus dem Exil heimgekehrten Ex-Präsidenten Sadik al Mahdi, Urenkel des legendären Sudan-Rebellen, hatte die Präsidentschafts- und Parlamentswahlen als Farce boykottiert. Als erstes jedoch verlängerte al Bashir Anfang 2001 den Ausnahmezustand über das Land, ließ einen US-Diplomaten ausweisen, verbot Versammlungen und Demonstrationen.

In den letzten Monaten ließ er auch wieder Rebellenstützpunkte zwischen den Bergen der Nuba in der Landesmitte und der Südgrenze zu Uganda angreifen. Seit Jahrzehnten kämpfen verschiedene Gruppierungen in der Sudanese People's Liberation Army (SPLA) um Abtrennung oder Autonomie des schwarzafrikanisch-christlich-animistischen Südens von der arabisch-islamischen Mehrheit im Norden, den die britischen Kolonialherren gar in ein anglo-ägyptisches Kondominium gepresst hatten.

Das Paria-Regime in Khartum, seit Jahren durch UN-Sanktionen geächtet und in Washington nach wie vor auf der Liste so genannter Schurkenstaaten (offizieller Sprachgebrauch heute: »states of concern«) geführt, ist jedoch seit 1999 Erdölexporteur. Seitdem hat es Signale in Richtung Westen ausgesandt, um die Rückkehr unter dem vom Putschisten zum »gewählten« Präsidenten gewandelten al Bashir auf die internationale Bühne vorzubereiten und Investoren anzulocken. Als deutlichstes Anzeichen für den Willen der Annäherung dürfte die jüngste Nachricht gelten, wonach die Regierung wie auch der

Geheimdienst Muhabarat zwischen 1996 und 2000 vergeblich versucht hätten, den Westen vor bin Laden und seiner al Quaida zu warnen, über die der Sudan umfangreiches Material gesammelt habe. Washington jedoch, vor allem Außenministerin Madeleine Albright, habe jeglichen Kontakt mit dem damals noch islamistischen Staat unterbunden, wie die Zeitschrift »Vanity Fair« aufdeckte.

Ruf des Schwarzen Goldes

Bis heute hat sich die Menschenrechtslage im Sudan, von Bürgerrechtsorganisationen immer wieder angeprangert, nicht gebessert. Dennoch häufen sich die Anzeichen, dass viele Sudanesen die Sharia satt haben, die schon während der Spätphase des ursprünglich liberalen, am Ende aber diktatorischen al Numeiri zu Beginn der 80er-Jahre eingeführt wurde. Die Sittenstrenge im eher tristen Khartum soll nach dem Sturz al Turabis etwas gelockert worden sein. Als Zeichen der Verwestlichung muss man auch die Eröffnung von Supermärkten und Drive-ins auf der Straße zum Flughafen sehen. Doch weiterhin gibt es keine Bars, keine Kinos und die Liebespaare am Nilufer sitzen sich in gebührendem Abstand gegenüber. Frauen dürfen keine »unsittliche Kleidung« tragen. Aber Studentinnen kombinieren Make-up und Kopftuch. Doch die Angst vor der »Polizei für öffentliche Ordnung« liegt nach wie vor über der Stadt am malerischen Zusammenfluss von Blauem und Weißem Nil.

Die andere Seite sind Überfälle mit folgender Zwangsrekrutierung vor allem von Minderjährigen und Kindern im Süden, die als »Kindsoldaten« und »Sexsklaven« dienen. Gegenüber einer US-Delegation, die von dem Sohn Martin Luther Kings angeführt wurde, stritt der sudanesische Staatschef noch im Oktober 2000 jede Form der Sklaverei im Lande ab. Vom früheren deutschen Innenminister Gerhart Baum, seit einem Jahr von der UN-Menschenrechtskommission zum neuen Sonderberichterstatter für den Sudan bestimmt, war bislang wenig zu hören. US-Präsident George Bush hat erst am 6. September den Ex-Senator John Danforth zum Sudan-Vermittler bestimmt, nachdem eine breite Basis von Afro-Amerikanern, christlichen Gruppen und US-Firmen, zumal der Ölindustrie, ihn dazu nachträglich ermunterte. Noch sind amerikanische Firmen an der Ausbeutung des an Rohstoffen reichen Landes nicht beteiligt.

Immerhin hat die sudanesische Regierung – trotz Bashirs Leugnen – im September 2000 die Sklaverei indirekt anerkannt, wenn auch nur auf der anderen Seite. Auf einer Konferenz im kanadischen Winnipeg erklärte Khartum sich damals bereit, die Freilassung von 6000 aus Uganda entführten jungen Menschen zu vermitteln, was ein halbes Jahr darauf auch geschah. Man wolle, so sicherte Außenminister Mustafa Ismail den Delegierten aus über 120 Ländern zu, auf die mit Khartum verbündete ugandische »Lord Resistence Army« (LRA) einwirken, die seit Jahren mit grausamen Methoden den Norden Ugandas heimsucht, um die Regierung des im Westen hoch angesehenen Yoweri Museveni zu destabilisieren. Die LRA-Banden entführten Tausende und drillten sie als Guerilleros.

Sklavenhandel beenden

Wie viele solcher Überfälle vom arabischen Norden ausgingen – vom Regime selber oder von Privatmilizen – ist unbekannt. Es gibt jedoch Berichte, wonach in den letzten beiden Jahrzehnten die Hälfte der Nuba aus ihren Bergen vertrieben oder gar getötet wurden. Vor wenigen Wochen erst, im November vergangenen Jahres, gelangten erstmals seit einer Dekade Nahrungsmittel aus dem Welternährungsprogramm dorthin, da Khartum und SPLA einem vierwöchigen Waffenstillstand zugestimmt hatten. Im Juli hatte die Zentralregierung einem von Ägypten und Libyen vermittelten Friedensplan zur Beendigung des Bürgerkriegs zugestimmt, der zwar eine Übergangsregierung aller Fraktionen im Lande vorsieht, aber keine von der Opposition verlangte Autonomie des Südens. Zuvor war ein Friedensgespräch zwischen al Bashir und Rebellenchef John Garang in Nairobi im Juni geplatzt.

In der Vergangenheit hielt Uganda die gegen Khartum kämpfenden SPLA-Rebellen aus. Dies geschah angeblich nicht ohne Zutun Washingtons, des heftigsten Gegners des bis vor kurzem noch islamistischen Sudan, wie Khartum seinerseits betonte. Noch unsicherer fällt die Einschätzung der Lage im Süden aufgrund der gelegentlichen Frontwechsel der Gruppierungen aus, die auch schon mal mit der Regierung paktieren.

Vor allem nach Berichten von Hilfsorganisationen werden die seit Mitte der 80er-Jahre allein aus Uganda geraubten Minderjährigen – an die 10 000 schätzt das christliche Hilfswerk World Vision – im Sudan nicht nur als Guerilleros gedrillt, sondern auch als »Sexsklaven« missbraucht. So würden »die Kinder zu größten Grausamkeiten gezwungen. Sie müssen Menschen verstümmeln und töten«, behauptete ein Sprecher im Juni 2000. Laut amnesty international (ai) hat sich die Menschenrechtslage im Land erneut verschlechtert. Die Berichte von ai wie auch die der US-Menschenrechtsorganisation Casmas (Coalition Against Slavery in Mauretania and Sudan) klingen wie aus Alex Haleys Schreckensepos »Roots«. Casmas bezeichnet die Zustände im Sudan, zumal für Frauen und Kinder, als Hölle. Die Organisation berichtet, schon im April 1996 habe der damalige UN-Vertreter für den Sudan, Gaspar Biro, von »einem alarmierenden Anstieg … von Fällen der Sklaverei, Unterjochung, Sklavenhandel und Zwangsarbeit« gesprochen. Reportern der »Baltimore Sun«, die illegal ins Land gekommen waren, sei es gelungen, zwei junge Sklaven zu erwerben und so zu befreien. Auf einer Konferenz über Menschenrechte und religiöse Minderheiten berichtete Casmas noch im März 1998 über die »Hölle im Südsudan«. Insbesondere christliche Gruppen mutmaßten immer wieder, die Islamisten handelten in altarabischer Sklavenhaltermanier: Sie wollten ihre extremistische Form des Islam vom Sprungbrett Sudan bis ans Kap der Guten Hoffnung vorantreiben. Nach UN-Schätzungen sollen im Laufe des letzten Jahrzehnts bis zu 15 000 Menschen, meist Frauen und Kinder, in den Dörfern des Südens von Milizionären aus dem arabischen Norden mit Hilfe Khartums gefangen worden sein, um sie als Sklaven zu verkaufen. Sie fallen zu Pferde in Dörfer ein, brandschatzen und töten, um mit ihrer Beute aus Mensch und Vieh abzuziehen. Tausende Jugendliche, denen schon Ende der 80er-Jahre die Flucht vor dem Bürgerkrieg durch Wildnis und Ströme nach Äthiopien oder Kenia gelungen war, hoffen nun auf eine neue Zukunft in den USA oder in Kanada. Dort haben sich karitative Einrichtungen an einem Hilfsprogramm des State Department beteiligt, das vor einem Jahr anlief.

Konrad Watrin

Die tickende Zeitbombe Religionskrieg zwischen Christen und Moslems

Nigeria: Der Staat droht am Vormarsch der Scharia im Nord-Süd-Konflikt zerrieben zu werden

Im westafrikanischen Vielvölkerstaat Nigeria, dem an Menschen reichsten Land Afrikas, genügen nichtige Anlässe, um ethnisch-religiöse Konflikte bis hin zum Mord zu entfachen. Zwei Nachrichten aus jüngster Zeit werfen ein Schlaglicht auf die Lage in der noch jungen Demokratie, die die meiste Zeit vom Militär regiert wurde: Der Fall der Safuyatu Husaini (35), der wegen angeblichen Ehebruchs im nordnigerianischen Bundesstaat Sokoto der Tod durch Steinigung droht, erregt weltweit Aufsehen. Am Tag vor Heiligabend wurde Nigerias Justizminister und Generalstaatsanwalt Bola Ige, ein einflussreicher Politiker, in seinem Heimatstaat Osun von Unbekannten erschossen. Ige hatte scharfe Kritik an der strengen Scharia-Auslegung geübt. Seit Monaten gibt es vermehrt Nachrichten von pogromartigen Zusammenstößen zwischen Moslems und Christen sowie von grotesken Ereignissen im Zusammenhang mit der seit Jahrhunderten in der Region geltenden, nun jedoch verschärft angewandten Scharia. Seit rund drei Jahren gilt das islamische Recht in gut einem Drittel der 36 Provinzen in seiner strengen Form. Die forcierte Islamisierung begann, als General Ibrahim Babangida 1985 putschte. Er trat der »Islamischen Konferenz-Organisation« bei und begann, die Scharia einzuführen. Nach jüngsten Korrespondentenberichten geht die Furcht vor einem Auseinanderbrechen des über 250 Ethnien umfassenden Landes heute so weit, dass auch ein neuer Biafra-Krieg möglich erscheint. Seit 1999 haben sich die religiösen Konflikte verschärft. Wie Sudan ist Nigeria mit seinen über 120 Millionen Einwohnern von einer Zivilisations- und Religionsgrenze durchtrennt: Im Norden leben überwiegend Muslime (ca. 45 Prozent), im Süden ähnlich viele Christen, vorwiegend Joruba, der Rest sind afrikanisch-animistische Sekten.

Islamisten-Zulauf

In Nigeria wird ein Islamisten-Zulauf befürchtet, der das Land zum Sprungbrett für die Eroberung des Südens Afrikas machen könnte. Kämpfe lieferten sich dabei in den vergangenen Jahren Angehörige beider Gruppen unter anderem im Bundesstaat Kano, wo seit dem 11. September auch Bilder von Bin Laden gesichtet wurden. Im ganzen südlichen Sahara-Gürtel von Senegal bis Kenia zieht in Afrika seit Jahren schon der Islam nach Süden. Größere Unruhen grassieren in Nigeria wie anderswo Seuchen: so 1980, 1982, 1984, 1985, 1987 und 1990. Dabei sollen insgesamt mehrere tausend Menschen umgekommen sein. Hunderte von Häusern, Kirchen und Moscheen wurden in Brand gesetzt. Es reicht der Verdacht, ein fliegender christlicher Händler etwa könne seinen Fleischspießen etwas Schwein beigemengt haben und die Lunte brennt. Seit etwa zehn

Jahren grassiert angesichts der praktisch alle zwei Jahre aufflackernden Unruhen »die nackte Angst vor einem Bürgerkrieg«, so ein Diplomat. Moscheen und Islam-Schulen sind wie Pilze aus dem Boden gesprossen. Im Zentrum der neuen Hauptstadt Abuja prangt eine Prachtmoschee mit vergoldeter Kuppel und strahlenden Minaretten. Vor allem seitens der katholischen Kirche erschallt der Alarmruf: »Der Islam erobert Afrika«. Für die Kirche galt dieser als oberste Gefahr, größer noch als der gerade zu Ende gegangene Kommunismus. Als Papst Johannes Paul II. vor vier Jahren, noch zur Zeit der Diktatur des Generals Sani Abacha, dessen korruptes Regime für den sprichwörtlichen wirtschaftlichen Ruin des an sich reichen Landes stand, Nigeria besuchte, wollte er neben der Frage der Menschenrechte und der Verteilung des gesellschaftlichen Wohlstands auch diese Konflikte ansprechen.

Zu Beginn des Jahres 2002 meldete die BBC, beim Überfall einer Miliz der muslimischen Haussa und Fulani auf ein christliches Dorf nahe Jos sowie deren anschließender Vertreibung durch Dorfbewohner und Militär seien etwa 20 Personen getötet worden. Dabei handelte es sich wohl um einen Racheakt für einen Übergriff im vergangenen September in der überwiegend christlichen Stadt Jos, bei dem laut der Menschenrechtsorganisation Human Rights Watch möglicherweise an die 1 000 Menschen umkamen. Vor einem Jahr zogen in der 800 000 Einwohner zählenden Stadt Kaduna im gleichnamigen Bundesstaat tagelange Spannungen zwischen Christen und Muslimen wegen einer Debatte über die Einführung der Scharia den Tod von etwa 25 Menschen nach sich. Zu der Zeit war im Bundesstaat Zamfara als erstem bereits die strikte Auslegung der Scharia – mit Gliedamputation bei Diebstahl oder Steinigung bei Ehebruch – durchgesetzt worden. Ähnliches geschah mittlerweile in weiteren Provinzen, darunter Kano, Yobe, Kaduna, Jigawa, Borno und Niger. Während sich der »afrikanische Islam« gewöhnlich tolerant gibt und die Religion als Privatangelegenheit ansieht, tritt er im Norden seit längerem schon aggressiv oder gar totalitär auf. Frauen und Männern ist dabei nicht gestattet, gemeinsam öffentliche Transportmittel oder Taxen zu benutzen. Spiele und Alkohol sind verboten. Der Freizeitspaß, eine unverheiratete Frau auf dem Rad zu chauffieren, kann mit öffentlichem Auspeitschen enden.

Afrikanische Traditionen

Die Christen indes, vielfach zersplittert in Gruppen und Sekten, haben es schwerer in Afrika. Während sie als »Religion des Kolonialismus« dastehen und für das Geldverdienen, sprudeln gleichzeitig Gelder reicher Ölstaaten aus Nahost zu den afrikanischen Muslimen, die sich nach Gemeinschaft sehnen. Deren Glaubensinhalte stehen ohnehin afrikanischen Traditionen wie der Vielweiberei naturgemäß näher. Für Außenstehende kaum verständlich ist es, wenn sich religiöse mit traditionellen ethnischen oder auch Klassenkonflikten vermischen. So gehört die Minderheit der Christen im Norden vielfach dem Stamm der Ibo an, die als Fremde gelten, eingewandert aus dem Osten, dem einstigen Biafra. Als im Mai 1999 die Militärdiktatur zu Ende war und der demokratisch gewählte Präsident Olusegun Obasanjo antrat, meinte er zu Recht: »Ich kann nicht in 30 Tagen reparieren, was in 30 Jahren falsch lief.« In seiner jüngsten Rundfunkansprache zum 41. Unabhängigkeitstag wies der christliche Präsident auf Errungenschaften seiner bisherigen Regierung wie die Anti-Korruptionskampagne und Wirtschaftsmaßnahmen hin. Er fügte ehrlicherweise jedoch hinzu: »Was noch zu tun bleibt, ist riesig und enorm und übertrifft bei weitem das bisher Erreichte.«

Die Lage der Menschenrechte und die Pressefreiheit haben eindeutig Fortschritte erzielt. Doch ob die Vision vom harmonischen Riesenreich Nigeria realistisch ist, scheint mehr als fraglich. Zu groß sind Enttäuschung, Elend und auch der Wunsch nach Reformen, so dass Spannungen zwischen den Gruppen von interessierter Seite allzu leicht instrumentalisiert werden können.

Im letzten Korruptionsbericht von Transparency International rangiert Nigeria in dieser Hinsicht nur noch vor Bangla Desh. Für manche Beobachter steckt hinter dem religiösen Konflikt – ähnlich dem Sudan – letztlich die Absicht des muslimischen Nordens, den Ölreichtum im Süden unter Kontrolle zu bekommen. Über 90 Prozent aller Deviseneinnahmen stammen vom Verkauf dieses »schwarzen Goldes«. Nigeria verfügt zudem über die neuntgrößten Gasreserven der Welt. Nicht nur, dass der Ölreichtum über Jahrzehnte vom Militär geplündert wurde. In letzten Jahren wurde vermehrt auch über Akte von Sabotage und Vandalismus gegen Förderanlagen berichtet, womit sich angeblich die entrechteten Einwohner rächen wollen. Andererseits gab es offenen Protest ganzer Völker wie der Ogoni. Deren Anführer, der Dichter Ken Saro-Wiwa, wurde mit acht anderen Ogoni im Herbst 1996 nach einem Militärprozess – trotz internationaler Proteste – zum Tode verurteilt.

Auch die Glaubwürdigkeit der im nationalen Sinne bislang einzig verlässlichen Institution, der Armee, und ihr Umgang mit den Menschenrechten gibt unter diesem Druck Anlass zur Sorge. Wenn sie bei derartigen Konflikten zum Einsatz kommt, bleiben häufig zahlreiche Tote zurück. Während der vorangegangenen Diktatur Abachas war sie es gewohnt, als Herr im Lande aufzutreten. Nun fragen sich viele: »Wie konnte eine Armee, die als eine der professionellsten Afrikas gilt, sich in eine marodierende Bande von Rache übenden Killern verwandeln«, wie jüngst »African Business« schrieb und dabei an die »letzte dunkle Periode in der modernen nigerianischen Geschichte« – den Biafra-Krieg – erinnerte. In Anbetracht der sich nähernden Wahlen von 2003 wächst erneut die Gefahr, dass Clanführer und Politiker Misstrauen zwischen religiösen Gruppen für ihre Zwecke ausnutzen und anheizen. Für eine zivile Regierung wie die Obasanjos, die noch auf der Suche nach einem nigerianischen Weg ist, ein großes Problem.

Entzündbare Mixtur

Angesichts der leicht entzündbaren Mixtur aus ethnisch-religiösem Konflikt zwischen Christen und Muslimen und der nach wie vor unbeständigen Lage im Land genügt ein tragischer Zwischenfall, um den sprichwörtlichen Funken zu zünden, der eine mörderische Feuersbrunst entfachen kann.

Wäre Safuyatu Husaini, wegen Ehebruchs zum Tode verurteilt, nicht verheiratet gewesen – und das war sie vier Mal –, hätte sie »nur« 100 Peitschenhiebe zu erwarten. Der Vorfall in Tungar Tudu hat Nachwirkungen bis in die neun Autostunden entfernte Hauptstadt Abuja. Die Frau beschuldigt einen Freund des Vaters, sie vergewaltigt und geschwängert zu haben. Der 60-Jährige gestand zunächst die Tat, widerrief und tauchte ab. Die Zentralregierung scheint der jungen Frau beistehen zu wollen. Ihr erster Mann, mit dem sie nach eigenen Worten mit zwölf verheiratet worden war, jedoch auf Betreiben einer bösartigen Schwiegermutter geschieden wurde, hat sich erboten, die Mutter von fünf Kindern – das letzte vom Vergewaltiger – wieder aufnehmen zu wollen.

Johannes L. Kuppe

Verfeindete Brüder mit derselben Schöpfungsgeschichte und Offenbarungslehre

Islam und Judentum: Sie glauben an den gleichen Gott – und bringen sich gegenseitig um

Der Islam ist die jüngste der drei großen, in einem polytheistischen Umfeld entstandenen monotheistischen Religionen. Das vier- bis viereinhalbtausend Jahre alte Judentum »gebar« mit der Geburt des Jesus von Nazareth zunächst das Christentum, dann, ein halbes Jahrtausend später, mit Mohammed (570–632 n. Chr.) den Islam. Man spricht auch von den drei abrahamitischen Religionen, benannt nach dem gemeinsamen Stammvater Abraham. Wegen dieser »Geburtsfolge« haben Juden und Christen auf die Muslime, die Anhänger des Islam, häufig herabgesehen, als ob es sich um verirrte, verwirrte Kinder des gleichen Gottes handelt, die nur den rechten Weg verlassen haben. So verhält es sich zum Teil heute noch – mit zum Teil schlimmen Folgen. Die Muslime ihrerseits werfen Juden (und Christen) bis heute vor, von der reinen, heute nur noch von ihnen vertretenen Gottes-Lehre abgewichen zu sein, sie verfälscht zu haben. Für sie hat das Menschengeschlecht zwar auch mit Adam begonnen, der aber eigentlich der erste Muslim war.

Das Verbindende

Doch es gibt erstaunlich viele Gemeinsamkeiten. Gott ist einmalig, unvergleichbar, nicht gezeugt noch zeugend (bei den Christen dann allerdings einen Sohn), wirklich existent, allmächtig, allwissend, allgegenwärtig, barmherzig und verzeihend; er ist letzter und gerechter Richter am letzten Tag. So kann man es im heiligen Buch des Islam, dem Koran (»das Rezitierte, das zu Rezitierende«) u. a. in der zweiten Sure ebenso nachlesen wie, fast wortgleich, im heiligen Buch der Juden, der Thora, und in den Evangelien des Neuen Testaments. Ähnlich verhält es sich mit der Schöpfungsgeschichte, der Auferstehungs- und der Offenbarungslehre. Alle drei Religionen lehren mit kleinen Abweichungen das Gleiche.

Man kann es im Koran an unzähligen Stellen nachlesen: Der Erzvater Abraham der Juden (und Religionsstifter) wird von den Muslimen als ein großer Prophet («Ibrahim«) verehrt ebenso wie Noah (»Nuh«), Ismael (»Ismail«), Moses (»Musa«) – und natürlich auch Jesus (»Isa«), der für die Muslime allerdings nicht gekreuzigt wurde (»es schien ihnen bloß so«) und, ebenso wenig wie von den Juden, als leibhaftiger Sohn Gottes anerkannt wird. In allen drei Religionen benötigen die Menschen einen von Gott Gesandten, der ihnen dessen Willen übermittelt. So ist Mohammed für die Muslime der letzte Prophet, der von Gott geschickt wurde, um die Menschen auf den richtigen, ihm direkt von Gott offenbarten Weg, die Religion Abrahams, zurückzuführen.

Entsprechend dem jüdischen Vorbild begründete die Offenbarung Mohammeds eine Gesetzesreligion, die keine Priester kennt (auch der jüdische Rabbiner ist kein Priester oder gar eine mit Stellvertreterfunktionen für Gott ausgestattete Person wie im Christentum). Und Mohammed schuf auf der arabischen Halbinsel einen Religionsstaat, der zunächst nur das göttliche Gesetz gegen die rundherum anarchischen Herrschaftsverhältnisse zu verteidigen hatte. Erst mit der Ausbreitung des Islam (nach Mohammeds Tod) über die Grenzen der arabischen Halbinsel hinaus auf nichtislamische, »heidnische« Gebiete beginnt eine Art »Krieg«, der aber im islamischen Selbstverständnis nur eine Auseinandersetzung mit jenen ist, die sich nicht freiwillig zum Islam bekehren lassen, und daher – wenn notwendig – auch Gewaltanwendung erzwingt.

Um das hier einzublenden: Selbstmordattentate (auch auf Anders- oder »Ungläubige«) sind dem Muslim verboten. Sie sind eine Perversion dessen, was im Islam über kriegerische Auseinandersetzungen gedacht und gelehrt wird. Da jeder Mensch an sich als Muslim geboren wird und die Nicht-Muslime – fehlgeleitet – nur von Gottes wahrem Willen abgewichen sind, kann dauerhafter und vollkommener Friede erst mit der Weltherrschaft des Islam hergestellt werden. Für die (meisten) Juden wird dieses Ziel ebenfalls erst in weiter Ferne erreicht: wenn der Messias (griech.: »Christos«) kommt, und der kommt erst, wenn alle Menschen Gottes Gesetze befolgen. Und ein letztes, aber wichtiges Zeichen von Nähe: Für Muslime sind Juden und Christen Brüder insofern, als sie durch den gleichen Gott offenbarte Schriften besitzen, sie sind »Buchbesitzer« oder »Schriftbesitzer« und genossen und genießen, wenn sie Minderheit in einem islamischen Gemeinwesen sind, bis heute gegenüber Andersgläubigen eine bevorzugte Stellung.

Nur: Alle drei Religionen halten sich wechselseitig für irregeleitete Abweichler, die es auf den rechten Weg zurückzuführen gilt, mit einer – allerdings gravierenden – Ausnahme: Muslime und Christen leiteten (und leiten zum Teil noch heute) aus diesem Verständnis einen strengen missionarischen Auftrag ab, während die Juden keine Konversionen anstreben, ja diese sogar erschweren. Judentum und Islam verstehen sich als Ur-Religionen. Die biblische Geschichte ist für Muslime die Geschichte des Islam. Vor diesem Hintergrund wird etwas verständlicher, warum heute die muslimischen Palästinenser einen eigenständigen Anspruch Israels auf die jüdischen heiligen Stätten zum Beispiel in Jerusalem schlicht leugnen. Warum sollte man ein Sonderrecht der Juden etwa auf den Besitz der Klagemauer am Tempelberg respektieren, wenn doch sowieso Felsendom und Al-Aqsa-Moschee (und damit auch erhaltene Teile des zweiten jüdischen, salomonischen Tempels) nur Teile islamischer heiliger Stätten sind?

In der Liste der Gemeinsamkeiten soll nur die ähnliche – untergeordnete – Stellung der Mystik in beiden Religionen, des Kabbalismus der Juden und des Sufismus im Islam, erwähnt werden. Oder die für fromme (zionistische) Juden und strenggläubige Muslime nicht hinnehmbare Trennung von Staat und Religion. Die Christen hatten es da einfacher. Sie wurden in das römische Weltreich »hineingeboren«. Ihr Rückzug auf den Ritus, auf eine »innere« Religion, war daher historisch programmiert. Juden und Muslime aber hatten fast von Anfang an ihre eigenen Königreiche bzw. Staaten, in denen die Religionen das Gemeinwesen gewissermaßen konstituierten.

Das Trennende

Die beiden historischen Wege von Judentum und Islam mäandern durch ein Konfliktfeld. Mal gibt es Nähe und Verständnis, mal Ferne und Ablehnung, meist aber Unverständnis,

Hass und Diskriminierung. In Mohammeds ersten Jahren, in der mekkanischen Zeit der Offenbarung (auf einem Berg in der Nähe Mekkas) bis etwa 622 n. Chr., galten die Juden den Muslimen gar als »Kronzeugen der Wahrheit« des Korans gegenüber den polytheistischen Mekkanern. Mohammed ging von der Identität (!) der biblischen Überlieferung mit seiner Botschaft aus. Kein Wunder, dass islamische und jüdische Gebetspraxis und Gebetsrichtung, Sabbatheiligung und Fastenregeln wenig Unterschiede aufwiesen. Erst nach seiner Übersiedlung nach Medina, wo er feststellen musste, dass sich die Mediner Juden nicht von seiner Botschaft überzeugen ließen, wurden sie zu »Feinden Gottes und des Gesandten« (Johan Bouman) erklärt.

Mohammed interpretiert frühere Aussagen neu, ändert die Gebetsrichtung der Muslime von Jerusalem zur mekkanischen Ka'aba, deren Gründung jetzt Abraham zugeschrieben wird, und deutet die Fastenregeln um. Von nun an wird den Juden ein ganzer Sündenkatalog vorgehalten, der in der ersten schweren Kontroverse, dem bis heute geltenden, zur Lehre gewordenen Vorwurf der Schriftverfälschung gipfelt: Den Juden sei das Kommen Mohammeds in ihren Schriften vorausgesagt worden, sie hätten es aber verschwiegen, um ihm, Mohammed, nicht folgen zu müssen. Die Juden wurden aus der islamischen Gemeinschaft ausgeschlossen. Damit war der bis heute anhaltende Bruch vollzogen. Unmittelbare Folgen waren Vertreibungen, Plünderungen und Morde dort, wo die Juden eine Minderheit bildeten – und das taten sie fast überall in der arabischen Welt.

Im Koran, der ja in der unveränderten Form aus der zweiten Hälfte des ersten Jahrtausends von vielen gläubigen Muslimen sogar auswendig gelernt wird, wimmelt es von Beschimpfungen der Juden (und Christen). Unentwegt ist von ihnen drohenden Höllenstrafen die Rede, sie treten fast nur als Lügner, Heuchler und Verräter auf. Die ausgefeilte islamische Dogmatik mag da längst manches relativiert haben; die »schulische« Wirkung dieser koranischen Dauerhetze auf die muslimischen Massen aber kann nur als verheerend bezeichnet werden. Scheinbar großzügig gibt sich der Islam gegenüber – prinzipiell ja anerkannten – jüdischen (und christlichen) Minderheiten, deren Schutz der Koran sogar befiehlt. Doch handelt es sich faktisch nur um eine Duldung mit diskriminierendem Status. Zeitweise mussten sich diese Minderheiten durch spezielle Kleidung (übrigens wie die Juden in Europa) zu erkennen geben und Tribut in Form von Kopfsteuern für ihr Aufenthaltsrecht auf islamischen Territorien zahlen. Bis zur Abwanderung in den neu gegründeten Staat Israel 1948 mussten sich Juden (und Christen) über viele Jahrhunderte, mal mehr, mal weniger, mit dieser entwürdigenden Minderheitenexistenz in ihren islamischen Heimatländern abfinden.

Da der Koran (wie die Thora) zwar unterschiedlich auslegbar, aber im Prinzip nicht revidierbar ist, bestimmen seit anderthalbtausend Jahren die nahezu gleichen ideologischen Grundmuster das Verhältnis zwischen Judentum und Islam, deren wechselseitiger Kernvorwurf die schismatisch-häretische Abweichung der einen von der anderen »wahren« oder »reinen« Lehre ist. Auf zwei weitere schwerwiegende, bis in die Gegenwart wirkende Gegensätze zwischen Juden und Muslimen ist noch hinzuweisen. Seit der Religionsstiftung durch Mohammed waren Glauben und islamischer Staat eine symbiotische Verbindung eingegangen, weil nur ein Staat die Verteidigung und die Ausbreitung des Islam gewährleisten kann. Ganz anders die Juden, die mit Ausnahme ihrer relativ kurzen, halbwegs selbstständigen Königreiche von David bis Herodes im ersten vorchristlichen Jahrtausend immer als Minderheiten unter andersgläubiger Herrschaft leben mussten. Die letzten zweitausend Jahre war die Diaspora dann vollends zur Regelexistenz für die Juden geworden – bis zur Gründung des Staates Israel im Jahre 1948.

Dieses historisch aus anderen Erfahrungen gespeiste Staatsverständnis wirkt ebenfalls bis in die Gegenwart. Wenn heute die Palästinenser ihren eigenen Staat fordern, so hat das eher am Rande mit der Wahrnehmung des aus okzidentalen Denkfiguren stammenden Rechts auf nationale Selbstbestimmung zu tun. Viel wichtiger ist: Für Muslime ist es ein unerträglicher Zustand, auf (vermeintlich) eigenem Territorium, also in einem Gebiet von zentraler religiöser Bedeutung und mit tief verwurzelter islamischer Tradition, als Minderheit unter einer nichtislamischen Mehrheit zu leben.

Dies hat nun aktuelle, hochpolitische Konsequenzen. Schon erwähnt: das große Misstrauen islamischer Staaten gegenüber ihren jüdischen (und christlichen) Minderheiten. Deren Lage hat sich mit der Gründung des Staates Israel insofern erheblich kompliziert, weil das durch die aktive Mitwirkung ehemaliger Minderheiten eigentlich schon befriedete Islamgebiet (»dar al-islam«), also das alte Palästina vor 1948, wieder »Kriegsgebiet« (»dar al-harb«), der Staat Israel, wurde. Zugleich wurde damit der Stolz der Muslime auf ihre durch Neuerungen niemals »entstellte« Religion und Lebensweise zutiefst verletzt, ein Gefühl, das der fromme Jude, der seine Unterwerfung unter das Gesetz Gottes eher als nur schwer zu erfüllenden Auftrag begreift, so nicht kennt.

Kann überhaupt eine Brücke zwischen diesen, trotz gemeinsamer Abstammung und vielen Ähnlichkeiten, diametral entgegengesetzten Vorstellungswelten geschlagen werden? Die Chancen scheinen gegenwärtig gering.

Pessimistisches Resümee

Wenn heute palästinensische Gruppen Terrorakte verüben, handelt es sich um eine Verhöhnung der islamischen Lehre. Nicht nur, dass man »Dschihad« nicht mit »heiliger Krieg« (oder »gerechtem Krieg«) übersetzen darf – das Wort kommt im Koran überhaupt nicht vor. Es bedeutet zunächst nicht mehr und nicht weniger als »sich für ein Ziel (energisch) einsetzen«.

Und dieses Ziel heißt: Islamisierung der ganzen Welt. Das Wort »Dschihad«, ebenso wie »qital« (im strengen Wortsinn »Krieg«), kam im Text des bei Mekka offenbarten Koran überhaupt nicht vor. Die mit »Dschihad« verbundene Doktrin hatte bei Mohammed immer nur spirituellen Charakter, ohne einen Bezug zu Waffen (Schwertern). Das kann auch zum Krieg (»qital«) durch Muslime führen, aber nur dann, wenn die weltweite Durchsetzung des Islam durch einen Krieg (»harb«) der Ungläubigen behindert wird, verbietet aber strikt und ausdrücklich jede Aggression (»idwan«). Eine weltweite, von Individuen oder Gruppen geführte Terrorkampagne im Namen des Islam ist in keiner Weise theologisch zu rechtfertigen. Wie hier von Terroristen Grundregeln der eigenen Lehre missbraucht werden, so missbrauchen jüdische Fundamentalisten das alttestamentarische »Auge um Auge, Zahn um Zahn«, das immer eine ausdrückliche Begrenzung im Falle von (zugelassener) Vergeltung fordert.

Der Feind darf nur in dem Maße beschädigt werden, wie er selbst geschädigt hat: Wer eine Hand abschlägt, dem darf auch nur die Hand, und nicht der Arm, abgeschlagen werden. Die gegenwärtig durchgeführten Vergeltungsaktionen der israelischen Armee in den palästinensischen Autonomiegebieten sind maßlose Überdehnungen, ja Missachtungen von Thora und Talmud.

Gibt es überhaupt Hoffnung? Eine Rückbesinnung beider Seiten auf den Kern ihrer religiösen Lehren ist jedenfalls vorläufig wohl nicht zu erwarten. Die Verständigung mit dem Judentum war für den Islam schon immer schwieriger als mit dem Christentum.

Stets war der Streit mit den religiös näher verwandten Juden schärfer, grundsätzlicher und giftiger als mit den Christen, obwohl diese die Juden zahlenmäßig bald weit übertrafen und obwohl die Juden bis 1948 über keine staatliche Macht verfügten, während hinter den Christen eine ganze Staatenwelt stand, die ob ihres anderen ethischen Wertekodex, verbunden mit technologisch-zivilisatorischer Expansion, von den Muslimen außerhalb Europas als bedrohlich empfunden wird.

Es mag sein, dass die islamischen Schriftgelehrten streng zwischen Zionismus und Judentum unterscheiden. Auch die Scharon-Regierung soll ja zwischen arabischen Terroristen und sonstigen Muslimen differenzieren. In der politischen Praxis ist von beiden Differenzierungen nichts zu spüren. Überall sind alttestamentarisch-fundamentalistische und islamistisch-extremistische Sprengmeister am Werk, während dringend jüdische und muslimische Brückenbauer gebraucht würden.

WOLFGANG ULLMANN

Der Islam und die Krise der Weltreligionen

Die nötige Ringparabel für das 21. Jahrhundert

Die Ringparabel des 18. Jahrhunderts wurde als Antwort auf die Frage geschrieben: »Was für ein Glaube, was für ein Gesetz hat dir am meisten eingeleuchtet?« Als Sultan Saladin Lessings Nathan diese Frage stellt, wird ein berühmter muslimischer Herrscher des Mittelalters zum Stichwortgeber für den religionspolitischen Diskurs der Neuzeit. Die Antwort gibt der vom Leben schwer geprüfte Jude Nathan. Das Christentum spielt auch seine Rolle in diesem welthistorischen Gespräch, nämlich in Gestalt eines bigott fanatischen Patriarchen und eines nicht unsympathischen jugendlichen Heißsporns von Kreuzritter, der zur Sache, um die es hier geht, herzlich wenig oder gar nichts beizutragen hat.

Lässt man diese Szenerie des Europa um 1780 heute auf sich wirken und vergleicht sie mit dem, was das deutsche Feuilleton in dieser Sache zum Jahreswechsel 2001 auf 2002 zu sagen hat, etwa über die Vorzüge der Trennung von Staat und Kirche, über die Zurückgebliebenheit der islamischen Welt und die Überlegenheit der westlichen Zivilisation und vor allem die offenkundigen Vorzüge des Christentums, das letzten Endes die Wurzel aller kulturellen Überlegenheiten des Westens über den Rest der Welt darstelle, dann reibt man sich angesichts des Lessingschen Textes doch verwundert die Augen: Wie? Das damals so marginalisierte Christentum ist reichlich 200 Jahre später auf einmal zur maßgebenden Weltreligion geworden? Nach den Regeln der Ringparabel des 18. Jahrhunderts könnte das allein daher kommen, dass es die Moral der Ringparabel besser als Judentum und Islam in die Tat umgesetzt hätte: »Wohlan! Es eifre jeder seiner unbestochnen, von Vorurteilen freien Liebe nach!«

Beginnen wir, weil es uns selbst betrifft – auch diejenigen unter uns, die die Zugehörigkeit zu dieser unserer Religion von sich weisen –, mit den Christen. Man kann sicher sein, dass es unzählige authentische Beispiele solchen Nacheiferns bei Christinnen und Christen gegeben hat, gerade unter jenen Männern, Frauen und Kindern, die durch die Maschen sämtlicher Geschichtsbücher fallen, weil ihre Taten zu denen gehören, von denen Jesus in dem berühmten Weltgerichtsgleichnis des Matthäus-Evangeliums behauptet, dass sie erst im Letzten Gericht offenbar und gewürdigt werden

Aber die so beurteilt werden, das sind in der Regel alles Leute, die gerade nicht mit anderen um den Besitz des Ringes der höchsten Religion wetteifern wollen, der vor Gott und Menschen angenehm macht.

Und wie steht es mit den christlichen Ringbesitzern, die die Echtheit ihres Ringes zu behaupten gezwungen sind? Was für gewaltigen Sachen haben sie in den letzten 200 Jahren nachgeeifert. Sie sind, genau wie Jesus es den Frommen seiner Zeit bescheinigt, durch Land und Meer gereist, um einen einzigen Proselyten zu gewinnen. Der britische Kirchenhistoriker Scott-Latourette hat das 19. Jahrhundert sogar das »Große Jahrhundert« getauft, wegen seiner enormen Missionsleistungen. Aber wie sah es im darauf folgenden Jahrhundert aus? Der christliche Westen wurde zum Brandherd zweier Welt-

Juden beim Gebet an der Klagemauer, der westlichen Stützmauier des 70 n. Chr. durch die Römer zerstörten Tempels. Oberhalb die goldene Kuppel des islamischen Felsendomes. Foto: H. Bergmann-Anthony

kriege, in denen Christen sich dabei übertrafen, sich Schand und Brand anzutun, weil sie allesamt nur eines im Sinne hatten das Christentum in die Zivilregion ihrer konkurrierenden Vaterländer zu verwandeln.

Verkehrtes Ende

Kant, einer der großen Unbestechlichen der Neuzeit, hat einmal vorausgesagt, wenn das Christentum aufhöre, liebenswert zu sein, dann müsse wohl das verkehrte Ende der Welt gekommen sein. Karl Kraus konnte das anhand seines den Weltkrieg dokumentierenden Theaterstückes »für ein Marstheater« nur bestätigen, als er ihm den Titel gab »Die letzten Tage der Menschheit», was doch so viel heißen sollte wie: die Tage, da alle Welt beschäftigt ist, nach der Abschaffung der Humanität zu trachten.

Das Judentum war es, an dem nach dem Zwischenstopp von 1918 dieses Programm bis zur Liquidation eines ganzen Volkes und seiner Religion verwirklicht werden sollte. Und ausgerechnet das Land, in dem die Ringparabel entstanden war, fühlte sich berufen, die konsequente Absage an die Humanität der unbestochnen Liebe in die Tat umzusetzen. Als wir 1945 aus den Luftschutzkellern, nach der Öffnung der Konzentrations- und Vernichtungslager die ersten vorsichtigen Schritte des Nachdenkens über das Geschehene taten, waren wir den Opfern der Unmenschlichkeit, zuallererst dem Judentum gegenüber, auf den Mund geschlagen. Wir hatten nichts zu fragen, sondern mussten uns fragen lassen. Als wir wieder ins Theater gehen konnten und Lessings Nathan aufgeführt wurde, war auf einmal ein anderer Text viel wichtiger als die Ringparabel, jene Szene im 4. Akt des gleichen Stückes, in der Nathan von der Ermordung seiner sieben Kinder berichtet und wie ein nach dem schrecklichen Widerfahrnis ihm anvertrautes Waisenkind ihn den Mut zum Leben wiederfinden lässt.

Da ist die Welt der Religionsvergleiche und der Parabeln dem tatsächlichen Menschenleben und seinen unausweichlichen Ansprüchen gewichen, der gänzlich unparabolischen Alternative von Menschlichkeit oder Unmenschlichkeit, die auch die Grenzen zwischen Judentum und Christentum so transparent und hinfällig werden lässt wie zwischen Nathan und dem Klosterbruder in jener überwältigenden Szene, in der der Jude dem Christen zum Christen und der Christ dem Juden zum Juden geworden ist.

Was aber hat das alles mit dem Islam zu tun? Zunächst dies, dass die Ringparabelfrage auch deswegen gestellt wurde, weil die orientalische Welt eines Saladin um 1780 in Gestalt des Osmanischen Reiches eine europäische Großmacht war. Mochte sie auch für das damalige Theater ein gern genutztes Arsenal von exotischen Reizen sein. Der Lessing der Hamburgischen Dramaturgie rügt es als unkünstlerische Albernheit, wenn ein zeitgenössischer Autor einen türkischen Sultan dadurch lächerlich zu machen sucht, dass er vorführt, wie dieser sich von einer Pariser Kokotte um den Finger wickeln lässt.

Es bereitet keine Schwierigkeiten, den Zeitpunkt zu benennen, an dem das Verhältnis zum Islam aufhörte, eine religiöse und philosophische Angelegenheit zu sein. Seit der Machtverlust des Osmanischen Reiches bei seinen Konkurrenten die Begehrlichkeit weckte, sein Erbe in den von ihm beherrschten Gebieten Südosteuropas und des Nahen und Mittleren Ostens anzutreten, wirkte jenes Syndrom, das schon in den Verhandlungen zwischen Napoleon und Zar Alexander I. um den Besitz von Istanbul seine Wirkungen zu zeigen beginnt. Aus der Ringparabel des wechselseitigen Respektes der drei Weltreligionen wird der geopolitische Erbfolgestreit, der über Balkankriege, beide Weltkriege nach 1945 aus den islamischen Ländern das Hauptaktionsfeld des Neokolonialismus werden ließ, vom Sturz der Mossadegh-Regierung im Iran der frühen 50er-Jahre über den Krieg gegen das Ägypten Nassers bis zu den heutigen regelmäßig in ihr Gegenteil umschlagenden Unterstützungen für Gruppen gleich den erst großgezogenen und dann als Ausbund des Terrorismus bekämpften Taliban.

Voraussetzung dieser immer neue Kulturzerstörungen bewirkenden Politik ist die Leugnung der Tatsache, dass der Islam seit seinen Anfängen im 7. Jahrhundert ein fester Bestandteil der europäischen Kultur ist. In Deutschland wurde eine Geschichtsauffassung herrschend, wie sie der am Ende des 19. Jahrhunderts führende evangelische Theologe Adolf von Harnack schon an den Anfängen seiner wissenschaftlichen Laufbahn mit der These begründet hatte, der Islam sei nichts anderes als eine christliche Häresie und darum allenfalls als ein Abweg von der Hauptstraße der Kulturgeschichte zu betrachten. Diese religionsgeschichtliche Erledigung des Islam konnte diplomatisch andererseits vom deutschen Kaiserreich als Rechtfertigung seiner äußerst zweideutigen Haltung gegenüber den türkischen Vertreibungsaktionen und Massenmorden an den christlichen Armeniern vor dem und während des Weltkrieges dienen. Wie man auch heute argumentiert hören kann, habe es sich dabei keineswegs um religiöse, sondern allein um politische Reaktionen gehandelt, dies umso mehr, als die Regierung des osmanischen Reiches ja nur auf armenischen Terrorismus geantwortet und sich gegen ihn gewehrt habe.

Der entscheidende Schritt aber zur religiösen und politischen Disqualifizierung des Islam geschah nach dem Ende des Ersten Weltkriegs in der völlig neuartigen Geschichtsmythologie von Oswald Spenglers »Untergang des Abendlands«. Hier verschwindet der Islam in einem von Spengler neu evozierten Äon, »arabische Kultur« genannt, der, von den Anfangszeiten des Christentums bis ans Ende des ersten Jahrtausends reichend, alle religiösen und kulturellen Entwicklungen um das Mittelmeer herum, einschließlich Christentum und Islam (nur das Judentum bleibt weitgehend unbeachtet), zusammgefasst unter dem Titel des »magischen Weltgefühls«, einer speziellen Erfahrung von Weltfremdheit, die sich bis zum Welthass steigern kann.

Geschichtsmythologie

Zweierlei ist an dieser Geschichtsmythologie bemerkenswert. Sie reproduziert erstens ein Weltverständnis, das in dieser Form bisher nur im 3. Jahrhundert nach Christus geschichtlich wirksam geworden ist, nämlich in Gestalt der Drei-Welten-Lehre des Manichäismus, der ersten und bisher einzigen Weltreligion, die als solche konzipiert worden ist, indem sie christliche, iranische und buddhistische Traditionen zu vereinen antrat. Ihre Ausstrahlung bis nach Ostasien ist bis auf den heutigen Tag noch nicht vollständig erforscht, aber im mittleren Osten des Iran bedurfte es nach 270 brutalster Gewalt des orthodoxen Zarathustrismus, um den Manichäismus zu hindern, offizielle Religion des Iran zu werden.

Die zweite Besonderheit ist die plötzliche Virulenz manichäischen Denkens in der Neuzeit. Die weitreichendsten religionsgeschichtlichen Konsequenzen aber hat der Manichäismus durch seinen Einfluss auf die Anfänge des Islam gezeitigt. Auf den Manichäismus geht die Vorstellung zurück, dass die Offenbarung erst in Buchgestalt ihre Vollendung findet und darum der Koran als Buch offenbart werden musste, eine Vorstellung, die dem Prophetismus des Alten und dem Evangelium des Neuen Testamentes durchaus fremd ist. Noch direkter ist das Letztere dadurch wirksam geworden, dass auch Mohammed wie Mani sich auf den im Johannes-Evangelium überlieferten Ausspruch Jesu: »Ich will meinen Vater bitten und er wird euch einen anderen Parakleten senden« (Joh. 14.16) berufen hat. Damit ist dieser Vers zum religionsgeschichtlich wirksamsten des ganzen Neuen Testamentes geworden.

Überall ist es der Gedanke vom Kampf des Lichtreiches, des Reiches des Friedens und des Guten, gegen das Finsternisreich der Aggression, des Bösen und des bodenlosen Abgrundes, welcher ein Denken zu dominieren beginnt, das den Blick für die Einheit der Wirklichkeit im Bann religiöser bzw. pseudoreligiöser Zwangsvorstellungen verloren hat. Die ganze Hilflosigkeit des angeblich aufgeklärten Säkularismus zeigt sich in seinem Gegenüber zur zerstörerischsten Waffe der historisch desorientierten Weltpolitik: dem religiösen Fundamentalismus. Zu seinem Wesen gehört es, im Gewand aller überlieferten Religionen auftreten zu können als siegesgewisser und unschlagbarer Gegner just des sich ihm überlegen dünkenden Säkularismus, den er samt seiner inneren Hohlheit ja aus eigener Erfahrung so gut kennt wie der jahrelang in Paris lebende Khomeini. Er fühlt sich deswegen so überlegen, weil er selbst nicht nur über siegreiche Waffen verfügt, sondern in seinen Augen selbst eine Waffe ist, gegen die es keine denkbare Abwehr und Abschreckung gibt, so wenig Selbstmordattentäter durch die Todesstrafe abgeschreckt werden können, die kraft ihrer religiösen Selbstautorisierung davon ausgehen, dass ihnen ohnehin alles erlaubt ist.

Lessing, Kant, Herder und Goethe haben Recht behalten. Sie waren die Propheten der Zeit, in der wir jetzt leben, der Zeit einer nicht mehr rücknehmbaren Gleichzeitigkeit von Christentum, Judentum und Islam. Aber wir werden einen Schritt weiter gehen müssen als die Ringparabel von 1780. Nicht dadurch, dass wir die drei Ringe zu einem einzigen Ring des weltreligiösen oder weltethischen Synkretismus zusammenschmelzen. Alle drei müssen anerkennen, dass Weltreligion entweder auf den religiösen Imperialismus des Großinquisitorentums oder die Weltenmythologie des Manichäismus hinausläuft.

Darum müssen und werden Judentum, Christentum und Islam füreinander undurchdringlich bleiben. Die Juden haben 2000 Jahre voll Gründe, warum sie nicht Christen werden können, wovon schon der eine des Auschwitzjahrhunderts hinreichend ist. Umgekehrt können die Christen durch keinen denkbaren Grund veranlasst werden, in Jesus Christus nicht mehr den Anfänger und Vollender ihres Glaubens zu sehen. Und die Muslime, die durch Mohammed auf eine nachchristliche Existenz festgelegt sind, deren Verheißungen in der Thora, im Evangelium und im Koran niedergelegt sind (9. Sure 112), was sollten sie an dieser Feststellung Widerrufbares finden?

Diese Feststellungen haben aber eine wohl in allen drei Religionen noch längst nicht hinlänglich bedachte Konsequenz für ihre Stellung zu Recht. Die Gleichzeitigkeit ihrer Existenz und deren von keiner Seite Widerrufbarkeit zwingt zur Anerkenntnis, dass Glaubens-, Gewissens- und Weltanschauungsfreiheit ein ihnen allen übergeordnetes, weil individuelles Recht ist, das durch keine kirchlichen Rechtsprivilegien, keine Scharia oder Halacha eingeschränkt oder außer Kraft gesetzt werden darf. Das hat aber z. B. für die Christen auch zur Folge, dass sie ihre staatsrechtlichen Traditionen nicht zu Normen des in dieser Hinsicht angeblich zurückgebliebenen Islam erheben dürfen. Das Beispiel der Türkei lehrt, dass ein aus einer mehrheitlich muslimischen Bevölkerung bestehender Staat eine streng laizistische Verfassung nach französischem Vorbild haben kann, und selbst der Iran wäre wohl schon wesentlich weiter auf dem Weg der Demokratisierung, wenn deren Anfänge unter Mossadegh nicht 1952 gewaltsam vom Westen aus unterdrückt worden wären.

So steht es um die Ringparabel des 21. Jahrhunderts: Kreuz, Davidstern und Halbmond werden sich nie zu gleich aussehenden und verwechselbaren Ringen umschmieden lassen. Wohl aber lassen sie sich erkennen als drei Signale, die alle nach Jerusalem weisen als Ort einer Menschheitsverflechtung, die aufzulösen niemand die Kompetenz, aber auch niemand die Macht hat.

Die Autorinnen und Autoren

DR. KATAJUN AMIRPUR,	Islamwissenschaftlerin, Berlin
PROF. DR. LAWRENCE CONRAD,	Islamwissenschaftler am Asien-Afrika-Institut der Universität Hamburg
DR. MARIANNE DOERFEL,	Politikwissenschaftlerin und freie Journalistin, Dillendorf (Hunsrück)
KONRAD EGE,	Journalist, Washington
SÖNKE GIARD,	Freier Journalist, Paris
JEANETTE GODDAR,	Journalistin, Berlin
BETTINA GRÄF,	Islamwissenschaftlerin, Berlin
PATRICK GROOTVELDT,	Publizist, Bonn
ANGELA GRÜNERT,	Islamwissenschaftlerin, Freie Universität Berlin
DR. UWE HALBACH,	Wissenschaftlicher Mitarbeiter bei der Stiftung Wissenschaft und Politik, Berlin
PROF. DR. FERHAD IBRAHIM,	Historiker, Universität Erfurt
PROF. DR. GUDRUN KRÄMER,	Islamwissenschaftlerin, Freie Universität Berlin
DR. JOHANNES L. KUPPE,	Politologe und Publizist, Bonn
ALBRECHT METZGER,	Islamwissenschaftler und freier Journalist, Hamburg
BARBARA MINDERJAHN,	Freie Journalistin, Köln
KATJA NIETHAMMER,	Islamwissenschaftlerin, Freie Universität Berlin
PROF. DR. JÜRGEN PAUL,	Islamwissenschaftler, Martin-Luther-Universität Halle-Wittenberg
ANNETTE ROLLMANN,	Freie Journalistin, Berlin
PROF. DR. GERNOT ROTTER,	Islamwissenschaftler am Asien-Afrika-Institut der Universität Hamburg
PROF. DR. WOLFGANG ULLMANN,	Kirchenhistoriker und Publizist, Berlin

DR. KONRAD WATRIN,	Journalist, Hamburg
DR. LUDWIG WATZAL,	Redakteur der Zeitschrift »Aus Politik und Zeitgeschichte«, Bonn
DR. RAINER WERNING,	Politikwissenschaftler und Publizist, Frechen
DR. STEFFEN WIPPEL,	Wissenschaftlicher Mitarbeiter am Zentrum Moderner Orient, Berlin
DR. TORSTEN WÖHLERT,	Redakteur der Wochenzeitung, »Freitag«, Berlin

Sabine Kebir

Mittel zur Emanzipation

Religiosität junger Muslime in Deutschland und Frankreich

Diese im Rahmen eines kooperativen Promotionsverfahrens an der Ecole des Hautes Etudes en Sciences Sociales in Paris und der Philipps-Universität Marburg entstandene Arbeit nimmt sich vor, die Lage und das Bild junger muslimischer Männer in Deutschland und Frankreich zu analysieren, zu vergleichen und sowohl in den gesellschaftlichen Kontext als auch in den Kontext der jeweiligen Wissenschaftslandschaften zu stellen. Die empirische Basis bilden Befragungen in drei Orten, in denen besonders viele Muslime leben: Wilhelmsburg in Hamburg, Neuhof in Straßburg und Val d'Argent bei Paris.

Hauptthese der Arbeit ist, dass die im letzten Jahrzehnt zu beobachtende neue Religiosität islamischer Jugendlicher vor allem als Ausdruck und Mittel von Subjektivierung zu verstehen sei. Mit dem neuen Islam emanzipieren sich die jungen Männer von der traditionellen Religiosität ihren Eltern, und mit ihm kann es gelingen, in der ihnen oft mit Vorurteilen und Diskriminierung begegnenden deutschen und französischen Gesellschaft das Bewusstsein der Differenz positiv zu leben. Die Identifikation mit dem Islam wird zu »einem Mittel, Distanz zum von Konsum, Karriere und Hierarchien bestimmten Zeitverständnis der dominanten Gesellschaft« zu gewinnen. »Die Desorientierung, die sich in Hyperaktivität oder Langeweile ausdrückt, weicht einem Zeitverständnis, das sich nach einem religiösen Prinzip ordnet.«

Vereine als Heimat

Nicht selten findet die neue Form der Islamisierung im Rahmen von Vereinen statt. Junge Muslime möchten sowohl in Deutschland als auch in Frankreich anerkannte Ansprechpartner der lokalen Behörden und des Staates sein. In Val d'Argent hat ein Verein die Armenspeisung an den Abenden des Ramadan auch auf nichtmuslimische Obdachlose ausgedehnt. Letztendlich – so eine These der Arbeit – erweise sich der Islam in Europa flexibel genug, um sich als aktive Kraft in gegenwärtige Entwicklungen einzubringen, die von Sozialabbau und Zukunftsunsicherheit geprägt sind.

Die von Tietze erstellten vier Formen der neuen Religiosität (Ethisierung, Ideologisierung, Utopisierung und Kulturalisierung) überzeugen als Kategorien wenig, zumal sie in beiden Ländern zwar in unterschiedlicher Gewichtung, aber doch vor allem in Kombinationen auftreten. Aufschlussreicher ist die Beschreibung des unterschiedlichen Status, den der Islam in beiden Ländern hat. Während die islamischen Vereine in Deutschland Körperschaften öffentlichen Rechts sind, fallen sie in Frankreich unter die Gesetze der Laizität. Nur im Elsass besteht eine seit der deutschen Okkupation nach 1871 erhalten gebliebene Situation des Konkordats, in das islamische Verbände jedoch noch nicht gleichberechtigt einbezogen wurden.

Obwohl die Situation in Frankreich in staatsbürgerlicher Hinsicht günstiger zu sein scheint, ermöglicht es die deutsche Rechtslage den Muslimen eher, ihre kulturellen, bzw. religiösen Sitten in der Öffentlichkeit auszuleben. Wichtige Unterschiede der Selbstwahrnehmung sind auch darin begründet, dass die zumeist aus dem Maghreb stammenden Muslime in Frankreich eine negative Erinnerung an die Kolonialgeschichte und nur wenige ökonomische Beziehungen in ihre Heimatländer haben.

Enge Beziehungen

Die Situation der Türken in Deutschland ist dagegen davon geprägt, dass die Türkei selbst eine Großmacht war, dass viele Türken gewinnbringende wirtschaftliche Beziehungen zu ihrem Heimatland unterhalten und dass sie sich auch hier nicht nur als Muslime, sondern oft auch als aktive Mitglieder türkischer politischer Parteien verstehen und als solche handeln.

Leider kommt den empirischen Befragungen in der Studie nur wenig Raum und Gewicht zu. Der um so umfangreichere theoretische Apparat erscheint in mancher Hinsicht fragwürdig. Durch die Zentrierung auf die Subjektstärkung der jungen Muslime setzt er sich bewusst gegen gängige Arbeitsschemen ab, überzeugt aber nicht. Das beginnt schon bei der Begrenzung der Themenstellung auf junge Männer, obwohl doch bekannt ist, dass gerade mit der neuen Islamisierung auch neue Konzepte von Maskulinität einhergehen. Das Geschlechterverhältnis spielt so gut wie keine Rolle, obgleich Tietze nicht umhin kann, den Kopftuchkonflikt als wichtigsten interkulturellen Konflikt in Frankreich und Deutschland zu erwähnen. Die Rolle des Kopftuchs bei der subjektiven Selbstwahrnehmung der jungen Männer wurde aber nicht untersucht.

Auch wird der Rolle nicht nachgegangen, die Saudi-Arabien und andere Golfstaaten bei der Finanzierung und ideologischen Modellierung der islamischen Vereine in Europa gespielt haben. Obwohl die richtige Beobachtung, dass sich der Islam der jungen von dem der älteren Muslime unterscheidet, zu einer Untersuchung des Islamismus-Problems hätte führen müssen, bleibt gerade dieses unbehandelt. So wird suggeriert, dass der Islamismus letztlich nur ein leeres Feindbild der französischen und deutschen Gesellschaft sei. Ausgerechnet den oft positiv erwähnten Vereinen von Milli Görüs wird damit pauschal politische Harmlosigkeit unterstellt.

(Nikola Tietze: Islamische Identitäten. Formen muslimischer Religiosität junger Männer in Deutschland und Frankreich. Hamburger Edition, Hamburg 2001; 277 S., 30,– €).

Konrad Watrin

Die Gotteskrieger, das Öl und das Gas

Der Kampf gegen den internationalen Terrorismus aus Afghanistan

Rasch waren die Bärte ab – das Schreckensregime der Taliban und ihr Terrorpatron Osama Bin Laden am Ende. Doch in Afghanistan wechselt man rasch die Seiten. Ebenso rasch könnten die paschtunischen Koranschüler in neuer Gestalt auferstehen, wenn die amerikanischen Bombardements noch lange andauern oder die Ungläubigen aus dem Westen zu lange bleiben sollten, wie schon in Saudi Arabien.

Wenn eines Tages die Archive geöffnet werden, könnte sich indes zeigen, in welchem Ausmaß die Taliban Geschöpfe Pakistans und der CIA oder auch Saudi Arabiens waren. Die Interessen der USA, Chinas, Russlands, der neuen muslimischen Staaten Mittelasiens sowie Pakistans und Saudi Arabiens spielen eine Rolle in diesem Spiel, das nach dem 11. September in eine neue Runde ging.

Der pakistanische Journalist Ahmed Rashid beschreibt dies alles in seinem spannend zu lesenden Buch, dessen Originaltitel (»Taliban. Islam, Oil and the New Great Game in Central Asia«) wieder einmal genauer andeutet, worum es geht. Das Land in den hohen Bergen war Jahrhunderte lang Objekt der Machtpolitik – von Alexander dem Großen und den Persern über Mongolen bis zu Briten und Sowjets. Es überstand das Große Spiel von Briten und Russen im 19. Jahrhundert und den Überfall der Sowjetunion. Ein großer Fehler, so der Autor, dass der Westen, zumal die USA, ihm nach dem Abzug der Sowjets 1989 kaum Aufmerksamkeit schenkten.

Clans und Stämme

Der Autor ist Korrespondent der »Far Eastern Economic Review« und des »Daily Telegraph«, er kennt das Land und seine Führer seit über 20 Jahren. In seiner superben Studie zeichnet er das Machtgerangel der vielen größeren und kleineren Stammesfürsten innerhalb und das Spiel der Mächte um die Kontrolle Afghanistans. Die Taliban, so Rashid, sind vor allem ein Produkt des vom Westen mitfinanzierten Krieges gegen die Sowjets nach 1979. Dabei waren sie äußerst nützlich gewesen. Die sunnitischen Paschtunen waren zudem verfeindet mit den schiitischen Mullahs im Nachbarland Iran, dem anderen Schrecken für den Westen.

Kampf und Koranschule

Ältere Taliban wie Mullah Omar, der dabei ein Auge verlor, kämpften noch gegen die Sowjets. Die überwiegende Mehrheit der jüngeren indes wuchs auf in pakistanischen Flüchtlingslagern und fundamentalistischen Koranschulen, wo man ihnen die Maßstäbe und Werte jener frühen islamischen Gesellschaft zur Zeit des Propheten vor 1 400 Jahren als Ideal nahelegte. Sie haben nie etwas von der großen freien Welt gesehen, kaum jemals eine unverschleierte Frau, kannten nur die archaischen Stammesrituale ihrer immer noch entrückten Bergwelt.

Die Folge waren nicht nur Turban, Bart und Burka, sondern seltsame Vorstellungen von Bildung und Strafen, zumal für Frauen, und das Verbot sinnlicher und aufklärerischer Freuden wie Film, Fernsehen, Radio. Auch nach über zwei Jahrzehnten von Krieg und Bürgerkrieg sollten Witwen zur Ernährung ihrer Familien nicht arbeiten dürfen.

Dabei hatte der Erfolg der Taliban in der afghanischen Bevölkerung damit begonnen, dass Omar kurzen Prozess machte mit Wegelagerern und Vergewaltigern, Bettlern und Räubern. Das war um das Jahr 1994 und betraf vor allem die »war lords«, deren Willkür, Rauben und Morden nicht nur Kabul unsicher machte. Die Menschen wähnten sich bald erlöst von der überall Chaos produzierenden Herrschaft der Mudschahedin, von denen viele nun in der neuen, kaum minder grausamen Gestalt der Nordallianz wieder einrücken.

Aus den radikalen Rächern wurde eines der seltsamsten Fundamentalregime unserer Zeit. Die Taliban erwiesen sich ähnlich geheimnisvoll wie die totalitären Roten Khmer in Kambodscha und kamen ebenfalls wie eine Geißel über ihr Land. Als man dies bemerkte, war es zu spät. Das Land wäre wohl noch früher zusammen gebrochen, hätte nicht der Ex-Saudi Osama Bin Laden, Omars Schwager, mit seinem Geld und seiner Basis „Al Qaida« samt etwa 500 »afghanischen Arabern« mitgekämpft. Vor allem letztere bescherten dem nahezu zerstörten Land ein großes Problem, – tausende Freiwillige aus vielen islamischen Ländern, deren Idol Bin Laden, der Widersacher des Westens war, und die sonst kaum wussten, wohin.

Nun gibt es schon Spekulationen, wonach Afghanistan einmal so reich wie Saudi Arabien werden könnte. Wenn dereinst das Öl im Nahen Osten zur Neige geht und die Ressourcen Mittelasiens – Öl und Gas vor allem sowie die dazu gehörigen Pipelines – lebenswichtig für den Rest der Welt werden könnten. Darum also: the Great Game. Niemand lief Sturm, als vor gut zwei Jahren unübersehbar wurde, dass die Hälfte des Landes – die weibliche – archaischer Repression anheim fiel. Immerhin schon ein Aufschrei, als Omar zu Beginn des Jahres die weltberühmten Buddha-Statuen von Bamian zerstören ließ. Erst als New York getroffen wurde, erfolgte der chirurgische Schnitt.

Perspektiven

Wenig ermutigend ist der Ausblick. Mindestens zehn bis 15 Jahre werde der Aufbau einer zentralen Instanz dauern, wie sie nun auf dem Petersberg in Angriff genommen wurde, meint Rashid – falls die Parteien und Ethnien überhaupt zur Ruhe kommen.

Dann bleiben noch die Witwen und Waisen im Land, die Verstümmelungen an Leib und Seele, Minen und die zerstörte Infrastruktur, schließlich Millionen von Flüchtlingen in den Nachbarländern Iran und Pakistan. Es ist das Land der »tapferen, stolzen, ehrenwerten, großmütigen, gastfreundlichen, anmutigen und schönen Männer und Frauen«, die freilich auch eine »dunkle, böse, blutrünstige Seite vorweisen können«.

(Ahmed Rashid: Taliban. Afghanistans Gotteskrieger und der Dschihad. Droemersche Verlagsanstalt, München 2001; 431 S., 19,90 €).

Dirk Klose

Mit Allah als Kompass

Zur Geschichte der islamischen Welt

Die Ereignisse seit dem 11. September haben die Verlage veranlasst, zahlreiche Titel zum Islam und zur arabischen Welt ins Programm zu nehmen. Waren es bis jetzt häufiger nur »Schnellschüsse«, die rasch informieren sollten, so werden, wie die Frühjahrsankündigungen zeigen, in den kommenden Wochen und Monaten eine ganze Reihe wichtiger Titel erscheinen. Im Rahmen des Möglichen wird auf diesen Seiten darüber informiert.

Zwei ältere Titel seien im Zusammenhang dieser Ausgabe schon jetzt in Erinnerung gerufen.

Vor zehn Jahren erschien bei Fischer die »Geschichte der arabischen Völker« des in Oxford lehrenden, 1995 verstorbenen Islamwissenschaftlers Albert Hourani. Es wurde zu recht auch in Deutschland ein Bestseller, verstand es doch Hourani, gleichermaßen zu unterhalten und zu informieren.

Das Buch reicht vom Leben Mohammeds bis in die 80er Jahre des 20. Jahrhunderts, und neben der politischen Geschichte der arabischen Völker ist es auch eine Wirtschafts- und Sozialgeschichte der arabischen Welt, die einmal mehr zeigt, wie lange sich arabische und christlich-europäische Welt fast gleichwertig gegenüberstanden.

Jetzt ist das Buch als Taschenbuch erschienen, und auch wenn die letzten dreißig Jahre nicht mehr berücksichtigt sind, möchte man es noch immer als Standardwerk zu arabischer Geschichte empfehlen *(Albert Hourani: Geschichte der arabischen Völker. Fischer TB 15085, Frankfurt/M. 2001; 635 S., 13,90 €).*

Seine 1994 bei Beck erschienene »Geschichte der islamischen Welt im 20. Jahrhundert« hat der damals in Bamberg, heute in Bern lehrende Islam- und Politikwissenschaftler Reinhard Schulze bis zum 11. September fortgeführt. Er konzentriert sich nicht nur auf die Konflitkherde im Nahen Osten, sondern weitet die Betrachtung aus auf Algerien, auf Indonesien aber auch auf Bosnien-Herzegowina und gibt zu bedenken, dass sich auch der Islam der zunehmenden Globalisierung der Welt nicht entziehen kann, was eine einzige und verbindliche Interpretation der Weltläufe zunehmend erschwert. Ein sehr erhellendes, sehr zu empfehlendes Buch.

(Reinhard Schulze: Geschichte der islamischen Welt im 20. Jahrhundert. Aktualisierte Fassung. C. H. Beck Verlag, München 2002; 478 S., 19,90 €).

Weiterführende Literatur aus dem Publikationsverzeichnis der BpB

MALISE RUTHVEN

Der Islam

Eine kurze Einführung

Malise Ruthven lehrt Vergleichende Religionswissenschaft mit dem Spezialgebiet Islamistik an der Universität von Aberdeen, Schottland. Er vermittelt mit diesem allgemein verständlichen Band in knapper Form Wissen über den Islam als Religion, den Koran, das islamische Rechtsverständnis, die beiden Formen des so genannten Heiligen Krieges, vor allem aber auch über die Rolle der Frauen und der Familie im Islam. Im Anhang erläutert der Autor die grundlegenden religiösen Pflichten der Muslime, die »Fünf Säulen« des Islam: das Glaubensbekenntnis, die Anbetung, das Almosen, das Fasten und die Pilgerfahrt nach Mekka. Der Band enthält ferner eine Reihe von Originaltextauszügen, welche die Darstellung vertiefen. *Bestell-Nr. 2.129*

Kleines Islam-Lexikon Geschichte – Alltag – Kultur

HERAUSGEGEBEN VON RALF ELGER
UNTER MITARBEIT VON FRIEDERIKE STOLLEIS

Dieses Lexikon erklärt knapp und anschaulich in mehr als 400 Artikeln nicht nur zentrale Begriffe der islamischen Religionsgeschichte, sondern informiert auch über die wichtigsten Gesichtspunkte der islamischen Gesellschaft und Kultur vom 7. Jahrhundert bis heute. Es beschreibt nahezu alle Länder der islamischen Welt sowie die wichtigsten muslimischen Gruppen. Islamische Theologie und islamisches Recht werden ebenso berücksichtigt wie die Themen Musik und Theater, Familie und Sexualität, Ernährung und Kleidung, Kunst und Architektur. Das Alltagsleben der Muslime bildet einen Schwerpunkt dieses Nachschlagewerkes. *Bestell-Nr. 2.133*

THEODOR ADEL KHOURY

Der Islam und die westliche Welt. Religiöse und politische Grundlagen

Wer ist Muhammad, der Verkünder des Islam? Welche Gottesvorstellung und welche ethischen Grundsätze liegen dem Islam zugrunde? Wie begegnet der traditionelle Islam der modernen Welt? Ist ein Dialog zwischen Christen und Muslimen möglich? Dies sind die zentralen Fragen, die Theodor Adel Khoury, bis 1993 Professor für Religionswissenschaft an der Westfälischen Wilhelms-Universität Münster, in diesem Buch untersucht. Dabei unternimmt er immer wieder den Vergleich mit den Aussagen der christlichen Glaubenslehre und mit den gesellschaftlichen und politischen Vorstellungen des Westens. Durch diese Gegenüberstellung leistet der Band einen Beitrag zur Verständigung, zum Dialog und zur gemeinsamen Friedenssuche zwischen Christen und Muslimen, zwischen der westlichen und der islamischen Welt. (Restbestand). *Bestell-Nr. 2.143*

UDO ULFKOTTE

Propheten des Terrors Das geheime Netzwerk der Islamisten

Das Buch des Nahost- und Terrorismus-Fachmanns Ulfkotte wertet Terror als globale Herausforderung. Es entstand nach den Anschlägen vom 11. September 2001 und stützt sich zum Teil auf Material, das nach den Terrorakten publiziert wurde. Im Eingangskapitel untersucht Ulfkotte mögliche Wurzeln des Terrors in islamistischen bzw. fundamentalistischen Strömungen sowie Globalisierungsängsten. Das zweite Kapitel beleuchtet die internationale Verflechtung der verschiedenen Terrorgruppen. Ein weiterer Abschnitt des Buches setzt sich mit dem amerikanischen und internationalen Militäreinsatz in Afghanistan sowie der Militärstrategie der Taliban auseinander. Der Autor analysiert ferner die Rolle und die Möglichkeiten der Geheimdienste bei der Abwehr terroristischer Anschläge. Abschließend erläutert er die Problematik, die sich der internationalen Staatengemeinschaft bei der Eindämmung von Terrorakten entgegenstellt: etwa illegaler Geldtransfer, unzureichende Überwachungsmöglichkeiten und völkerrechtliche Hindernisse, die die Bekämpfung der oftmals getarnt operierenden Gruppen erschweren. Ein Anhang, der knapp die wichtigsten Terrorgruppen vorstellt, sowie ein Dokumententeil runden das Buch ab. (Restbestand) *Bestell-Nr. 2.149*

PETER HEINE

Terror in Allahs Namen
Extremistische Kräfte im Islam

Mit den Ereignissen am 11. September 2001 hat eine neue Dimension von Gewalt die Welt erschüttert. Stellt der radikale Islam eine Bedrohung für die westliche Welt dar? Der Berliner Islamforscher Peter Heine zeigt in diesem Buch die Unterschiede zwischen islamischen Fundamentalisten, muslimischen Radikalen und extremistischen Terroristen mit islamischen Hintergrund auf und beschreibt differenziert das geistige, historische, ökonomische und gesellschaftliche Bedingungsgefüge, das einen zur Gewalt bereiten islamischen Radikalismus entstehen lässt. Um die Hintergründe einordnen zu können, geht er ausführlich auf kulturelle, soziale und geistige Bewegungen ein, die zwar lange Zeit zurückliegen, aber bis heute nachwirken. Dabei informiert der Autor sachkundig über religiöse Inhalte des Islam. (Restbestand) *Bestell-Nr. 2.130*

Diese Bücher können gegen eine Bereitstellungspauschale von 1,50 € je Exemplar bei der Bundeszentrale für politische Bildung gegen Rechnung bestellt werden. Falls Sie mehrere Bücher bestellen und das Gesamtgewicht der Sendung ein Kilogramm übersteigt wird zusätzlich Porto in Höhe von 4,60 € berechnet. Richten Sie Ihre Bestellung bitte an:

BpB-Vertrieb, DVG, Postfach 11 49, 53333 Meckenheim.

Folgende Hefte können Sie bei der Bundeszentrale als Einzelexemplare kostenlos bestellen:

Informationen zur politischen Bildung Nr. 238:
»Der Islam im Nahen Osten«,
Bestell-Nr. 4.238

Beilage aus Politik und Zeitgeschichte Nr. 3–4/02:
Mit aktuellen Beiträgen zum 11. September 2001,
zu Islam und Islamismus, zu Pakistan und Afghanistan.
Bestell-Nr. 7.203

Richten Sie Ihre Bestellung bitte an:
BpB-Vertrieb, DVG, Postfach 11 49, 53333 Meckenheim.